杏 坛 学 术 论 丛

丛书主编 姜红

"通中外"
语境下中国报刊与近代政治

王天根 著

中国传媒大学 出版社

·北京·

图书在版编目(CIP)数据

"通中外"语境下中国报刊与近代政治/王天根著. 一北京:中国传媒大学出版社,2019.9
(杏坛学术论丛/姜红主编)
ISBN 978-7-5657-2560-9

Ⅰ.①通… Ⅱ.①王… Ⅲ.①报刊—新闻工作—关系—政治—研究—中国—近代
Ⅳ.①G219.2②D693

中国版本图书馆 CIP 数据核字(2019)第 190665 号

杏坛学术论丛
"通中外"语境下中国报刊与近代政治
"TONGZHONGWAI" YUJINGXIA ZHONGGUO BAOKAN YU JINDAI ZHENGZHI

著　　者	王天根	
责任编辑	张莉莉　　曾婧娴	
特约编辑	裴向敏	
封面设计	拓美设计	
责任印制	李志鹏	

出版发行	中国传媒大学出版社		
社　　址	北京市朝阳区定福庄东街 1 号	邮编:100024	
电　　话	86-10-65450532 或 65450528	传真:010-65779405	
网　　址	http://cucp.cuc.edu.cn		
经　　销	全国新华书店		

印　　刷	北京玺诚印务有限公司
开　　本	787 mm×1092 mm　　　1/16
印　　张	19
字　　数	245 千字
版　　次	2019 年 9 月第 1 版
印　　次	2019 年 9 月第 1 次印刷

书　　号	ISBN 978-7-5657-2560-9/G·2560	**定　　价**	76.00 元

本书是作者主持的"安徽省皖江学者特聘教授"人才项目成果的一部分;也是作者主持的国家社科基金重点项目"中华民国新闻史专题研究"(项目批准号:13AZD168)、安徽省学术和技术带头人培育资助项目(项目代码:J05201419)、安徽省学术和技术带头人后备人选 2014 年度科研资助项目(编号:J05055110)成果的一部分。

总　序

新媒介形态下新闻传播学话语体系的转型

2015 年 5 月,习近平总书记在哲学社会科学工作座谈会上的讲话中指出:"发挥我国哲学社会科学作用,要注意加强话语体系建设。"而关于如何建设哲学社会科学的话语体系,习总书记强调:"要善于提炼标识性概念,打造易于为国际社会所理解和接受的新概念、新范畴、新表述,引导国际学术界展开研究和讨论。"

马克思在《资本论》中说过,"手推磨产生的是封建主为首的社会,蒸汽机产生的是工业资本家为首的社会"。表达的是技术自主性的思想,显示了技术造就社会制度变革的伟大力量。今天,技术正在改变时代和社会。在一浪赶一浪的新技术浪潮中,互联网无疑是当今时代最耀眼的明星。马化腾称:"今天我们把互联网定义为一种信息能源,就像当时的蒸汽机和电力一样。"①

传统新闻传播学所使用的很多概念,大多是现代性背景下结构功能主义研究范式的产物。在后现代背景中,尤其是在互联网造就的"媒介化社会"中,已经越来越脱离今天的媒介实践,越来越缺乏对媒介现象的解释力。当下中国的新闻传播学,亟须进行一场话语革命和范式革命。

一、学科视野的调整:从"内卷"到"开放"的新闻传播学话语体系

新闻传播学的话语体系重构,首先需要调整研究视野,从传统相对封

---

① 选自马化腾在"2015'互联网＋中国'峰会"上的演讲,见 http://www.tmtpost.com/229957.html。

闭的视野转向开放的视野。这种视野的开放包括三个层面的含义:跨学科、本土化和创新。

第一,跨学科的研究视野。李金铨教授在《传播研究的典范与认同》一文中,提醒新闻传播学研究应警惕"学术内卷化"(involution)。在他看来,所谓"学术内卷化"是指"学者抱住一个小题目在技术上愈求愈精,眼光愈向内看,问题愈分愈细,仿佛躲进自筑的一道墙,得到心理安全,拒绝与外界来往的压力,其结果是不但忘记更大的关怀,更阻碍思想的创新"。这导致传播学研究成果丧失了"公共性",而成为学苑内部的嬉戏。为此,李金铨特别告诫中国传播学研究者:"中国在引进传播学的过程中应该以开放的视野取精用宏,而不是出于短视或无知,只局限在简单的层次和粗糙的面向。"①而沃勒斯坦早就提出"开放社会科学"的命题,他认为"对社会科学知识所做的鲜明的制度性区分具有相当大的人为性"②。

开放社会科学带来学科的多元化和包容性。并没有画地为牢的"新闻学""传播学",新闻传播学科必须与其他学科交融互动。此外,学科也要有一定的边界,只不过这个边界是流动的,动态发展的。互联网的精神是开放、沟通、连接一切。因此,今天的传媒研究绝不可能偏居一隅,在狭小的空间中做孤芳自赏式的研究。其他学科的视角不断给新闻传播学提供新鲜的话语资源。比如对技术的认识,从技术哲学的视角,能看到更深刻的东西;对网络空间、网络事件的认识,社会学和政治学的视角必不可少;而舆论和舆情的研究,通过计算机的大数据挖掘则可以更加准确地把握。

第二,学科话语的本土化视野也是学科开放性的应有之义。沃勒斯坦发现:"十九世纪在欧洲和北美建立起来的社会科学是欧洲中心主义

---

① 李金铨. 传播研究的典范与认同[J]. 书城,2014(2):51-63.
② 华勒斯坦,等. 开放社会科学[M]. 刘锋,译. 北京:生活·读书·新知三联书店,1997:41.

的。"①"这种发源于英、法、德、意和美国的 19 世纪社会科学学科的知识范式,是与欧美势力在世界扩张的同时发展起来的。特别是在战后初期美国霸权宰制和世界经济急促增长之下,这种带欧洲中心视点的社会科学学科范式更大规模地在世界各地扩散,成为欠发达国家的学术体制正统模式。"②不仅社会科学的学科范式带有欧洲中心主义的视点,新闻传播学的学科范式也打下了鲜明的西方烙印,特别是美国烙印。以实证主义经验研究为特色的美国传播研究话语体系在输入中国后影响甚广,议程设置(agenda setting)、知识沟(knowledge gap)、使用与满足(uses and gratifications)、沉默的螺旋(spiral silence)、涵化(cultivation)、创新扩散(diffusion of innovation)等概念,构成了传播学科知识地图上的主流话语。

但是,任何一种话语、概念、理论,从一种文化背景进入另一种文化,都要经历一个注定要投"第二胎"的过程,一定会产生"话语折变"。比如"舆情"这个概念就比"舆论"(public opinion)带有更浓厚的中国特色和问题意识;"新闻舆论"也比"新闻宣传"更适合描述当下以互联网为主要阵地的话语场。本土化的概念转换,恰恰是从问题出发,针对本土问题进行学术回应的方式。

第三,构建开放的新闻传播学话语体系,还需要有创新的视野,有对新语词、新概念的宽容和接纳。旧话语无法命名新事物和新现象,这种命名的痛苦,往往发生在范式转换的过程中。所以,海德格尔创造出"座架"这个词来命名和隐喻现代技术。当下的新闻传播实践比学术界更直接面对新技术革命和新传播革命,很多新概念是他们创造出来的。有些概念经过积淀,进入新闻传播学的话语体系,比如"民生新闻"是电视工作者命

① 华勒斯坦,等.开放社会科学[M].刘锋,译.北京:生活·读书·新知三联书店,1997:55.
② 华勒斯坦,等.学科·知识·权力[M].刘健芝,等编译.北京:生活·读书·新知三联书店,1999:3.

名的概念,经过十多年的实践操作和理论研讨,早已被学界普遍认可。今天的"自媒""融媒""浸媒""智媒"等,只要不是概念炒作,即使不严谨不准确,学术界也应该宽容以对。因为,这些新词是创造严谨的学术话语的源头活水。

二、研究领域的拓展:从"事"到"人"的新闻传播学话语体系

中国新闻传播学科早在 20 世纪 70 年代末就有过"人学"与"事学"的讨论,这场讨论的热度仅次于"新闻有学无学"的论争。传统的新闻传播学的话语体系,的确是以"事"(信息)为中心的,而非以"人"(关系)为核心的。在这个"事学"系统中出现的"人",往往只见组织不见个人,只见共性不见个性。互联网将个性化的人的自由表达空间充分展现,人的身份认同、自我展演、网络增权等都成为可能,而学界似乎还没有适应这种骤然而来的"人的解放"。

马克思将社会形态的演进即人的解放进程,概括为从"人的依赖关系"到"以物的依赖性为基础的人的独立性"、再达到"自由个性"的辩证历史过程。[①] 所谓以"人"为中心的话语体系,应该是研究新闻传播如何促进人的"自由个性"的实现,将"为人"视为一切行动的出发点和归宿,尊重人的价值,维护人的权利,实现人的全面发展。

在这一条件下,首先需要重新思考媒介与人的关系。喻国明教授认为,对于"个人"为基本社会传播单位的赋权与"激活"是互联网对于我们这个社会的最大改变。[②] 从组织化、机构化的专业媒体在传播场域中的一家独大,到如今个体化和组织化并存的传媒格局,组织在逐渐坍塌,个人在不断崛起。这个过程虽然还有待进一步观察,但"人"的命题被凸显

---

① 马克思. 经济学手稿[M]//马克思恩格斯全集:第 46 卷上,北京:人民出版社,1979:104.
② 喻国明,等. 互联网是高维媒介:一种社会传播构造的全新范式——关于现阶段传媒发展若干理论与实践问题的辨正[J]. 编辑学刊,2015(4):6-12.

出来,人与媒介的关系成为我们这个学科回避不了的中心问题。

　　出现在传统新闻传播话语体系中的人,要么是组织化的人、职业的人,由此而生成的研究是有关记者的研究,新闻专业的研究,职业伦理研究,等等;要么是被动的人,比如受众的研究,离不开一个"受"字;要么是理性的人,有关"公众""公共领域"的研究常常言必称哈贝马斯……可是,在网络空间里出现的人,可能是非职业化、非组织化、非理性化的个人。在网络中"可见"的不仅是大多数人的理性观点,也可以是每个人的"自由言说"和情感表达;不仅是触及社会群体利益的"公共事务",也可以是基于个体利益诉求的"个人事务";不仅是大众媒介的"专业表演",也可以是个人充分设计的"自我展演";不仅是某种明确的话语表达,也可以是难以名状的情感、情绪和态度。我们常常引用麦克卢汉的经典论述"媒介是人的延伸",在今天的时代,更需要探讨另一个命题,即"人是媒介的延伸",以及"人如何成为媒介的延伸"。

　　此外,需要重思人与人的关系。由于机构化、组织化的媒体太过引人注目,人的交往和沟通在传统的新闻传播学科体系中不占主流,网络让个体化的人重新被发现。让·吕克·南希在《无用的共通体》一书中对我们过去一直使用的"community"一词进行解构,所谓"community",过去一直被翻译成"共同体",而南希认为,"共同体"的前提是要有一个"基础或者本原:一个上帝,一种自然本性,一种天分,一个帝国统治权,一个天国,一个民族,一个国家,所有这些'东西'都自为地预设了'一',统一和坚固,都实体化地能够对次级事物进行规定"①。共同体的预设是基于存在某种所谓的一致性的前提,当这种一致性的前提丧失或不那么稳固之后,共同体很难维系。在反基础主义的前提下,南希提出了"共与"的思想,即"在共通之中存在",他认为"共通体是对分离(或削减)的呈现,是对这种

――――――――――

① 南希. 无用的共通体[M]. 郭建玲,等译,郑州:河南大学出版社,2016:9.

区别的呈现,而这种区别则不是个体化,而是在共显着的有限性"。①

意大利哲学家埃斯波西托在《共通体:共同体的起源与归宿》一书中,从词源学意义上考察了共同体的概念,认为共同体与个体之间是一种互相给予的关系。古代共同体被认为是人追求更好生活的方式,现代意义上的共同体则成为通过契约形成的人工构建物。② 人们在交流中获取信息的同时,更多的是体认和共享一种生活方式、一种仪式、一种文化、一种与族群、社区、共同体的精神沟通。

这种关于人的关系的研究,虽然还刚刚开始进入新闻传播学科,但扩大了新闻传播学的研究版图,丰富了学科内涵,更为人文社会科学的研究贡献了有价值的问题。

三、话语模式的转换:从"线"到"网"的新闻传播学话语体系

新闻传播学的话语体系创新,需要话语模式的转换。从传统的以"报学"为中心的理论体系,转向以"网学"为中心的体系;从"线性"的话语模式转向"网状"的模式。

报纸是现代性背景下的典型产物,因为办报纸的人拥有对信息的独占性和垄断性,所以报纸是传播媒介,不断地进行一点向多点、组织向个人的信息撒播。此后的广播和电视虽然分别诉诸听觉和视觉,但并没有改变这种一点传向多点、组织传向个人的传播格局。这种格局和媒介本身与现代性的高度理性化、制度化、精英化的时代特征是联系在一起的。报纸的使命是启蒙,自上而下呈现的是被办报的精英们把关过的,处理过的完整的世界。在报纸的时代,信息是稀缺资源,掌握信息就能把控世界。

---

① 南希. 解构的共通体[M]. 郭建玲,等译,上海:上海世纪出版集团,2007:53.
② ESPOSITO. Communitas : the origin and destiny of community[M]. translated by Timothy Campbell,San Francisco:Stanford University Press, 2010.

这种线性传播体系为新闻传播研究展开的问题域就是：如何传播信息以让受众接受。切特罗姆发现，20 世纪 40 年代，不同研究团体所做的"大众传播研究"备忘录提出的"四个询问性的题目——谁，说了什么，对谁说，产生什么效果——变成界定美国传播研究的范围和问题的主导范畴。""传播的行为科学限制在一个相当狭窄的模式里，它把传播解释为基本上是个说服的过程。"①在此种问题域中，新闻传播学的话语体系最典型的就是拉斯韦尔的"5W"模式：谁，传什么，对谁，通过什么媒介，取得什么效果。"传者""信息""受众""效果"等关键词基本上构成了新闻传播学教科书的经典模式。

网络的出现，尤其是移动互联网的普及，带来了革命性的变化。移动互联网本身已经成为一种生活方式，而不仅仅是一种媒体。无论微博、微信、直播、弹幕，移动互联网的信息方式是碎片化的，即时性的，充分交互的，没有报纸那般严整的集纳性。这是典型的后现代生活方式：去中心化、多元、小社区、互动。互联网技术的逻辑是一个网状信息系统的展开，个人可以和机构一样，平等参与分配信息，共同分享信息，实时交互讨论。

"网"的话语系统和"线"的话语系统的重要区别在于：线性模式是相对中心化的叙事，媒介与受众并非平等的关系，媒介对受众进行信息传播的目的是控制。而网状模式则在某种程度上颠覆了"传"和"受"的关系，强调的是沟通、互动、协商、共享，话语结构日益多元化。

从过去以信息为主导的单向度的话语模式，进入当下以生活方式为主导的多向度的结构模式，随之而来的是一系列的变化：传者的角色，从记录转向参与；新闻生产的过程，从专业化、封闭、后台化，走向去专业化、开放、前台化；新闻传播的文本，从静态的、完整的大叙事，裂变成动态的、

---

① 切特罗姆. 传播媒介与美国人的思想——从莫尔斯到麦克卢汉［M］. 曹静生，黄艾禾，译，北京：中国广播电视出版社，1991：142.

多方参与的、碎片化的小叙事;媒介本身,从精英化的,似乎需要正襟危坐进行阅读的纸媒,迅速替换成无处不在、无时不在、移动互联的手机;受众,从过去的"受"众,到"参"众,再到"用户"……这一切,都有待我们进一步展开深入的研究。

四、研究进路的探索:从"文本"到"实践"的新闻传播学话语体系

曾几何时,新闻传播学科的研究中,"文本"分析、内容分析占了上风,我们学科发表的不少论文都是针对静态的内容和文本的研究。媒介呈现、框架分析、话语分析、叙事研究等成为大量硕、博士论文的选题和研究方法。而与此同时,当代社会科学正在悄悄发生着一场"实践转向"。

美国社会学家西奥多·夏兹金认为:"当命名最为一般的社会事物时,思想家过去所谈论的就是'结构''系统''意义''生活世界''事件'和'行动'。如今,许多理论家给予'实践'以可相提并论的荣耀。实践的不同所指有待于当代不同学科的学者去研究。"①而作为一场"确定的思想运动","实践领域是一个研究诸如力量、知识、语言、伦理、权力和科学这类现象的场所"。②

从马克思的实践观,到布尔迪厄的实践社会理论,再到当下的"实践社会学",实践进路是一个打破主客两分二元对立的思维方式,以及超越静态的结构—制度分析的重要途径。

静态的文本研究,比较适合针对传统媒体所生产的内容进行研究。因为在传统媒体时代,新闻报道对社会的影响不是明显的、即刻的、变动的,封闭的报道体系对事件和社会的影响可能要很长时间才能看到,而且,被精心选择过的新闻内容很难马上与社会之间形成互动。所以,新闻

---

① 夏兹金,等.当代理论的实践转向[M].柯文,石诚,译.苏州:苏州大学出版社,2010:1.
② 夏兹金,等.当代理论的实践转向[M].柯文,石诚,译.苏州:苏州大学出版社,2010:16.

文本是以相对静止、孤立和断裂的形态呈现。新媒体时代，静态的文本变成流动的文本，不仅网络媒体和传统媒体之间不断形成互动关系，而且，网络这个虚拟空间也不断和现实空间形成互动关系，传播实践和社会实践也会发生互动，常常让一件小事从线上走到线下，变成一场"社会运动"。我们无法再用以往静态的、封闭的观念来看待媒体事件与媒介文本。正如詹姆斯·凯瑞所说："从仪式的角度看，新闻不是信息，而是戏剧（drama）。它并不是对世界的记述，而是描绘戏剧性力量与行动的舞台；它只存在于历史性的时间中，在我们假定的、常常是替代式的社会角色基础上，邀请我们参与其中。"①

以传统新闻学的关键词"事实"为例，报纸这种媒体的性质决定了报纸上的新闻是一次性的、线性传播的、偏于静态的，报纸的版面有限，决定了新闻的呈现更多是"事实"而非事件发展过程。而互联网所呈现的新闻很少是一次性的、单一视角的、静态的。互联网上的新闻是动态发展的，事件的后续进展如何、公众的关注如何、社会情绪如何，共同推动事件向前发展。所以，作为"事件"的新闻，而不是作为"事实"的新闻，更加接近当下社会的新闻生产实践和话语实践。

结语

格尔茨在《文化的解释》中曾经引用马克斯·韦伯的比喻"人是悬在由他自己所编织的意义之网中的动物"，说明"所谓文化就是这样一些由人自己编织的意义之网。因此，对文化的分析不是一种寻求规律的实验科学，而是一种探求意义的解释科学"。② 所谓语言也是人自己所编织的意义之网。如果把话语、概念看作意义之网的网结，那么，对事物的"命

---

① 凯瑞. 作为文化的传播[M]. 丁未,译,北京:华夏出版社,2005:10.
② 格尔茨. 文化的解释[M]. 韩莉,译,南京:译林出版社,1999:5.

名"就是至关重要的,这件事情直接关系到让事物"是其所是"。就像海德格尔说的,不是人在说话,而是话在说人。① 话语体系之所以重要,因为不同的话语体系会敞开不同的研究"视界"。

今天,我们对新闻传播学话语体系的反思与重构,某种程度上来自互联网带来的"新传播革命"的倒逼,当互联网这张"人类之网"让所有人都身处其中无法逃脱的时候,当我们认识到互联网"是一种重新构造世界的结构性力量"②的时候,重新思考人的生存处境,学科的生存处境,就不是一件无足轻重的事情。

本套丛书命名为"杏坛学术论丛",其立意有二:一者安徽大学新闻传播学院门前有一个"杏坛广场",每年三月杏花如雪,六月杏儿满枝,是学校的一道风景;二者杏坛是传说中孔子聚徒讲学之地,也是道家修炼之所。杏坛之谓,既是自喻,也是自勉,希望我的同事们择定自己的学术之路精进向前,希望安徽大学新闻传播学院的学术之树繁茂丰盛,成为中国新闻传播学研究的一道风景。

姜　红

(安徽大学新闻传播学院院长,

教授,博士生导师)

---

① 海德格尔.语言[M]//海德格尔选集:下,孙周兴,选编,上海:上海三联书店,1996:983.
② 喻国明.互联网是一种高维媒介[J].南方电视学刊,2015(1):15-17.

目　录

下编　"通中外"语境下报刊经典
　　　个案解读　　　163

　　后　记　　　　　　　　　　　　　　　　　　277

导　论

　　中国传统社会地域文化色彩浓厚,这与农耕文明中传媒生态不发达、信息传播不通畅是相一致的。近代西方文明对中国的冲击涉及多个层面,而近代中国的传媒生态体系发生巨变,亦系重要结果。清末民初媒介及其系统新陈代谢,呈现巨大的转向。首先,1905—1906 年作为受众的文化人在体制上告别科举。其次,就传媒技术而言,印刷术大有改进,这涉及传媒技术的更新。最后,随着西学东渐,中西文化会通语境上的大众文化兴起,传播者与受众面对文本的言义解读上出现互动。

　　在总的趋势上,近代传媒生态涉及媒介拟态环境上时间、空间的多维变革,呈现出传统向现代转向的历程。但这一转向始终没有完成,出现新、旧传播方式并存的情况。从长时段来看,近代传媒生态的新陈代谢明显。狭义上的"传媒生态"指"传媒"等传播工具本身,广义上涵括媒介、媒介组织、媒介约束规范等组成的动态意义上的媒介系统。通信意义上的近代媒介涉及报刊、广播乃至电视等。具体而言,报刊是信息传播的工具,由此包括新闻生产在内的报刊事业应该适用商品生产的流程,报刊亦是信息流通的货币。货币是商品的符号,是物的符号,其与现实世界的关系属物与世界的关系。货币可以转变成资本,变成资本的符号,这涉及社会关系的变动,亦涉及所谓"人的异化"等,这往往是针对历史而来的现实批判的缘起。

　　总之,媒介呈现的是信息的时空关系,背后涉及的是社会的关系,权力在其中扮演了重要作用。就媒介纵向历史变迁而言,报刊往往被称作信息流通的货币;报刊作为信息的载体有告知的功能;报刊有物理、化学的形态,也有知识的形态。若把报刊视作知识的形态,文本的内容要关注,文本的形式也要关注。大体而言,多个视角的观察可以得出多个层面的答案。

一、政治经济学视角下的传媒分析

传播是否能用政治经济学或文化研究的理论分析,读了诸多相关著述,笔者觉得问题依然存在。就目前而言,新闻传播学的学理尤以传播政治经济学为代表。传播政治经济学多借鉴政治经济学与文化研究的理论。而政治经济学与文化研究存在的本身就是针对对方的弱点而发展起来的学科,西方学界亦在探索阶段。1998 年 1 月,文森特·莫斯可(Vincent Mosco)为自己的论著《传播政治经济学:再思考与再更新》的中文版作序称:"若政治经济学有恒可守,若说有一概念,可将与亚当·斯密与卡尔·马克思等多元歧异之思想家,齐聚一堂,那么,这个恒常的概念,可以说是社会变动无所不在。任何社会及其典章制度与价值观念,无一不处于经常骚动的过程。"①在英国伦敦有一个非常著名的大学,也就是伦敦政治经济学院(The London School of Economics and Political Science),它就是借用政商精英所需的政治—经济金融的政治经济学的视角,特别是在政治语境中来考察商品资本运转。而且它本身就体现一个学院式理论分析框架,这种理论分析框架体现了政治经济学的角度。该院至 2016 年有 18 人得了诺贝尔经济学奖。这在世界经济史上值得深描。英国政治经济学发达,尤其古典经济学。曾就职于格拉斯哥大学及苏格兰海关

① 莫斯可. 传播政治经济学:再思考与再更新[M]. 冯建三,程宗明,译. 台北:中国台湾五南图书出版公司,1998:1.

的亚当·斯密系古典经济学集大成者,亦被誉为现代经济学之父。分析斯密面对即将到来的工业化大生产所涉经济与伦理的关系,关联多个面向。可以说,斯密的正义观及其伦理思想是其古典经济学的根基。他的伦理学包含他的经济学。他的经济学可想作其正义观的展开。亚当·斯密生于 1723 年 4 月 5 日,为遗腹子。1737—1740 年就读于格拉斯哥大学,1740 年至 1746 年就读于牛津大学。1751 年 1 月 9 日,他当选为格拉斯哥大学逻辑学教授,次年 4 月 22 日,当选为该大学道德哲学教授。1759 年亚当·斯密出版《道德情操论》(*The Theory of Moral Sentiments*),其强调人的同情怜悯之心。该书 1761 年出版第二版。是年至 1763 年他就任格拉斯哥大学副校长。① 严复将亚当·斯密的 *The Theory of Moral Sentiments* 译成《德性论》,云:"《德性论》言风俗之所以成。其与同时哲学家异者,诸家言群道起于自营,《德性论》谓起于人心之相感。"② 此可谓他后来学术思想的简约知识地图。1765 年他开始撰写《国民财富的性质和原因的研究》的初稿,1778 年出版第二版。在亚当·斯密看来,国家富强应当建立在人本主义的基础(诸如自由主义)之上。在伦理意义上,他奉行的自由主义包括自由贸易的理念。正是通过这一点,亚当·斯密将伦理学置于经济学之前,即亚当·斯密所谓国民经济上富强意在增进国民个人的福祉。这涉及伦理学、经济学意义上的义利之辨。

应该说,政商学界有了亚当·斯密的《国富论》探索国家财富的性质、来源,自此有力地区分了重商主义和重农主义的差别,等等。在自由主义支持下,"看不见的一只手"支配下的市场经济,为英国工业革命所涉手工制造向大工业转向提供了学理范式。

亚当·斯密称:"不同时代不同国民的不同富裕程度,曾产生两种不

---

① 欧内斯特·莫斯纳,伊恩·辛普森·罗斯,编. 亚当·斯密通信集[M]. 林国夫,吴良健,王翼龙,等译. 北京:商务印书馆,1992:6-7.
② 严复. 斯密亚丹传[M]//王栻. 严复集(一). 北京:中华书局,1986:103.

同的关于富国裕民的政治经济学体系。其一,可称为重商主义;其二,可称为重农主义。"①亚当·斯密在书稿中有专章论述重农主义(即政治经济学中把土地生成物看作各国收入及财富唯一来源或主要来源的学说)。②重商主义和重农主义有着明显的界限区分,特别是欧洲大陆像法国、意大利等涉及历史上种葡萄之类的庄园制。亚当·斯密也多次在书稿中以葡萄园乃至葡萄酒贸易为案例分析其所涉及的对外贸易及其金银货币流向等问题。他总结称:"财富在于金银,以及无金银矿山的国家只有通过贸易差额、即使输出价值超过输入价值才能输入金银这个原则既然已经确立,那么,政治经济学的巨大目的就一定变成尽量减少供国内消费的外国商品的输入,尽量增加国内产业产品的输出了。因此,使国家致富的两大手段就是限制输入和奖励输出。"③像这些地中海气候影响下的国家,他们酿酿葡萄酒的手工作坊在经济意义上有什么特点?它的特点就呈现在农业生产的庄园制乃至寺院制经济中。什么是寺院制?西方的宗教派系往往有自己的土地。教堂占有一些土地,土地可以用来经营并收租,从而支持宗教的开支。我国以开封为首都的北宋就存在过寺院经济。龙门石窟(也有很多类似的石窟),就是在山上刻大佛像。这不是一般的财力能够做到的。这些寺院广纳钱财,经济实力强。像开封寺院占有田产,这实际上是农耕和宗教的重要结合。过去世家大族也有田产,甚至办学校,无疑折射了重农主义。

亚当·斯密分析重农学派、重商学派,并在比较参照语境中探讨国民财富的秘密等。亚当·斯密代表的经济学派所体现的思维方式,仍然是

① 斯密. 国民财富的性质和原因的研究:下册[M]. 郭大力,王亚南,译. 北京:商务印书馆,1974:1.
② 斯密. 国民财富的性质和原因的研究:下册[M]. 郭大力,王亚南,译. 北京:商务印书馆,1974:229.
③ 斯密. 国民财富的性质和原因的研究:下册[M]. 郭大力,王亚南,译. 北京:商务印书馆,1974:22.

当下发展经济学的基础。从逻辑与历史的维度把握并分析政治经济学，涉及这个学科最初的生长点。以今天的一些学科来看，大学有动物学、植物学、生物学等，甚至有专门研究某一个细胞的学科。相比之下，达尔文著《物种起源》开启的知识分类及导图，恰恰使生物学、动物学、植物学得以区分，并且在生命起源的阶梯上得到解读。《物种起源》这本书实际上是一个重要的分界线。同样，亚当·斯密和英国政治经济学的发展关系密切相连。政治经济学等区分了商品和资本、生产资料以及劳动者的关系，不局限于从"空间"的角度揭示国民财富的来源。相比之下，过去认为国民财富的源泉存在于某个空间中。因地制宜种植小麦、水稻等，诸如春天播撒种子、秋天收获等，可谓类似自然生长的序列法，自然而然。但通过精选种子且在特定时间、地点育苗，然后播种田间，进行除草并灭害虫，给它营造相对独立自然的生态系统。觉得长势有问题，就可施肥。结合肥力与人工投入进行培植，这已进入农耕意义上的生产。此类似有人工参与的生态链，生产采取社会分工，当要关注。比如说，插秧苗的专门插秧苗，割稻的专门去割稻，施农药的专门去施农药，科技人员亦进行社会分工。应当说社会化大生产在空间上发生，是财富来源分析的重要路径。自然生产是不是就意味着，这财富是大地给的？是自然提供土壤、空气、水等，万物生长经过春暖花开，秋收硕果累累？考虑人力资本进入，马克思有关资本论乃至政治经济学分析财富的秘密有这样一个角度，认为只有从时间的维度才能真正地揭示与财富相关的剩余价值的来源，而不是生产工具，亦不是生产资料本身。马克思主义认为，劳动者使用劳动工具并和生产资料相结合，生产资料包含土地、空气、水等。结合劳动力消费过程，劳动者的工作时间可以被分为自身工资的生产时间和剩余价值的生产时间。诸如此类，基于前人成果，马克思主义政治经济学分析是新颖的，不是从空间的纬度而是从时间的纬度衡量劳动力的价值并由此揭示利润的。

传播政治经济学涉及时间意义上"传播偏向",考量"时间的诉求",有学人称："我们分析经济变革时，要看看人们对时间的态度，看看这种态度对变革有何意义。研究变革时期的时候，经济史家必须考虑时间的作用，考虑他所研究的那个时期人们对时间的态度。这样有助于人们摆脱好古癖，摆脱专注于现在，摆脱停滞和成熟的幽灵。他避不开笔下那个时期人们的偏向，但他可以估量那个时期的时间观念，指出这种偏向的危险。"①即"传播"时间上的偏向对经济分析有影响。政治经济学所谓劳动时间的切分并由此揭示财富生产，此涉及普遍意义上"时间"的界定及分类。时空的切分上人类社会具有实体性与抽象性，特别是时间。时间观念在中国历史文献中也有呈现。故宫博物院里西洋钟表呈现的系近代意义上的时间观念，是近代科学的产物。比照西方，大本钟（Big Ben）是首先完成工业革命的英国的一个非常著名的工业化典型景观。大本钟属于"时间统治都市"的范畴，在新年及其阵亡将士纪念日仪式中扮演了"时间"的角色。同样，它在广播电视新闻的报道中往往也作为"时间"的象征而呈现。就日常生活叙事而言，城市偏僻角落如何感知时间？听到或看到时钟敲一下，一点钟到了；敲 12 下，12 点到了。若没有时钟，近代都市如何感知免费意义上的"时间"？就"时间"设定而言，凭什么说，一个小时设定 60 分钟？设定 100 分钟有何不可？这些涉及人为界定。地理学乃至天文学认为时间感、空间感涉及地球的自转与公转，时间分秒不差，是因为地球是圆的，等等这些"科学分析"的角度和方法，本身就有问题。因为我们已经证明地球不是圆的，是个像鸭梨一样的三轴椭球体，不规则，凭什么时间界定搞出此类规则？地理学意义上"时间"切分还涉及"空间"的概念界定，地球仪分析引进一些概念，诸如"经线""纬线"，相当于在地球仪上画了经度纬度。我们认为"经线"代表了时间差。诸如北京时间和格林威治

① 伊尼斯. 传播的偏向［M］. 何道宽，译. 北京：中国人民大学出版社，2003：52.

时间相差八小时。考虑时区的存在，我们可用数字代码的方式呈现时区以表达时间感。当下时间感呈现"更上一层楼"，新型媒体以数码定位的方式，呈现"此时此地"，即拍照呈现时空经纬度。现在的人工智能加速了这一进程。手机拍张照片，人工智能都会询问要不要标识"此时此地"。大多数人生的关键时间节点涉及生老病死等，所谓"时空感知"怎么能不标上？是不是时间和空间的这些标示，是建立在虚拟的经线与纬线等天文学意义上的？地球上并没有实体意义上的经线纬线。同样的，马克思政治经济学从"时间"层面检视劳动力价值。通过考量劳动的价值，他将劳动时间划分为生产剩余价值时间和生产工资的时间，等等。就劳动者获取劳动收益正当性而言，为什么有部分资本家没付给工人钱，或付得不公平？马克思从抽象的"时间"概念发现人类财富增长缘由并有所计量，而且能够从学理上科学阐释并加以发挥，值得惊叹。从时间上切分，马克思主义政治经济学认为任何劳动者的劳动都是有"度"的。这是界限。也就是说，劳动的时间和空间这种切分价值与意义，涉及商品、资本，应有所考虑。所谓价值与使用价值，是建立在时间切分或关联的基础上的。由此而论，马克思主义政治经济学发现了剩余价值及其与财富积累的关系，得益于他从时间的角度看待有关工资和有关剩余价值。资本家生产商品主要不是使用，而是缘于商品可以变成资本。这当中涉及商品的使用价值与交换价值。所谓资本涉及流通及象征符号，作为货币的资本又是等价物，涉及衡量交换价值乃至剩余价值的尺度。生产商品，亦生产人与人之间的社会关系。而社会关系调整或变动涉及劳动价值的再分配。在社会化大生产的过程中，我们可以看到有的人是劳动者，有的人是管理者，有的人是资本家，等等。马克思主义政治经济学发现了时间作为财富生产的秘密，更重要的是科学地揭示了国民财富增长的秘密，它从财富生长这样一个维度切进去，分析了工业化的社会大生产。在社会化大生产的过程中，资本驱动了社会关系的重组。所谓传播的政治经济学分析亦如此。20 世纪 50 年代国内学者即指出:报刊不仅具有商品性,同时还具有工具性。报刊商品性涉及创业资本和它相应能够发行的广告及其投资等,即涉及广告商收购读者的注意力。报纸的工具性、商品性是与一定社会阶段及其发展形态相联系的,此点复旦大学的王中教授有过论述。王中教授在 1956 年 8 月 4 日的南京《新华日报》座谈会上称:"报纸是到了资本主义社会才正式产生的。因为这时候,人与人之间的交往更加密切了,需要报纸这个工具。"①当然这是西方意义上的,王中也讨论了中国古代报刊。6 天之后,王中在《大众日报》编辑部全体干部会议上对这一观点做了发挥,"当商品经济发展起来后,资本主义经济把世界联合成了一个整体,如莱阳梨过去美国全部包了。商品把人联系起来,因此人需要消息。随着商品经济的发展也创造了报纸的物质条件——交通、印刷、通讯等。由于资本主义的发展,带来了文化、科学的发展,需要大量地发展文化。资产阶级运用报纸作为吸收革命同情者的武器"②。在王中看来,"报纸是资产阶级的辅助政治工具。它是民主政治生活的标志。各资产阶级党派都有报纸"③。王中在 1956 年写成的《新闻学原理大纲》中有所阐释:"封建社会里不断发展着的资本主义生产方式破坏着自然经济。商品经济把人们联结起来,文化、交通、印刷技术等发展,形成了早期新闻事业的特征。"④王中的论述合理与否可以讨论,而资本主义世界中的商品流通与报业关系密切,则是显而易见的。

传媒视角下报刊史研究,涉及媒介文本研究的目的及手段等。就学理参照而言,报纸等传媒的盈利涉及报刊等内容及其承载的形式,分析意图涉及传播政治经济学。现在国内部分高校开设"传播政治经济学",课

---

① 王中. 办报人要有读者观念[M]//赵凯. 王中文集. 上海:复旦大学出版社,2004:3.
② 赵凯. 王中文集[M]. 上海:复旦大学出版社,2004:7.
③ 赵凯. 王中文集[M]. 上海:复旦大学出版社,2004:7.
④ 赵凯. 王中文集[M]. 上海:复旦大学出版社,2004:28.

程的底本多以加拿大的文森特·莫斯可(Vincent Mosco)的著作为主体，文森特·莫斯可在传播政治经济学上可谓集大成者。"传播政治经济学"涉及将政治经济学理论用于传播领域，其源头来自伦敦的威斯敏斯特大学与伦敦政治经济学院，等等。这其中有很多理论，涉及传播的空间、时间及其市场化等。应当说，社会科学分析涉及政治、经济乃至文化层面。相比之下，作为社会科学构成的新闻传播探索离不开文化研究与传播政治经济学分析。由此而论，笔者所关注的中国新闻传播学的探索涉及政治、经济、文化等层面的分析。传播政治经济学依赖的学科就是政治经济学，这与世界范围内英国发达的政治经济学学科密不可分。传播政治经济学多受到英国的亚当·斯密的经济学及生活在伦敦的马克思的政治经济学的影响。文森特·莫斯可通过概念及定义的辨析，他认为政治经济学的研究对象可以视作以下两种：一种强调社会关系，尤其是控制资源生产、分配与交换的权力关系；另一种关注有关控制与生存的各种问题。[①]他认为这些同样适合传播研究。在他看来，"传播的含义应该是一种交换的社会过程，其产品或是社会关系的标志，或是它的具体体现"。莫斯可称这一论点来自斯密赛对传播与信息辩证关系的阐释。[②] 莫斯可从商品化、空间化、结构化等层面做了深刻的论述。他认为商品化包含传播的商品形式，私人与公共生活中的替代性过程；就空间化而言，他探讨了作为制度延伸的空间，分析了传播与集中的关系，还从国家、全球化及民主主义、地方主义和社会主义等层面分析。而莫斯可所谓结构化包含社会阶级、性别、种族、社会运动和霸权。

　　传播政治经济学的近代报刊史探索提供新视角乃至分析架构等。就

①　莫斯可．传播：在政治和经济的张力下——传播政治经济学[M]．胡正荣，等译．北京：华夏出版社，2000：68．
②　莫斯可．传播：在政治和经济的张力下——传播政治经济学[M]．胡正荣，等译．北京：华夏出版社，2000：72．

历史进程而言,当下世界面临更深刻的全球化及媒介化。应当说1 500年左右,世界由中古步入近代,但是地理大发现并非那么准确,特别是哥伦布等对地球及相关地理的认识。因为地理意义上环球航行的时候,他们把途经美洲误判为到达了印度。当下所谓媒介化社会,人们借媒介技术审视世界。借助航天技术飞离地球,人类可以从月球的角度来观察地球,也可以从木星角度来观察地球,等等。这已经脱离了地球的本身。由此而论,全球化乃至媒介化,当是分析传媒乃至感知世界的重要的时代语境。反观历史,报刊作为近代新媒体,我们对其探索当有更多的省思。对近代中国而言,报刊传播的政治经济学分析至少涉及半殖民地半封建这一社会性质。

第一,明了近代救亡图存语境下传播与时空体验的关系。在传统向现代转型的过程中,传播的作用越来越重要。此涉及传播对时间、空间的压缩或超越。就时间的纬度而言,可分为过去、现在与未来。传播使得过去的社会体验可通过传播技术进行当下性的体验。而在近代救亡图存语境下,传媒提供了时空压缩体验,特别是国人在寻求富强道路上的追赶。第二,传播与社会建构相互整合。现代社会与传统社会在时间与空间上有种种差异,反思差异形成的原因有多重视角。但传播显然参与了社会型塑并扮演重要的角色,所谓"媒介化的社会"显然是从传播对社会的塑造层面着眼的。而社会经济、政治及文化上的繁荣、衰落也无形中为传播提供了现实的场景,涉及有利于传媒或不利于传媒的生存空间。第三,分析传播的视角可以是政治、经济的,也可以是文化的。政治与经济的关系颇为复杂,马克思创立政治经济学给学界诸多的提示。传播意义上的新闻生产、流通、分配与消费形式属于文化产业,所以也涉及文化研究。由此可以探讨传播与政治、经济及文化的关系,也可以在政治、经济、文化多元的结构中分析传播。而在全球化的语境中探讨国际传播的秩序与意义,在国际传播环境下探讨中国传播历史所呈现的特色,当是中国传播学从业者应当负起的职责。简言之,新媒体语境中新闻生产及其报业探索,显然离不开学术研究的学理参照,涉及路径的选择及其方法的把握。至于学术研究的视野涉及研究的广度与深度,是大家都应该重视的。中国近代报刊史探索亦当如此。

二、"通中外"与近代报刊"达新知"及救亡图存的语境

中国近代报刊史探索涉及救亡图存的历史语境,亦涉及媒介事件意义上的人或事。首先是知人论世。救亡图存语境下严复、马君武等译介进化论成为阐释中国历史演变的跌宕轨迹的重要学理参照。进化论之前,易学观照下历史循环论阐释王朝缘何有兴衰成败,一度被视作主流,所谓人性善恶乃至善恶因果而致天道轮回等,唯心论都有解释。面对王朝更替的历史周期律,儒、释、道多从人生价值及其关怀阐释。作为新理论的马克思主义进入近代中国,亦涉及媒介。随着媒介和西学东渐相结合,救亡图存语境下报刊尤其侧重"通中外",以西学为参照达到一种新的认识,可谓"达新知"。简言之,近代报刊功能及其传播效果涉及"通中外,达新知"。作为载体的报刊传播新的知识思想框架和理念,由此而论,国人开启新的知识分类,等等。救亡图存语境下新的知识分类伴随着探索社会结构的变动及相应的新的理论建构。

其次,以近代报刊为核心的新媒体往往意味着新的时空意义上的社会场景体验。"新闻"两个字的核心是"新",不是"闻",也不是"听说"。所谓新闻涉及相应的新资讯。新资讯本质上意味着新的知识。近代意义上新媒体报刊对于新近发生事物变动提供一些资讯,读者便可得到"新知"。所以,以新闻为核心的新资讯移植到新的知识分类框架中,在报纸期刊上有着不断的凝聚、聚焦、结构化的过程,由此新闻纸包含对社会贡献新的认识,甚至会带动具有挑战性的新的生活方式。诸如近代上海的公共领

域中类似由西方传播而来的舞蹈与西餐、西服等构成新的生活方式。这种新生活方面的资讯在报纸上不断被登载,部分报纸每天都有新资讯分类,比如有些资讯涉及新的交通,有些资讯涉及新的衣食住行等生活方式的变革,诸如此类,目的是让作为读者的上海市民有所认知。新资讯、新知识和新的生活方式的可能性,往往是联系在一起的。所以西学东渐语境下报纸重要的功能,涉及传播西方人事方面的资讯所蕴含的新知。源于西学意义上的新知识进来后,报纸作为"耳目"的功能,往往在拟态环境上代替国人"时空"意义上的感知。读者作为自然有机体意义上"人"的感觉本来有局限,诸如自然意义上声音传播距离有限,眼睛看的也是有限的距离。相比之下,作为载体的"通中外",报纸意味着扩大海内外的资讯感知,像麦克卢汉讲的"媒介是人体的延伸","任何媒介的个人与社会后果——我们自身的扩张带来的个人和社会后果——来自我们自身逐一地扩张或者说新的技术逐一引进人类事务的新尺度"[①]。"人类工作与人际关系的重组,是通过技术细分而形成的,这是机器技术的本质。但自动化技术的本质恰巧相反,它是整体、非集中化、有深度的,而机器是片段、集中化和表面化的。"[②]这一过程中,所谓"人体的延伸"在当时作为身体感知的构成,它能做到解释观念,且和身体的触媒功能相结合。所谓身体的感知功能涉及"眼睛视觉不错""耳朵听觉很好",所谓顺风耳、千里眼,多喻阅听功能的极至。这是更大范围内的场景感知。场景感知涉及古代西方所谓"民主"及以此立国后疆域等的界定。"西学第一人"严复在译著《政治讲义》中称:"雅里斯多德以希腊之人而自言国政,乃其论政治完全机关也,则不称国家,而直云市府。当是时,岂无马基顿、波斯诸大国土,

---

① 麦克卢汉.理解媒介——人体的延伸[M]//张国良.20世纪传播学经典文本.上海:复旦大学出版社,2003:374.
② 麦克卢汉.理解媒介——人体的延伸[M]//张国良.20世纪传播学经典文本.上海:复旦大学出版社,2003:374.

为雅里氏所亲见者？顾彼之意，直不以是二者为国家也，亦不以二大国之众为国民也。故其曰："人类者，天生以为国民者也。"又曰："土地过大，遇国会国民之不能毕至者，非完全国家。"又曰："于国家措置无所与闻者，其人非国民。"凡兹数语，乃政治学之地义天经，而至今西人所犹奉之为金科玉律者。"①严复的《政治讲义》，其原著为剑桥大学历史学教授西莱(John Seeley)的《政治学入门》(*Introduction To Political Science*)，它由两部分讲义组成，"在课程的两个系列里，分别包含1885—1886年他在Michael-mas和Lent做的研究；后半部分是1891年他在Michaelmas做的研究"②。该书约在1896年1月后出版③，涉及政治、自由及其与舆论的关系等，后文将涉及。所谓城邦民主与传播的关系，以下案例当有典型性：人站在一个比较高的平台上，大吼一声，方圆多少能够听见；站在这个高度上，四野一望，能够看见最远距离所在。或谓声觉及视角所及，这个地方可以实现直接民主。同理，早期的希腊、雅典等所谓城邦只能局限在小范围内实行民主，区别所谓代议制民主。因为，骂人能听得见，搞阴谋诡计能看得见，但在大的范围内就不行。论及民主自治，严复在译著《政治讲义》中称："政界之境诣，至于自治而极。利民安上，和众阜财，乃至俗成刑措，比户可封，皆舍此涂术其至无从。则无怪二百年西人，尽气竭力，流血牺牲，以从事夫此。……观西国舆论报章，每云某事国民意见如何，而此意见，乃政府所不可不从诸语。是国家一政之行，固视国民之意为向背。"④而媒介进入政治舆论场域以后，资讯方面无疑为民众提供更广阔的、无形的、隐身的感知。比如报刊传媒"耳目论"，将生物有机体比照社会有机体。媒介另一重要的功能喉舌论类似讲话，也即发声。由此发掘

① 严复.政治讲义[M]//王栻.严复集(五).北京：中华书局，1986：1274.
② SEELEY. Introduction to political science[M]. London：Macmillan and CO. limited，1901：vi.
③ SEELEY. Introduction to political science[M]. London：Macmillan and CO. limited，1901：xi.
④ 严复.政治讲义[M]//王栻.严复集(五).北京：中华书局，1986：1300.

学理,以生物有机体为基础的进化论是近代维新变法重要的学理解读框架,而进化论涉及生物有机体与社会有机体的比照。生物进化论进入社会科学领域演变为社会进化论,诸如严复译著斯宾塞的社会进化论等学理涉及这些,维新人物梁启超译著中涉及西方所谓报馆为"国家"的耳目喉舌论。受到梁启超影响的谭嗣同等认为,报刊媒介被认为是"民口",也即社会的代言人。这种代言人实际上涉及生物有机体意义上"身体"的比拟。

综上所述,近代报刊所谓功能意义上的耳目喉舌论有其历史语境。西方学理进入近代中国后,它已不同于"传统"。近代批判意义上的"传统"字眼界定往往对应"封建",近代所谓反传统即有反封建的意思。伴随着救亡图存语境下所谓民主、自由等思想进入,社会分工意义上"标准化"往往指向资本主义。从近代中国看,与产业化乃至工业化相联系的商办企业可不就涉及资本主义?类似资本主义的呈现方式,涉及从英国得到政治改良意义上的资讯,以维新变法的姿态及维新舆论的凝聚力进行;也可从法国得到革命动员的学理框架;再如第一次世界大战从德国乃至从俄国得到革命运动资讯。但当时如避开马克思主义的参照系,其学理阐释主体框架多处于进化论的链条环节上。进化论重要的理论支撑,涉及生物有机体论转向社会有机体论。社会有机体论对应的是"物"的道理,就是"物理"。社会有机体论涉及政治核心,涉及政统乃至道统意义上社会规则的运行。所以从"生物有机体"向"社会有机体"的转变,也就是"物理"转向"政理"。社会学奠基人斯宾塞等所谓社会有机体论及社会进化论进入中国以后,涉及社会有机体与生物有机体的比照问题。[①] 泛泛而论,生物有机体论涉及以人体比照社会,认为:人一切的核心就是大脑,大脑比拟政府。人是有血管的,社会实体上有交通道路。人有胃,社会实体

---

① 王天根. 生物进化论与斯宾塞社会进化观念的学理建构[J]. 广西师范大学学报,2010(6).

有工厂。总体一比，媒介相当于身体当中的神经系统。比如面对别人挑战，本能地举手反击，这就是大脑做出的反应。与此类似，媒介可以告诉受众哪个地方有安危，哪个地方有幸福，应该有此宗旨。所谓刺激—反应模式涉及社会有机体论和生物有机体论的融合。媒介功能类似人的耳目喉舌，明显可比拟人的五官。由此而论，麦克卢汉说"媒介是人体的延伸"，有其学理基础。

就媒介生态的链条及其学理参照来看，近代中国媒介生态变动涉及生物有机体论向社会有机体论过渡或转向。就历史背景而言，封建主义向资本主义转向的历程，在学理上亦有新陈代谢。而媒介生态所涉印刷术发挥了关键作用，"印刷术的统一性、持续性和直线性原则，涵盖了封建及口传社会的复杂状态"①。面对诸如此类趋向，西方学理相关的解释框架是什么？这个框架涉及方方面面，其中包括丛林法则。什么是生存斗争哲学意义上的丛林法则呢？1859 年 10 月 24 日达尔文著《物种起源》问世，1860 年 1 月 7 日第二版发行。达尔文的《本书第一版刊行前，有关物种起源的见解的发展史略》（原文发表于《领导报》（*Leader*），1852 年 3 月。1858 年收录在他的论文集中），以物种变异的原因及其途径为主线进行学术综述，谈及"斯宾塞非常精辟而有力地对生物的创造说和发展说进行了对比"②。达尔文也在该文中提及了 1859 年 6 月赫胥黎在皇家科学普及会做过的一次报告，题为"动物的永久型"③。实际上赫胥黎强调自然界的变异并批判了所谓的永久型。达尔文强调："关于物种起源，完全可以想象得到的是，一位博物学者如果对生物的相互亲缘关系、胚胎关系、地理分布、地质演替以及其他这类事实加以思考，那么他大概会得出

---

① 麦克卢汉．理解媒介——人体的延伸［M］//张国良．20 世纪传播学经典文本．上海：复旦大学出版社，2003：380．
② 达尔文．物种起源［M］．周建人，叶笃庄，方宗熙，译．北京：商务印书馆，2002：10．
③ 达尔文．物种起源［M］．周建人，叶笃庄，方宗熙，译．北京：商务印书馆，2002：13．

如下结论:物种不是被独立创造出来的,而和变种一样,是从其他物种传下来的。"①由此而论,"搞清楚变异和适应的途径是十分重要的"②。达尔文强调:"变种如要在任何程度上变成永久,必定要和这个区域内的其他居住者相斗争。已经得到优势的物种,最适于产生后代,这些后代的变异程度虽轻微,还是遗传了双亲胜于同类生物的那些优点。这里所讲的优势,必须理解为只指那些相互进行斗争的类型,特别是指同属的或同纲的具有极其相似生活习性的那些成员。"③达尔文在题为"生存斗争"这一章提及:"我把每一个有用的微小变异被保存下来的这一原理称为'自然选择',以表明它和人工选择的关系。但是,斯宾塞先生所常用的措词'最适者生存',更为确切,并且有时也同样方便。我们已经看到,人类利用选择,确能产生伟大的结果,并且通过累积'自然'所给予的微小而有用的变异,他们就能使生物适合于自己的用途。但是'自然选择',我们以后将看到,是一种不断活动的力量,它无比地优越于微弱的人力,其差别正如'自然'的工作和'人工'相比一样。"④这类思想被严复在《天演论》中诠释为"物竞天择,适者生存",类似表述接近"救亡图存"的历史使命,受到国民高度关注。生存斗争学说亦是近代诸多政论报刊发刊词经常征引的表述。

所谓丛林法则意义上的生存斗争哲学正如达尔文在题为《自然选择,即最适者生存》这一章提及:"各个新形成的变种,在最初一般仅限于一个地方,对自然状况下的变种来说,这似乎是一条普遍的规律,所以发生同样变异的诸个体很快就会聚集成一个小团体,常常在一起繁育。如果新变种在生存斗争中胜利了,它便会从中心区域慢慢地向外扩张,不断地把

---

① 达尔文. 物种起源[M]. 周建人,叶笃庄,方宗熙,译. 北京:商务印书馆,2002:16-17.
② 达尔文. 物种起源[M]. 周建人,叶笃庄,方宗熙,译. 北京:商务印书馆,2002:17.
③ 达尔文. 物种起源[M]. 周建人,叶笃庄,方宗熙,译. 北京:商务印书馆,2002:68-69.
④ 达尔文. 物种起源[M]. 周建人,叶笃庄,方宗熙,译. 北京:商务印书馆,2002:76.

圈子扩大,并且在边界上向未曾变化的个体进行斗争,而战胜它们。"①以"物竞天择,适者生存"为核心的生态系统涉及生态平衡。另一方面,因遗传与变异而致物种具有地理分布意义上的层次性。诸如山脚之下还有一个生态系统,另有一个在山顶。山脚下的生态系统遵循丛林法则,它遵守的原则:阳光空气养分都是有限的,各个物种都来竞争。"大树底下不长草",所以物种之间的生存斗争意味着自然适应性。类似的说法,达尔文在《物种起源》中有着形象的描述。② 丛林法则的根本涉及"物竞天择,适者生存"。就社会进化论而言,进化论相关原则及知识结构,需面对社会竞争,即以弱肉强食的丛林法则解读作为生物有机体的人及其生存法则。就历史进程而言,生物有机体在向社会有机体过渡当中,国与国之间常涉及兼并或侵略。就近代资本主义体系而言,丛林法则为追求高额垄断利润的殖民和反殖民主义运动提供学理,它的实质就是印刷资本主义要面对的内容。所谓印刷资本主义涉及谷腾堡革命,谷腾堡在 15 世纪的发明对现代印刷与出版起到了决定性的作用。③ "谷腾堡革命包含了使用金属活字和印刷机以标准化复制文本的过程。在受到谷腾堡革命影响的社会里,这种工艺使得出版物能够被大量复制。同时,谷腾堡革命也改变了商业与社会的关系。它带来了印刷作坊——一种早期的资本主义企业,同时也改变了社会结构。"④印刷资本主义关联的重要媒介就是报纸杂志,通过所谓无限制提供一些资本主义的知识和路径来讨论社会变革的正当性、可能性。近代中国传媒镜像为此做了印证。甲午海战日本获胜,中国战败,被国人多视作君主立宪对君主专制的胜利。由此,1895 年 3

---

① 达尔文. 物种起源[M]. 周建人,叶笃庄,方宗熙,译. 北京:商务印书馆,2002:107.
② 达尔文. 物种起源[M]. 周建人,叶笃庄,方宗熙,译. 北京:商务印书馆,2002:147 - 148.
③ 芮哲非. 谷腾堡在上海:中国印刷资本的发展业(1876—1937)[M]. 张志强,等译. 北京:商务印书馆,2014:3.
④ 芮哲非. 谷腾堡在上海:中国印刷资本的发展业(1876—1937)[M]. 张志强,等译. 北京:商务印书馆,2014:3.

月,启蒙思想家严复在天津《直报》刊发《原强》等,即政体意义上新陈代谢的重要原则,涉及旧的知识所维系的封建关系诸如韩愈所谓道统等,被维新思想家严复所谓"自由为体,民主为用"(即西方富强的重要原委)的新知所取代。面对清末新政,严复在《政治讲义》中论述了自由与政治的关系,称:"以自由名词,政界称用之至多,因而有各种之训义。……若合科学,则自由充类至义,将与无政府同。而常语之称自由,则与有议院等。故言其民自由,无异指其国之立宪。立宪政府,国民不附,即可更易,而立民情之所附者。又立宪国民,于政府所为,皆可论议,著之报章,以为国论public opinion,政府常视之为举措,凡此皆俗所谓自由之国也。顾吾人之意,则谓如此而用自由,不过谓此等政府,对于国民,有其责任,不必混称自由,不如留自由名词,为放任政体之专称。"①即自由涉及 public opinion(公意),关联国民与政府关系的界定。严复还分析了专制与立宪的关系,所谓立宪涉及三权分立,关联舆情向背等,称:"大抵欲知专制立宪之异,考诸旧说,不如观见时之所实行。试举英国宰相,其为行法权固也。然以一官,为立法权之领袖,一切新法皆由宰相发起;而其身之进退,则视下议院之从违。使其议为院中舆论所归附赞成,言听计从,则其权最大;设舆论与之出入依违,则其人为处危疑之地;乃至院论与之显然反对,则宰相惟有奉身而退,明日他人入代,而组织新政府之事见矣。宰相为政府领袖,而其兴废,依于民情如此。"②

国家是西方政治学探究的核心问题。比照本土实践,严复称:"近者吾国国家,方议立宪,立宪非他,即是众治。"专制、立宪权力源于社会基层,"其为群下所拥戴既同"③,严复译著《政治讲义》从社会舆论层面对专制与立宪的差异进行分析。"舆论者,拥戴之情之所以宣也。专制之政

① 严复.政治讲义[M]//王栻.严复集(五).北京:中华书局,1986:1289.
② 严复.政治讲义[M]//王栻.严复集(五).北京:中华书局,1986:1313.
③ 严复.政治讲义[M]//王栻.严复集(五).北京:中华书局,1986:1313.

府,无以为宣达测视舆论之机关,而立宪之政府有之。一令之行,一官之立,舆情之向背,不独显然可见也,而多寡之数,亦至著名。其向背与多寡,皆于议员之出占投票而得之。"①"此谓舆情向背多寡,有议院以为宣达测视之机关者,即无异言国民得此,而有其建立维持、破坏之机关也。"②比照原著:So far,then,despotism and government by assembly,even in its most recent ,most frank,and candid form,agree. In what then do they differ? Surely in this,that in the modern system public opinion expresses itself and is ascertained by fixed rules and through certain recognized channels. The favour of the public is recorded,and at the same time measured,by a majority in the House of Commons;and a change in favour of the public by change in that majority. ③(笔者译文:通过近来坦诚而率真的表述可见,专制及民主政治皆通过大众运作,这是勿庸置疑的。两者差异表现在什么地方? 通过现代系统性的公共舆论表述及部分公认的渠道,大众舆论导向被记录并进行计量分析。舆论通过议院(投票)之多寡得以表述,议院投票之多寡也随舆论而有所变化。)This may be expressed in one word by saying that public opinion has an organ by means of which it makes,supports,and destroys the government. ④(笔者译文:可用一句话简而言之,大众舆论有个宣泄之组织,通过它,舆论可以产生、支持或颠覆政府。)严复认为"此为政治学最紧要之公例"⑤。可见此政治学公例是西莱的著述,非严复原创。

---

① 严复. 政治讲义[M]//王栻. 严复集(五). 北京:中华书局,1986:1313.
② 严复. 政治讲义[M]//王栻. 严复集(五). 北京:中华书局,1986:193.
③ SEELEY. Introduction to political science[M]. London:Macmillan and CO. limited,1901:192.
④ SEELEY. Introduction to political science[M]. London:Macmillan and CO. limited,1901:193.
⑤ 严复. 政治讲义[M]//王栻. 严复集(五). 北京:中华书局,1986:1314.

严复对此公例进行阐述,"无论何等国家,其中皆有此建立维持、破坏政府之权力。建立者,由无而使有;维持者,由有而使存;破坏者,由存而使亡。此种权力必有所寄,在民,在兵,在本国,在外国;为公,为私,为善,为恶,无不可者。但此种权力,有得其机关,其力有以达者;亦有不得机关,其力散漫隐伏,无以达者。虽然,散漫隐伏矣,而政府之立仆必视之"①。严复还从反面论证,"今假向日维持政府之权力,以有因缘,坐而中变,此即言政府所倚其扶立拥戴以为存者,乃今不愿扶立拥戴之。然坐无机关,此变未有宣达,而居上之人,亦坐无此机关,未有测验,懵然不知。诸君试思此时国家现象,要当如何? 曰:此如汽箱,外无汽表,早晚炸耳。炸者何? 乱也。炸者何? 革命也。此革命而乱者,皆坐无以为宣达测验舆情之机关耳,皆坐无国会议院耳"②。比照原著:This is what we call revolution. It is the chaotic outbreak of the government-making power, for which no organ has been provided. ③(笔者译文:这就是我们所谓的革命,国家权力机关在混乱中被颠覆,因为它没有提供舆论宣泄组织。)可见,严复做了大量发挥。严复总结说:"有无议院国会为建立、破坏政府之机关,专制立宪二政府不同在此。"④严复对中国近代政治学学科建构有别于西方以"自由"为理念的"民主"制度,他反对革命,主张建构所谓稳健的"立宪"制度。⑤ 由此可见,严复译著的舆情相关学说在近代中国达到了相当的历史高度。

近代西学东渐语境下的所谓"公意"及"舆情向背"等新思想及其理念,和报纸杂志作为近代新媒体一样,多从西方引进而来。近代以英国为

---

① 严复. 政治讲义[M]//王栻. 严复集(五). 北京:中华书局,1986:1314.
② 严复. 政治讲义[M]//王栻. 严复集(五). 北京:中华书局,1986:1314.
③ SEELEY. Introduction to political science[M]. London:Macmillan and CO. limited,1901:192.
④ 严复. 政治讲义[M]//王栻. 严复集(五). 北京:中华书局,1986:1314 - 1315.
⑤ 王天根. 群学探索与严复对近代社会理念的重建[M]. 合肥:黄山社,2009:96 - 97.

首的殖民主义在全球扩张的同时,向势力范围推销所谓资本主义,此涉及所谓新概念整合史观,涉及国别史转向世界史。诸如此类,世界语境中被殖民者领土中报纸杂志作为新载体,和资本主义是什么关系? 是否可以把维新运动和辛亥革命,以及与之所伴随的维新舆论和革命舆论结合起来思考。

近代媒介系统中所谓舆论,实属报纸杂志等涉及印刷资本主义的重要产物。印刷资本主义概念的界定涉及传媒与商业乃至社会结构变动的关联。近代印刷意义传媒复制并传播新的知识理念,涉及新、旧知识规范,亦关联政治意识形态。在没有近代新媒体报纸杂志之前,民众阅读涉及农耕生活的一些理念及思想规范。西学东渐,新知识分类及理念进入近代中国,印刷资本主义不断地重复、传播社会乃至国家重构方面的新知识乃至框架等,由此制造"共识"或致社会结构变动。变动涉及潜流滋长。没有新因素促动思潮流变,会有"维新"吗? 没有新的因素,会有"革命"吗? 从思潮到实践,涉及新知识及运用。新知识框架和社会改造关系密切,这当中媒介起重要作用。总体而言,近代有助于推动政治变革的媒介往往不断得以扶持,诸如第一次办报高潮背景下的维新舆论动员。而自维新至革命舆论的新陈代谢,政治动员的方向转变亦涉及媒介的鼓吹。无论是讨论维新派的报刊和维新政治的关系,还是革命派的报刊和辛亥革命的关系,都属于资产阶级的政治动员,媒介不断地复制维新与革命的相关文字并赋予其政治修辞学上的价值或意义。这种复制意味着印刷资本主义在近代中国与政治制度建树结合在一起。近代中国印刷资本主义不断地复制或输送源自西方资产阶级的理论解释框架,涉及新的阶级结构方面的认知或反省。这种新知往往和新的社会结构意义上阶层变动的把握或定位密切相关。由此而涉及政统乃至道统变革意义上的国家认同。

就政治变革而言,近代中国涉及维新转向革命,康梁领导的政治维新与孙中山领导的国民革命在参考西方资本主义所提供的新知识框架上没有太多的价值取向的分歧。在论证资本主义合理性乃至正当性方面,亦多有共同之处,大体属于印刷资本主义制造共识的政治语境。只不过在社会框架结构上,维新变法是对国家做一些修补性的调适,相比之下国民革命是颠覆性的重建。无论是从维新及其价值取向,还是革命的价值取向,都对严复所谓西方资本主义价值取向"自由为体,民主为用"有所体现,此是"新知"的核心内容。

新文化运动乃至五四运动,马克思主义在中国的传播进入新阶段,并结合国情做出诠释,为中国共产党的成立奠定学理基础,与之对应的丛林法则意义的进化论逐步式微。追溯历史,李提摩太及《万国公报》简要地介绍了马克思及相关学理。早期马克思主义在中国广泛传播以后,经历了论辩阶段。五四运动前后,它基本上和多种理论进行竞争,比如新村主义、合作主义、基尔特社会主义、乡村建设派等。马克思主义对新闻界颇有影响。马克思主义传入中国以后,新闻界乃至文化界围绕"问题与主义"展开了论争。由此,我国报刊与"主义"关系亦发生很大变化。

马克思主义中国化历程,涉及以报刊为核心的大众传媒对中国社会结构及其功能变动进行的学理解释。救亡图存语境下中国近代社会的结构变化涉及社会化大生产,劳工阶层使用机器等生产工具和生产资料相结合,是生产力发展的动力性因素。五四运动以后,马克思主义中国化涉及精英阶层对劳工阐释,比如《新青年》《向导》《晨报》等,将政治议题设置或选取同中国国情相结合,试图阐释中国问题,并提供理论框架,提供世界观与方法论。如果从媒介的角度来看,《新青年》《向导》《晨报》等,将马克思主义作为概念或学理框架,比如说政治经济学,涉及上层建筑与经济基础的关系,而经济基础涉及生产力的要素分析,关联"资本""商品"等基本的概念及学理。概念依托的是文本,文本背后有思想语境。这种思想语境的呈现以摘录、简介、评论等方式在《新青年》《向导》《晨报》等报刊中展开。也就是说,界于理论与实践之间的文本及其诠释变成了近代中国知识分子所能够接受或理解的范式。这种结合国情理解的范式就使得相关学理的阐述更加中国化。另一方面,"中国化"涉多个层次,其源头有的来自日本,有的来自苏俄,还有一部分来自法国,等等。

马克思主义的中国化历程,涉及马克思主义理论经李大钊、陈独秀等译介,并与"相约建党"相联系。理论与实践相结合,马克思主义中国化重要的历史节点系 1921 年 7 月中国共产党成立。此前,马克思主义系多种思潮当中的一个亮点,但很快变成共产党建党的重要理论框架和指导思想。所以,这时候马克思主义传播不再仅局限于多元的概念,而在文本当中融入时代阐释,变成党的学理分析,具有战斗性、组织性、系统性,以动员工人阶级为主旨方向,形成强大的政治运动或者是社会运动等。在其"中国化"的过程中,共产党与国民党开始第一次合作。对中国共产党而言,这种合作涉及报纸杂志对马克思主义与中国国情相结合的解读。这里涉及理论线索,马克思主义和中国国情结合起来,不仅是作为一种文本概念,还有理论上的指导性,它将中国传统社会习俗的分析、社会理念的把握纳入新知识框架中,并且和中国历史的轨迹分析结合起来。

作为无产阶级政党的世界观与方法论而言,马克思主义在近代中国传播不局限于颠覆印刷资本主义制造的共识。理论与实践相结合的马克思主义中国化,涉及近代中国要实现一种新的社会关系,不是私有制不是丛林法则,而是以集体主义取向的社会主义。由此,资本主义及其政治变革实践和马克思主义中国化是五四运动前后不同的路向,主题关联如何建构"现代中国"。近代中国资产阶级政党与无产阶级政党在政治上联盟总共有两次,也即第一次国共合作、第二次国共合作。合作的可能性与正当性如何在报刊杂志上交汇,并形成有冲击力的潮流? 第一次国共合作时值"国民革命",面对军阀反动统治,"国民党一大"事实上明确联俄、联共、扶助农工方针,形成了国共合作的政治基础。对共产党来讲,合作语境下,"大革命"涉及新的知识理论框架和国情相结合。第二次国共合作是抗战时期。1931年9月18日发生了日军侵华事件,民族觉醒浪潮高涨。国内的阶级关系发生重大变动,主要矛盾由过去所谓资产阶级与产业工人、地主与农民等错综复杂的阶级矛盾,让位于中华民族和日本帝国主义的民族矛盾,并有抗日民族统一战线下的第二次国共合作。新民主主义革命涉及马克思主义理论框架内的历史定位,涉及日本和中华民族矛盾变成主要矛盾。为取得新民主主义革命胜利,马克思主义者总结的统一战线等三大法宝得到重视并被广为传播。中共领导下的相关报刊舆论充分展示了这一点。

三、标准化与近代新闻纸生产及其价值取向

作为近代新媒体的报刊在社会舆论乃至文化史、思想史等领域发挥了重要作用。近代报刊多被视作新闻纸或以新闻纸名义登记注册。由此而论,何为新闻及其分析路径乃至方法则显得十分关键。美国学者舒德森在《新闻社会学》一书中称媒介学者哈特利强调,"要把新闻理解为一个文本系统。这是界定新闻的一个路径——强调它的文本性,把它当作一种修辞形式或修辞形式的集合,一个话语结构,或一个再现的文化与文学类型"。舒德森称:"或者我们也可以强调,新闻是一个被制造的事物,是社会、经济和政治机构及其实践的产物。典型的社会学思维信赖经验性的可观察的事物,并能发现人类行为和目的的缘起。"[1]由此而论,"新闻的社会学分析采取这种经验性、技术性的路径,是一种策略"[2]。正是从新闻社会学层面考量,我们强调"新闻生产"、生产过程及其"标准化"等概

---

① 舒德森.新闻社会学[M].徐桂权,译.北京:华夏出版社,2010:13.
② 舒德森.新闻社会学[M].徐桂权,译.北京:华夏出版社,2010:13.

念的挪用等,并区别于"新闻报道"等。近代报刊的"通中外,达新知"和近代中国新的新闻生产乃至知识生产关系密切。时下学界主要是讲报刊和知识生产乃至信息加工的关系,内容涉及制造共识。

近年新闻传播史还有文化史研究越来越热,涉及报刊与标准化的关系。何谓标准化? 这个概念要有所把握。比如雨伞,类型繁多,但就标准化而言,其结构差不多,都有伞把,都有伞盖,等等。再如吃的面包,外在的形式呈现也差不多。像这些都属于标准化。标准化是产业发展成熟的重要标志。古典经济学集大成者亚当·斯密曾揭示社会化大生产涉及两方面:一是社会化,社会经济发展造成社会的专业化乃至社会的分工;二是社会生产意义上产品的标准化。应当说,标准化在日常生活当中非常重要。比如手机,虽然它有不同的品牌,它的标准化会导致操作系统、手机的外形基本一致,甚至手机壳、充电器可与其他手机品牌通用。为什么要通用? 因为它可节省成本,可交换,所以标准化是社会化大生产的重要标志。

报刊作为新闻纸与新闻产品标准化是什么关系呢? 背后所涉价值取向与新闻品牌是何关联? 总体而言,诸如此类,涉及近代新闻传播史分析的社会文化视角。

救亡图存语境下近代中国新闻纸探索须超越文本本身内容分析,需要将文本、机构乃至受众联系起来。

第一,西学东渐语境下,近代中国报刊的资讯内容有标准化趋势。新闻的样态标准化和五个 W 是有关系的。新闻报道乃至写作的衡量标准是五个 W,When(时间)、Where(地点)、Who(人物)、What(发生了什么)、Why(为什么),五个 W 是评判新闻标准化重要元素。如果新闻报道中,偶然缺失一至两个 W 还是可以的,如果只剩一个 W,这是不可以的。新闻报道重要信息及细节化的结构呈现为金字塔形,这也是一种评判的标准化。过去资讯往往采取发电报的方式跨空间传递,涉及电流"通电"

而产生的电火花,由此记录点或线并代替文字乃至由此产生电报代码等,每个字符都值钱。而且战争状态中通电随时中断或无线电受干扰,会导致发电报或接收电报无法进行。所以在有限的时间内,往往要先交代最重要的资讯内容,塔尖一开始就要呈现"新闻"最核心的要素。为什么要如此处理? 实际上涉及非常重要的标准化样态。也就是说,最重要的信息在有限时间内为防止切断,必须最先说。如果有足够的时间,将有更多的细节,所以后面是越来越清楚,这也是新闻报道的标准化。简言之,新闻报道当中,资讯的样态呈现五个"W",是标准化的金字塔形。从最重要的事实走向细节的交代,亦是标准化。新闻纸除了新闻资讯的标准化以外,它在时间和空间上的呈现也是标准化的产物。比如以时间或时段区分,我们认为这是日报或周刊,是双日刊或半月刊;那张报纸是晨报或晚报。这些都是时间上标准化的结果。晨报的截止时间要利于早晨阅读等。

媒介标准化可不断在时间呈现上有所要求,而且在空间上也有所呈现。一张纸,一个或两个版面,字数与版面也是空间标准化的重要样态。自空间和时间界定新闻纸,界定媒介形态,涉及标准化。这对新闻纸乃至学界非常重要。总之,提及新闻报道的标准化的产物——金字塔形,此也涉及历史上新闻纸获取消息需要通过发电报等方式。电报往往按字符数计算费用。同样,新闻纸经营样态,往往也决定了广告布局。新闻纸中广告属空间的标准化,其登载的位置(头版或最后)、版面的大小、字数等,可用金钱衡量。诸如此类,可见新闻纸的标准化与资讯书写的金字塔结构及广告经营等密切相关。

新闻纸的标准化涉及版面和品牌。事实上,标准化的把握、把关往往进入了采写编评等多个方面和层次。采访时,新闻报道涉及对五个 W 要素的呈现及编评上对字数和版面的控制,也即涉及新闻纸的样态。诸如此类,都有把关尺度。诸如这一编评的要求是不能超过 2 000 字,一版的评论只能发三篇等,与品牌相对应的版面要求就须如此,等等。所以不同类型的稿件、字数都有限制,版面都有规划。简言之,新闻纸内容上进行标准化,字数篇幅又进行标准化。由此而论,新闻纸代表的媒介涉及标准化的样态,多以载体标准化呈现资讯或时评内容。这些内容可能涉及主观的,但是在标准化的样态方面,可以说众多媒介没有太大差别。近代新闻纸或者同一类型的大多数都市报都差不多,版面及专栏、篇幅规划往往整齐划一,诸如有新闻、评论、副刊、广告,是标准化产物。在标准化的空间里,内容是什么? 这张新闻纸如果是标准化的载体,新闻里面呈现衣食住行还是政治、经济、文化还是其他? 讲媒介与社会关系时,往往涉及媒介的功能,即传媒往往能够对国家乃至社会产生影响,有时能改造国家,有时又能适应社会。媒介改造社会涉及媒介的主观动机和建构力量。比如,《时务报》《国闻报》对维新舆论的建构,《民报》对三民主义等国民革命纲领的传播,多属引领,涉及主观意图的倡导。而舆论引领往往通过连载方式,从而达到片段连成整体的内容呈现。另一方面标准化议程设置等样态和别的相关议题处理方式没有什么差别。为什么要提议题设置方面的标准化? 因为新闻纸的品牌不局限于资讯内容的标准化。有人主张新闻纸是内容为王,同样一件事,《新民丛报》会评论,比如对君主立宪的看法,《民报》亦会有针对性评论。两个报纸报道的篇幅和字数都有各自的标准,大体会符合新闻纸的基本特征。问题在于时评。为什么新闻纸有自己的评论? 因为媒介品牌涉及立场、角度、姿态和动机,以及它一贯倡导的议题。有主观的目标和动机,所以有相应的议题。这种议题和时间上跟进的连续性还涉及双日刊新闻和半月刊,等等。就日刊的新闻纸而言,新闻可能每天都有,但为了适应议题所展示的内容深度,它往往会创办周刊等,这涉及报纸的杂志化。一些新闻纸每天差不多都有新闻及评论,亦会创办星期天周刊,诸如一些报纸有《妇女周刊》,一周登一次。像这样时间上的连续性和议题的聚焦等,往往形成议程设置。相关议程大体建立在时间的标准化及议题聚焦的基础上。诸如对改良舆论的聚焦,对革命舆论的聚焦,《新民丛报》或《民报》各有意图,双方产生论战。要看到,资讯内容就那么一些,但作为媒介品牌,关键是内容生产呈现的价值取向乃至风格等。在标准化的过程中,时评等又具有目的和动机的主观性,虽然它呈现的产品可能是标准化的,但是在内容生产中,可以揭示它的动机、立场和价值取向。这种价值取向上的主观性和媒介版式的标准化之间的关系,共同构成了媒介的品牌。诸如近代重大社会影响的刑事案件,多家报纸都报道,而故事乃至内容就这些。相关场景,多家报纸进行相应的报道,但很多人爱看《大公报》。为什么喜欢看《大公报》?故事内容都知道了,为什么还想看?因为《大公报》是个品牌,它的时评体现了它的价值取向。《大公报》打造类似的情景,引导人们想去看它怎么说的。媒介的品牌不局限于新闻报道标准化的五个 W,不局限于采写编评对五个 W 的纠正,也不局限于字数多少及版面放在什么位置的新闻平台。它多指时评写作当中主观的立场、动机,亦涉及对时局的把握和分析等。内容生产的写作主观性以及文本生产的标准化,在时事焦点评述结合上构成了媒介风格。这种媒介风格乃至品牌涉及重大事件发生,人们习惯看看这家报纸怎么说的。资讯内容有限,但写法上的主观性,勾画场景目标和动机等,往往构成媒介品牌。应该说,媒介品牌有非常强的震撼力、影响力,但它往往以字数、以符合五个 W 或者是以时事评论的方式呈现。同时,媒体品牌又有建构的力量,在写作价值取向等上具有主观性。

品牌媒介面对时代标志性事件,在内容上可预料呈现什么。而时评及价值取向等往往颇具特色,并以特色求生存及发展。此往往亦是新闻检查的重要内容,而检查制度要求稿件从一个品牌传媒机构拿到宣传部门检查,宣传部门的检查意见必须接受。缘于应对或间接反对接受这样的意见,第二天报纸在这部分内容的位置上就开了"天窗"。这个"天窗"实际上就是内容标准化在版面字数的缺失,变成了一种没有发声的沉默。

没有书写的空白是惨烈的空白,成为一种变相的抗议。这在抗战时期国民党新闻检查中多次出现。新闻应当有与时刻乃至时序重要性相对应的标准化篇幅,包括字数等,且有标准化的时间和空间的展示。此时此刻没有,也算是自然生态的一种趋势。这种"开天窗"是对抗国民党新闻检查重要的看点,"开天窗"在西方新闻界有时候也会出现,在这里我们可以看出新闻标准化的生产有意缺席。

新闻及时评的写法往往是另外一种主观性的生命力,即面对相对客观的时间及版面上连续的议题,展示议程设置,也会起到一定作用。写法往往和记者有关,同样一件事,比如面对劫匪抢银行、特种兵抢银行,如何评判新闻的标准。好新闻,五个 W 不能变。但写法上,价值和立场取向往往决定了新闻影响力的程度。如果一则新闻当天看,当天忘,这是比较差的新闻。如果一则新闻当天看,一个礼拜以后都有鲜明的印象,这是不错的新闻。如果一则新闻当天看,七个月以后仍然有人在网上"检索"其后续,这可能是应发奖金的好新闻。"新闻"在标准化生产当中,它的生命力多在于写法,由此而论,媒介的品牌要借助内容及其加工等标准化生产。但是大多数资讯的聚焦是一致的,所以在立场和动机上要有自己的取材,这往往构成媒介品牌的基础。《大公报》《申报》在近代中国的成功,大抵如此。

第二,品牌媒介有类似雷达效应、强光效应。媒介品牌意味着为受众节约挑选的时间成本等,也尽可能降低受众面对众多媒介的不确定性等。另外媒介品牌还意味着阅读习惯等方面的培育。即通常相关媒介事件、政治事件,如果某个品牌媒介没有表态,没有报道,那么它就有可能无法成为重要的事件。这相当于,著名演员的衡量标准可能是,有没有上省级电视台晚会?有没有上电视台当中主要的场次诸如元旦晚会?有没有参加比元旦晚会还要高一个级别的春晚?参加的春晚是省级的春晚,还是中央电视台的春晚,等等。所以有这样的那样的衡量标准,因为中央电视台是大家认为足够重要的媒介机构,诸如此类,品牌一旦形成,影响力峰值越高,形成的雷达效应越强,就越会有强大的探照灯效应,或制造名人效应。反之亦然,媒介品牌更受关注,就更有社会影响力。这时,媒介不仅意味着适应社会,还担任着消费向导等。以上通则,具体到历史,另有景观。

救亡与启蒙语境下近代中国媒介品牌涉及学人论政,它的价值维度涉及国家与社会及其关系重构。国家有别于社会。近代相对发达的城市诸如上海出现了都市报刊《申报》等,都市报刊显然涉及市井社会。而国家涉及省、市、县之类的行政区划等。与此对应的是民族主义与国家主义崛起。正如美国学者安德森在论述想象的共同体——民族主义的起源与散布时,称其不应该目光短浅地认为民族的想象共同体就真是从宗教共同体和王朝之中孕育,然后再取而代之而已。"在神圣的共同体、语言和血统衰退的同时,人们理解世界的方式,正在发生根本的变化。这个变化,才是让'思考'民族,这个行为变得可能的最重要因素。"①在这样的场景下,同民族、民族主义一样,国家乃至国家主义涉及代表性的,亦是抽象化且具有高度的建构性与实体性的名词。寻求"富强"的近代中国的使命在于重组社会关系。历史上三国时代,很难评判魏国、吴国、蜀国的社会结构有何不同,而谁掌握政权则是问题的关键。在国家与社会的关系重构中,媒介是改造国家,还是适应社会?是改造社会,还是适应国家?与国家密切联系的就是政党。政党多以政权为追逐目标,军队的枪杆子和媒介的笔杆子作为工具,同时被使用在这种场景中,政党报刊发挥组织性、战斗性。所谓组织与战斗,当然有历史的语境和现实场景。

---

① 安德森.想象的共同体:民族主义的起源与散布[M].吴叡人,译.上海:上海人民出版社,2016:21.

第三,高度媒介化社会语境下国民财富来源的探索,当是媒介学的重要使命。作为商品或政治资本的报刊媒介,其使命担当往往判然有别。作为商品的报刊媒介,受众注意力二度"贩卖"给广告商。报刊作为媒介可以通过新的资讯,提供新的生活方式或新的生活样态的可能性;报刊作为传播工具,其传播内容往往涉及意识形态。媒介同时具有工具性,它的工具性体现在技术上,即媒介是一种技术。比如说手机有 2G、3G、4G,也很快到了 5G,手机是典型的移动媒介,资讯传播涉及流动空间。而且手机与微信联系在一起,导致所谓"媒介化社会"意义上的信息开始液态化地进入社会生活。不是要不要进来的问题,而是社会生活像一个低洼地带,信息流自然而然就"流淌"过来了。由此而论,因为有流动的媒介,有"液化"的资讯,所以重要消息不可能不知道,就是这样一个状态。

由历史比照现实,近代农耕向工业文明转向的经济升级中,第一要提问,财富来源的秘密是什么? 亚当・斯密等给出相对较为完美的答案。但并未关注媒介学与财富生产的关联。而当下媒介化社会为讨论媒介与财富的关系提供了新情境。比照当下,如果将手机视作人工智能,它无非就是一种科技。如果将电视看作媒介,它无外乎就是视觉意义上报纸杂志、声觉意义上广播而已,其过往形成图像、声音合并的历史,不也就是视觉与声觉合并的媒介融合的衍生? 从中国历史上来看,媒介的分析对象可能是比较古老的邸报及后来的民报、官报,可能是具有近代意义的报刊、电报,可能是广播、收音机,可能是电视、电影。若从社会成本的构成部分等层面去考察报刊,新闻传播史学可能有新的路径。中国近代报刊往往是新闻、时评或社论、广告、副刊简约化处理的拼盘,之后是标准化版面折叠的形式或书册形式。从消费者使用的便利性考察,大体可预见报刊将来的命运是否是消亡。就文本标准化而言,若说电影评价的尺度是现实在图像中的诗意反映,那么衡量报刊的标准无疑是现实在文字图像中选择性的拟态环境意义上的浓缩处理而已。尤其要看到媒介功能乃至属性分析当中,电影是极为特殊的媒介,它区别于报纸,也区别于电视。通常意义上的电影,进电影院就能看,电影故事准时开演,结束示以"完",通常没有广告。当下的电影,当然不像过去乡村看电影,偶然插播几分钟广告。但是电影的产品恰恰可能介于报纸与广播电视之间,因为它是一种 copy(拷贝)的方式,放电影依托一个拷贝,涉及摹本有限或无限制的复制。第一个拍摄并剪辑、拼盘的底本就跟报纸第一次拼盘一样,成本较高,第二个胶卷就是拷贝。理论上电影可复制到 100 万份、1 000万份,甚至无限制地复制下去,因为可以拷贝。相比之下,近代《申报》等报纸杂志营利多靠广告。广播电视有广告,一般意义的电影为什么没有广告? 解读时,如果能把电影切分清楚:它介于报纸与音频之间,是一种非常值得分析的媒介。它具有无限可复制性,具有媒介的特征。这些分析触及传媒盈利等,关联媒介化社会的国民财富分析。

当下媒介化社会若向前追溯,将涉及近代意义上新媒体——报刊及其功能乃至属性分析。商战语境中,近代报刊发轫即具商品特征。除了商品性以外,报刊还有工具性。无产阶级政党主张,报纸一定要掌握在人民的手中,因为它具有组织性、战斗性等,可以捍卫人民利益并为人民服务。另一方面,报纸可以登广告,有盈利。就经营而言,报纸本身可能亏本,但是广告赚的钱足够多即可支撑。所以一般而论,报纸作为商品,背后往往有广告商。政论性的报纸,往往涉及意识形态。报纸作为一种新的媒介,可由它作为评判社会形态的参照系,比如说这个是报刊社会,那个是广播社会,或者叫媒介化的社会。也就是说,报纸进入近代中国以后,它与社会结构关联,其传播功能及效果上的"通中外,达新知",直接或间接导致生产方式的变化和生活方式的变化。报纸盈利作为国民财富生产构成,需要新闻生产为国民提供资讯,并有时评等。由于舆论关联社会结构,类似资讯及其时评往往涉及生活样态变动的可能性。

四、传媒品牌视野下近代报刊与社会关系的重构

自 2003 年任教安徽大学新闻传播学院以来,及 2005—2007 年复旦大学传播学博士后流动站研究期间,笔者大多时光集中探讨近代报刊功能变迁及其历史语境。报刊史学先贤已有成果涉及教科书式解释框架等。相关历史述事,以教科书式的写法,将社会进化论作为指导框架。诸如戈公振的报刊史书写及解释体系就涉及进化论。我们认为中国近代的报刊,包括由传统的邸报逐步转向官报,还有民间性《大公报》等的报刊。在西学东渐影响下近代中国的报刊业,从西方传教士到中国来办报开始,后渐成气候,形成了一种报刊话语系统。像戈公振的解释框架明显有进化论思想,他认为在历史阶段上,办报风潮存在一浪高过一浪趋势。这种解释框架提出一些概念,然后进行历史分期,再论述报刊在历史分期当中定位传媒与政治、经济以及文化的关系。总体来看,广义上近代中国寻求富强是重要的使命,诸如 1927—1937 年所谓"黄金十年"发展期,它是有短暂性的经济繁荣,但大体上处在救亡图存的压力下。所以这些报刊大体上和救亡或启蒙的历史语境相联系。

从传播政治经济学的角度分析近代中国的传媒系统性质,以下问题值得注意:首先,中国古代传播是否能称得上华夏传播论之类。从诸子百家的论著总结华夏传播论是否可取,可留待研究,但至少要看到由于国情的不同,中国传播确实有其特色。就报刊而言,报纸副刊尤其发达,甚至充当文人论政的工具及载体。救亡图存使命之下的报纸副刊甚至刊登初中数理化程度的试题及其答案。新闻纸如此提供"新知",这大体可被视作现代教科书的变体。作为新闻纸的报刊所以牺牲珍贵的版面如此传递"新知",一定有其读者市场或必要性。大体而言,近代中国报刊担当了救亡与启蒙的双重使命,报馆被视作与学堂、剧场同等重要甚至更为重要的

工具或舆论平台。其次,政治经济学对近代中国的时代定位及其传播空间化对舆论精英颇有影响。就西方对华报刊而言,这无疑是近代半殖民地社会性质在报刊等传播系统中的呈现而已。在西方坚船利炮冲击之下,中国社会由原来的封建社会变成半封建半殖民地社会。这涉及历史意义上的时间维度。从另一层面而言,半殖民地半封建则意味着中国由小农经济渐渐进入工业化生产的状态,这更多的是从政治经济学层面探讨。救亡图存境下是近代中国的主要诉求,1938年春夏之交蒋廷黻在武汉赋闲待命时所撰《中国近代史》已有涉及。从政治经济学层面来看近代化的核心就是寻求富强的道路。什么是富强? 求富求强的路径是什么? 从以工业化为核心命题的政治经济学探讨来看,国家富强有具体的目标。但从文化及其民族审美来看,富强更意味着民众生活水准提升等幸福指数在内的追求。文化审美层次上的富强涉及社会分层。这关系到社会精英代表的精英文化与民众代表的大众文化的分野乃至论战。清季精英的中西文化观涉及中体西用等探讨。而大众文化则更多关注西方社会对中国日常生活的影响。此后多有流变。总体而言,近代寻求富强道路涉及现代化模式的选择。最后,传媒与世界政治格局、经济格局密切关联。此涉及全球或区域传媒资源及传媒秩序问题,更涉及学术视野,所以值得探究。研究视野在学术探索中十分关键,这是不言而喻的。一方面,全球传媒视域给了我们有益的提示。无论是中华传播体系,还是包括渤海湾多国关联的区域传播体系,还是东亚传播体系,还是所谓亚太关系调整或再平衡中的传播体系,皆涉及这些。区域与区域、区域与国家、国家与国家的传播系统的关联也十分复杂,所谓发达国家向发展中国家渗透,发展中国家的类似关税意义上的抵制,等等,都值得探讨。另一方面,传媒在区域文化中究竟是加强地方特色,类似于"一方水土养一方人"的媒介生态环境,还是在区域文化中打破封闭走向开放? 这些命题涉及传媒在同一空间中的"此时此刻"与"彼时彼刻"的问题。应该看到,近代全球化语境中走出孤立闭塞区域空间的往往涉及商品与资本的开拓过程。相形之下,以报刊为核心的传媒往往成为西方列强开拓疆土攫取殖民利润的重要工具。

与上述对应的是,在"达新知"语境下,近代中国的报刊作为新传媒如何呈现商贸资讯并展示西方列强全球范围内的商战?诸如此类,值得关注。笔者结合自己的具体研究做出说明。本书中提及的《香港船头货价纸》,它是中国第一份商业中文报纸,《香港船头货价纸》主要告知:货运船只什么时候开船?什么时候来?作为商人有无大米要运到船上?等等。这些资讯极重要,部分信息涉及商船给相关散客的包装箱或吨位等。《香港船头货价纸》主要聚焦的就是价位信息,这些信息涉及商品市场及其交易网络,或者是这个市场和另外一个市场某些商品的价格差。比如,在香港卖 50 块钱一斤的白米在宁波卖 15 块钱一斤,宁波商人就可以把大量的白米装到香港去赚钱。这些消息如何获取?有可能受众不知道。这样的消息本身就有价值,商人可以赚钱。

《香港船头货价纸》提供这种商业资讯,它往往提供中国香港、上海、伦敦等地的大米、皮鞋等价格信息。英法殖民者所谓的商品甚至还包含唐人,也就是一些价格低廉的华人劳动力,可以将其运输到美洲等。从非洲、亚洲运到美洲修铁路,华人劳动力是一种商品。《香港船头货价纸》有专门的经济"新闻"栏目报道这些。栏目报道涉及鸦片贸易。掠夺性的鸦片贸易涉及工业文明在殖民地乃至半殖民地意义上垄断利润的取舍。英国发动对华鸦片输出,涉及殖民意义上的商战。1840 年之前,中英商战如何撬动中国广大市场?因为在中国,英国的产品没有市场,对华卖睡袍,中国女人睡觉多不穿睡袍;卖钢琴,中国女子拉二胡居多;卖刀叉,中国人基本用筷子。东西大多卖不出去。所以英国就用以输出鸦片的方式以来扭转对华贸易逆差,实为经济掠夺,侧面体现出其政治文明的取向。两次鸦片战争显示工业文明与农耕文明的差距,但又带有殖民性或掠夺性《香港船头货价纸》的经济新闻背后涉及鸦片贸易。鸦片战争涉及工业文明。由此可见《香港船头货价纸》有关商品的表述,背后反映的是全球化贸易的政治修辞。商品和资本如何在经济竞争乃至市场空间上有所取舍?两次鸦片战争背后涉及英国殖民事业在远东乃至全球扩张。研究《香港船头货价纸》经济新闻可见以商品乃至资本为代表的工业文明的资讯在地理空间上的展开。另一方面,工业文明所推销的洋布洋油,往往代表新的生活方式变动的可能性。这种变动的可能性在《香港船头货价纸》上有所呈现。面对迅速崛起的工业国家以侵略战争的方式打击东亚文明、儒家文明,《香港船头货价纸》这类报纸究竟是采取乐观主义的态度,还是采取悲观主义的态度?报纸杂志背后有很明显的议程和政治立场与取向价值。

为什么要从《香港船头货价纸》揭示政治与经济的关联?因为报纸具有工具性,它可以传播商业资讯,也可传播文人情趣,还可以和政党结合起来助力意识形态宣传。由此反观,人类社会在发展过程中,往往会在一定的历史场景中审视其社会,审视国家与社会的关系如何处理?具体而言,国家多以政府为代表,它和社会的关系涉及政府与社会的关系。就近代学人而言,理想化的政府一直存在。如果政府不存在,社会应该怎样运转?刘师培、何震等有乌托邦思想的学人直接或间接提问:如果没有政府在商场交易当中找差价,是不是裸买裸售?是不是生活就更加舒畅?就近代无政府主义乃至乌托邦思想而言,有没有想过如果哪一天没有政府运转,又会如何?近代中国面临改良或革命,马克思主义理论、新村主义、基尔特社会主义等诸多学理纷纷涌入中国。应该说无政府主义也是近代重要的思潮。它的出现,有一种悲观主义色彩,是对政府的彻底失望。同样,报刊与政治思潮乃至政党的关系极其复杂。总体看来,近代中国缘于政论性报刊,具有强烈的建构政治意识形态的趋向。为正当性的建立、合法性的建构,近代政党大多有自己的党报、党刊。政党不将报刊视为商品和资本,而是作为纯粹的工具,筹办往往不计成本。相比之下,过去是散发传单传播政治主张,直接或间接论证政治意识形态的合法性。报纸可以专门登载广告售卖商品,也可专门传播政治主张,进行正当性、合法性的舆论动员。近代无政府主义者的主张,也能从中国传统的经典著作当中找到脉络。比如说老子和庄子的思想。在政治道路选择的过程中,一些文化精英受这些思想乃至思潮影响,加上他们对依存于中国传统农耕文明的封建专制失望、对西方列强标榜"科学、民主"但又打着自由贸易名义四处侵略扩张的行径抱有恨意,在国内又受反动政府压迫,所以他们在国外创办了一些无政府主义刊物。具体来讲,留法的学生及其部分舆论精英创办了《新世纪》,而留日的创办了《天义》等杂志。这些期刊杂志涉及无政府主义的一些立场,部分办刊者诸如刘师培、章太炎等有革命派的姿态,为什么还选择了无政府主义?实际上,刘师培、章太炎等国粹派所代表的革命派精英想彻底地颠覆满清政府,一度又对孙中山领导的资产阶级革命很是失望,想回归消解政府的状态,所以辛亥革命后有"革命军起,革命党消"等类似说法。这些主张可追溯无政府主义刊物以及国粹派刊物《国粹学报》及其思潮对政治变革的影响。总之,报刊杂志鼓吹这些,反映了在社会与国家关系重构的过程中,无政府主义是重要的选项。对清季媒介而言,贩卖不局限于商品和资本,还涉及资产阶级民主共和等新的意识形态。这种新的意识形态传播标志着:在精英的学理想象中未来政治生活的走向,或许能够采取政府主义或无政府主义。

追溯历史,可见近代中国的报刊不仅涉及思想启蒙,还涉及新生活的启蒙,因为"通中外""达新知"是近代新媒体重要的功能,它往往会提供一些崭新的生活方式,这种生活方式可以指向市民,比如说《申报》面对的市井生活。史量才主持的《申报》后期被誉为"史家办报",它指向政治生活。作为服务市井的报刊,一旦和政治相结合,就有自己的姿态和立场,诸如《申报》立场转变,这是笔者的重要关注点。论及政党与报刊关系我们尤其要关注资产阶级相关政治组织乃至政党所办的报刊,比如研究《民报》历史。《民报》是宣传三民主义强有力的代表。民族主义、民权主义、民生主义等在内的三民主义是国民党的政治目标和纲领,后果也成为国民政府治国理政的指导思想。当然面对政治变革的新陈代谢,三民主义也在不断地被阐释,特别是在推翻清政府及建立中华民国时期。诸如在面临清政府已不存在的新的政治场景下,"驱除鞑虏"、推翻清政府专制统治的政治主张转变为反对帝国主义。在这一进程中,报刊舆论等发挥了建构性作用,比照安德森思考:"(考察)两种最初兴起于18世纪欧洲的想象形式——小说与报纸——的基本结构,就能够明白何以这个转型对于民族的想象共同体的诞生会是如此重要了。因为这两种形式为重现民族这种想象的共同体,提供了技术上的手段。"①由此而论,新三民主义是旧三民主义在历史条件变化当中的重新解释。而《民报》倡导的政治主张实际是孙中山乃至同盟会的政治主张,它的价值取向涉及解构皇权专制的正当性。由此,《民报》即使在日本筹办,清政府亦要动员日本当局查禁《民报》。《民报》舆论动员还涉及与孙中山倡导三民主义思想合拍的朱执信、胡汉民、汪精卫等人所使用的诸多政治修辞,因为这些笔杆子与梁启超、严复等维新思想论战,为政治革命合法性获取资源。为什么日本同意清政府要求查禁《民报》? 这就涉及国家与国家之间的外交策略,日本可以查禁《民报》,也可以不查禁。这种情况下查禁《民报》,反映了日方对华外交策略的变动。但对于孙中山及其政治活动,日方又予以资助。所以这些矛盾反映出日本多维外交的策略。具体而言,《民报》尤能反映这些历史场景。

同样的道理,除了共产党的报刊,笔者亦关注历史上国民党的报刊。

---

① 安德森. 想象的共同体——民族主义的起源与散布[M]. 吴叡人,译. 上海:上海人民出版社,2016:23.

笔者发现一些报刊,呈现出矛盾与冲突,表现为地缘意义上的媒介网络。比如说笔者在《历史教学》上发表的专题论文涉及"问题与主义"论争及南北舆论呼应,也就是相关论争及其媒介呈现的南北舆论之间的关联。五四前后,思想界融合舆论界,形成两个中心,一个是早期京派文化的中心,北京。第二个是早期海派文化的中心,上海。当然,这是相对而言的,京派、海派这些概念都是 20 世纪 30 年代的产物。北京和上海分别有名称相近而语义相同的刊物,北京有《每周评论》,它本是呼应上海的《新青年》的。上海还有《星期评论》。北京的《每周评论》和《新青年》相联系,系受陈独秀等人的影响。上海《星期评论》《建设》杂志,还涉及国共之间的人物胡适等。《星期评论》《建设》是孙中山所筹资并用以宣传自己的政治主张的刊物。

所谓新闻史场域中"问题与主义"论争,涉及胡适倡导的自由主义立场,亦涉及李大钊代表的社会主义立场。这些立场分歧一开始表现为思想交锋。也就是说北京大学胡适等部分教授持自由主义立场,以西方自由主义视角审视中国社会结构及其受革,主张改良,一步一步地以试验主义的姿态推动变革,认为中国的问题在于一个个地解决,而不是进行政治革命。而持马克思主义立场的李大钊等人认为中国要学习苏俄,并且和国情相结合,彻底变革须从民众动员开始,重建社会结构。李大钊认为马克思主义中国化能够解决中国社会阶级结构变动的学理阐释,以及与之相联系的工业革命涉及工农阶层等学理参照。这一场论战在《晨报》上都有所呈现,在《每周评论》《星期评论》上有所展示,而且在以媒介为核心的南北舆论网络的呼应当中,形成了自己的政治动员的核心地带,就像磁场一样,形成了舆论场域,而且这些舆论场域往往通过私人书信勾连,所涉主要议题辩论又在报刊杂志上形成了自己的价值取向。

讨论近代媒介,并且将媒介持续的政治立场置于媒介场域乃至舆论场域,涉及自由主义的主张与社会主义的主张,同时还涉及国民党的价值取向及共产党的价值取向等异同及其政治舆论动员。与此对应,20世纪二三十年代京派文化中心与海派文化中心亦相联络并有人际脉络上的勾连。所以有必要在多重的地理空间乃至思想领域,爬梳政治脉络,从而分析舆论精英主张交融互释的可能性。近代"报"与"刊"颇有分殊。当然报刊资讯乃至文本本身也能作为商品销售给读者。尤要看到,近代著名的一报一刊——《大公报》和《独立评论》,当时有所谓职业主义担当,因为他们办刊经费相对独立,如《独立评论》,据说是从筹办者胡适、蒋廷黻等在高校任教工资——按百分比抽取,然后组成了编辑部。而《大公报》由吴鼎昌、胡政之、张季鸾等"三驾马车"之一的吴鼎昌,独立拿5万元钱,胡政之、张季鸾出劳力才办下来的。办报资金来源不是政府或政党的资助,所以他们秉承原创办人英敛之倡导的"忘己之为大,无私之为公",即"大""公"办报理念、主张"不党、不私、不卖、不盲"。具体来讲,这样一份报刊,至少表面上它要消除创办资金的政治背景。那么运转的过程当中,它究竟和政治有什么样的关系? 这也值得思考。拙作发表在《厦门大学学报》,发表较早,但是它反映近代学人论证的道路及其归宿。总体而言,就近代中国资本主义所走过的历史道路而言,《独立评论》《大公报》反映了近代有名望的"学人办刊"及"报人报国"的种种倾向,且一度努力去除党派意图,体现所谓的学人论政。

全面抗战前夕,《独立评论》学人论政的焦点涉及国家制度是采取民主制还是开明专制论意义上的独裁制。民主派以胡适为代表,支持开明专制论的有蒋廷黻。实际上胡适、蒋廷黻都从美国接受了自由主义,而在《独立评论》上却有不同的政治主张,其背后涉及现实的政治派系或军政利益集团。所谓民主派就是以汪精卫为首的利益集团,独裁派以蒋介石为代表的利益集团。汪精卫和蒋介石有时势不两立、针锋相对,二者甚至发动了中原大战,兵戎相见。而后汪精卫、蒋介石又通电合作。那么一旦合作,他们如何处理《独立评论》所谓民主或独裁论争的? 本来是各为其主,但现实政治上的双方合作,又该如何获得学理支撑?诸如此类,《独立评论》上有精彩展示。

总的来说,著名品牌的媒介声誉到了一定的层次,它是聚焦和引领社会,还是聚焦导向国家?抉择偏向非常重要,因为它具有类似黑夜探照灯的功能,照到哪里,哪里就是光明,没照到的地方就是一片漆黑。所以在这样一个强光放大效应下,媒介自身的运转涉及品牌和标准化等。更多的广告商看中了媒介品牌,会支付更多的钱。媒介获益多少,主要取决于品牌的声誉高下,它不完全取决于资讯内容,还取决于资讯内容背后的价值取向等。由此而论,谈论近代历史语境中的《大公报》,其内容当如何与时俱进,而时论风格等背后形成的品牌,特别"不党""不卖""不私""不盲"的"四不"方针的价值追求,尤值得深思。所以,在研究新闻纸时,如果我们能够从这些层面去感知、思考,当将有更新锐的眼光,而不是把报纸和杂志看作简单的内容展示。在救亡图存情境当中,标榜"不党"的《大公报》怎么面对政治事件?议题和细节如何呈现?尤其当它面对重大的政治事件时,《大公报》怎么发声?这种发声在抗日战争当中取得了辉煌的业绩。《大公报》区别于政党意义上的政治家办报,实际上是日本问题专家的专家办报、经济学家办报。抗战语境中其他的报纸没有《大公报》的鲜明特色,即便知名度很高也不能与《大公报》相比,主要是《大公报》相关新闻及时评编辑部有很多日本问题的专家把关细节乃至救国舆论的导向,所以所得结论往往有非常精确的预测,而其他报刊做不到或难以相比。因为它有很多日本问题研究专家,是不是可以说它培养了读者的日本问题意识而且抗战语境中社论写得非常到位?抗战期间共产党和国民党主要领导人都会参考《大公报》。所以无论是毛泽东还是蒋介石,抗日战争时期放在重要阅读位置的报纸,往往是《大公报》。这个和专家办报有密切的关联。

总的来讲,本书分为三个部分,首先是近代新闻及报刊史综论,其次是"通中外"语境下的报刊与国家、社会,最后是"通中外"语境下报刊经典个案与政治关系重构的历史分析。就学理而言,媒介作为载体涉及对各种知识有意识的分类。新闻纸这种分类以"新"为核心,可以从新闻转向新的资讯,转向新的认识,涉及新知识和旧知识在资讯舆论平台上的新陈代谢。面对中西文化会通及经、史、子、集转向近代学科意义上文、史、哲等知识分类上的新陈代谢,媒介本身作为容器承载着流动的概念、文本和知识框架。西学东渐语境下知识框架及其面对中国的社会结构变动,涉及怎样的聚合、重组?值得考虑。"西学第一人"严复总结"物竞天择,适者生存"为核心的丛林法则,即所谓生存斗争学说。他还将生物进化论移植于社会进化论,并将以"优胜劣汰"的竞争学说为基础的"自由为体,民主为用"视作西方资产阶级政体背后的道统。这种社会重构到国家重建意义上的民主论或开明专制论,涉及媒介的"通中外,达新知"的整合。近代中国由此进入新的知识分类,并且和政体意义上的新陈代谢结合起来。对近代国人而言,所谓"达新知"涉及以丛林法则为指向的资本主义的知识生产方式及其政治理论呈现,这一切包含"西方学术中国化"及其学理论证,诸如资产阶级启蒙思想家严复所谓进化论及国民革命先行者孙中山倡导三民主义的论辩,论辩场域都在报刊上进行,既对话又交锋。此涉及进化论与三民主义影响此弱彼强的过程。这在社会结构变动当中尤其是社会关系的重组方面,起什么样的作用?若将社会结构乃至社会关系重组,视作社会框架变动,实涉及国家如何运行,实践又如何应对?维新代表人物严复或国民革命先驱孙中山所谓的建国学理框架当然涉及资本主义意义上的立法、行政、司法的三权分立。探析这些原则及其背后的社会语境,涉及穿梭性回顾历史,甚至回溯媒介场域。

西学东渐下传媒如何为近代中国受众提供新知识、新框架?如何看待旧知识、旧框架的式微或离场?诸如此类,亦为学理质疑乃至思想反诘的过程。近代媒介功能变动涉及近代政治转向。两次鸦片战争之后,封建统治意义上的道统有被资本主义发展理念"民主共和"取代的趋势,此导致新的政治运动,诸如维新或革命,多涉及社会结构的变动。这种社会结构的变革,向前推进涉及国家的重建。近代国家的重建,究竟是以民主立国,还是以独裁立国,还是"开明专制"? 20 世纪 30 年代胡适与蒋廷黻等在《独立评论》上发起重要议题的论争即涉及印刷资本主义制造共识或分歧,大体属政治功利主义。总的来讲,近代媒介报刊的使命,在救亡图存的历史语境下,大致可从三个层面解读:改造世界、顺应世界或介于二者之间。由此我们解读报刊政治功能的变动,以下值得关注:一是报纸杂志旨趣如果定位为思想启蒙,则有可能改变读者世界观,有时候导致其思维方式的变化。二是报纸杂志作为新闻生产乃至共识意义上的知识生产,它有可能在生产方式上和其他的企业并无太多的差别,包括生产的商品是新闻,正如面包店生产的是面包,作为企业要实现盈利,这往往和其他企业没有不同。另一方面,因为近代报刊有工具性,所以往往向里面"烧钱"而不计成本。这又涉及学人论政意义上学人办报和政治家办报。政治家办报以及学人办报,反映政治生活的变动,同时意味着设计未来的政治样态的可能性,所以这样一种可能性也会引导舆论,诸如展示国民党及国民政府政治内讧与国民党政权在大陆的溃败之间的关联。这一些系近年学界重要的关注点,也从笔者这些年的研究报告及结论当中得以体现,希望后续研究有所推进。

上编

"通中外"语境下近代报刊
新闻及其价值取向综论

中国近代新闻史研究三题

  中国近代新闻史研究既要注重对史料的考查,又要注重对学理的阐述,扎实的新闻史研究可为新闻理论课的架构提供坚实的史料基础及学养。史论结合的研究方法可为新闻学研究深度、广度的拓展提供学术机缘。这一点已引起部分学者重视。① 笔者在此拟从研究主线及研究视野的拓展等方面对新闻史做一些探索。

一、研究范围的界定与研究视野的拓展并不矛盾

  目前,新闻事业史的研究还存在诸多待解决的问题。"新闻史的主线是什么"以及"新闻史应该包含哪些内容"是首要的问题。由于视角及理解上的差异,中国近代新闻史研究的分歧很多。有的学者侧重从研究对象上进行论述,认为"近代新闻学的研究,已经把新闻的范围扩大而包括一切大众传播的媒介,研究新闻学不再以研究报纸为限,而研究者自己应把一切有关大众传播的媒介列为研究对象"②。而大多数学者倾向于从新闻事业本身的历史轨迹及其呈现出来的规律性来探讨,具有代表性的观点认为:中国新闻史的内容是中国新闻传播与新闻事业产生、发展、变

---

① 有论者认为:"现时期诸多研究者把理论研究的空间拓展视为学科改革创新的全部要义,而在某种程度上忽视理论研究所不可残缺的历史纵深感(也可以说时间意识)。"见黄旦. 还是先回到历史去:对提高新闻理论研究水平的建议[J]. 现代传播,1996(3).

② 曾虚白. 中国新闻史[M]. 台北:三民书局,1989:1.

化的历史,包括过程、经验、学说和传统。"新闻史是一门研究新闻事业发生、发展的历史及其衍变规律的科学。"①近年来,有学者主张在对中国新闻史进行宏观研究的同时应当有所侧重:"新闻事业史是事业史,以新闻事业的发展变化为主线,以新闻传播活动为研究对象,范围涉及新闻媒介的宣传内容与传播艺术、新闻工作者的传播业务与传播技术、新闻人才的培养与教育、新闻伦理与新闻法规的形成与发展、新闻事业的经营与管理等……重点是名媒介与名记者(广义)的介绍与评析。"②针对以往研究中存在的一些问题,有学者提出应强化新闻史研究的学科主体意识,并从哲学的角度指出中国新闻史研究出现本体论缺失,其主要原因有:学者们长期受"左"的影响;对中国新闻史缺乏准确定位,认为就本质而言,中国新闻史应该属于专门史和行业史。要从本体论角度研究中国新闻史,应当以探讨对象的根本性质为宗旨。总的说来,改革开放以来近代中国新闻史研究无论就研究广度而言,还是就研究深度而言,已经取得了长足的进展。③ 但有些问题还值得我们重新探讨,特别是对近代中国新闻史主要研究对象的界定与研究视野的拓展不能混为一谈,笔者认为以下两个方面值得关注。

第一,在研究对象上要强调传媒自身发展的历史轨迹,在研究视野上则要将传媒与社会互动呈现出来的规律作为主要研究线索。完全以主要媒介与著名记者作为当代新闻事业史的研究对象及主线有其局限性,只侧重著名记者,强调的是传播者,这种研究范式偏重人物探究而忽视历史舞台的空间;只强调主要媒体则正好相反。就算将主要媒介与著名记者

---

① 方汉奇. 中国新闻事业通史:第一卷[M]. 北京:中国人民大学出版社,1992:2.

② 徐培汀. 新闻史学史卷[M]. 上海:复旦大学出版社,2001:1.

③ 吴文虎教授提出:"研究中国新闻史,究竟是建构于研究新闻本体即事物本身的种种形态及其内在的发展、演变动因,还是把新闻依附于有关联的客体(社会发展、革命斗争等)之中,侧重于以客体解释主体、统管主体,这是涉及研究取向的一个重要问题。"见吴文虎. 从本体论角度研究中国新闻史[M]//方汉奇. 新闻春秋. 成都:四川大学出版社. 2003:208 – 209.

结合起来，至多也只能揭示传媒自身发展的历史轨迹而已。因此，我们在研究过程中要严格区分研究对象界定与研究视野拓展这两者之间的关系，不能以前者等同乃至取代后者，研究视野要拓展到研究传媒嬗变与社会环境之间相互促进及其制约的内在联系，否则有些问题很难说清楚。诸如研究汪康年、梁启超、黄遵宪等与《时务报》的关系，至多只能揭示维新变法前后《时务报》作为具有浓厚民间报业色彩的媒介及其自身经营成败的历史经验。就行业而言，揭示上海《时务报》与天津《国闻报》等诸多报业以及与其相关联的文化传媒之间的关系，有利于我们了解戊戌变法前后整个晚清社会的通信体系。

实际上《蒙学报》与《时务报》的人马基本一致，两者有亲缘关系。《蒙学报》创办之事见于《蒙学公会公启》《蒙学会报简章》，载于光绪二十三年九月二十一日（1897年10月16日）《时务报》第44册，署名为"仁和叶翰、钱塘汪康年、湘乡曾广铨、吴县汪钟霖同启"[①]，其目的为："蒙学公会务欲童幼男女均沾教化为主。"[②]光绪二十三年十月十一日（1897年11月5日）梁启超在第44册《时务报》上发表《蒙学报演义报合叙》[③]，后转载于《集成报》第21册（光绪二十三年十月二十五日），梁启超在文章中称："……教小学教愚民，是为今日救中国第一义。启超既与同志设《时务报》，哀号疾呼，以冀天下之一悟。譬犹见火宅而撞镜，见入井而怵惕，至于所以救焚拯溺，切实下手之事，未之及也，既又思为学校报，通中西两学，按日而定功课，使成童以上之学童诵焉，自谓得此，则于教学者殆庶几矣，而于教小学教愚民二事，昧昧思之，未之逮也。岁九月归自鄂，而友人

① 沈云龙.近代中国史料丛刊:第33辑,时务报:第44册[G].台北:文海出版社有限公司:2893.
② 沈云龙.近代中国史料丛刊:第33辑,时务报:第44册[G].台北:文海出版社有限公司:2893.
③ 沈云龙.近代中国史料丛刊:第33辑,时务报:第44册[G].台北:文海出版社有限公司:2877-2988.

叶君浩吾、汪君甘卿,有蒙学报之举。"①《蒙学报》为周报,1897年11月24日创刊于上海,叶翰任主编,内容以译述西方通俗儿童作品为主,图文并重。② 是年8月29日出版的《时务报》第三册公布该报初期各地代收捐款名单,其中湖北两人中就有"叶浩吾茂才翰"③。

《时务报》《蒙学报》与严复等人办的《国闻报》的密切关系,可从夏曾佑1897年12月9日致汪康年信中窥见一斑:"卓如赴湘,《时务报》之主笔亦非常人所能任,求其好不难,求其适合此时人脑气筋则甚难也。浩吾之《蒙学报》弟未见及,人言浩吾捐多金于此会,不知真否? 鄙见以为此时开报馆只能以余款为之,不能以孤注为之也。弟等报馆日来尚有长进,而阻力离心力俱大,设法消之,甚非易易。"④

《国闻报》从筹备、创办到发行,与《时务报》互通声气。1897年4月16日《王修植致汪康年书》称:"屡从穗卿书中得悉从者近状,为时劳勚,公而忘私,非斯人其奚属耶。卓如近复何往? 前者又陵先生贻书相规,此亦吾党切磋之意,不可久不报。弟谓吾党建一业、白一议,但当论是非,不当争胜负。"⑤严复等天津报人与《时务报》报人相劝勉。

由《时务报》《蒙学报》《国闻报》还有《农学报》等报馆、通艺学堂等学馆以及办报人员、教学人员组成了关系非常密切的知识分子圈,他们都致力于近代国人的思想启蒙,并为此出谋、出资、出力。这一点还可以从众多知识分子致汪康年的信札可见。如张元济致汪康年:"敝馆教习已请定,系由严又陵经手,由伦敦聘来,每岁偿金二千两,系教会董事代请,故偿费不昂,而可得良师,但不知果能如其所言否。"⑥通艺学堂主办者张元

① 中国近代期刊丛刊. 集成报:第21册[G]. 北京:中华书局,1991:1180.
② 方汉奇. 中国新闻事业编年史:上[M]. 福州:福建人民出版社,2000:119.
③ 方汉奇. 中国新闻事业编年史:上[M]. 福州:福建人民出版社,2000:103.
④ 上海图书馆. 汪康年师友书札[M]. 上海:上海古籍出版社,1986—1989:1328.
⑤ 上海图书馆. 汪康年师友书札[M]. 上海:上海古籍出版社,1986—1989:78.
⑥ 方汉奇. 中国新闻事业编年史:上[M]. 福州:福建人民出版社,2000:1719.

济称"通艺二字,就是严复取的"①,严复的侄子严君潜任通艺学堂教员,1898 年严复在通艺学堂讲演《西学门径功用》。

张元济等还试图建议《时务报》在京发行渠道与《农学报》《蒙学报》等合并,以求集中力量专营其事。这些报刊互通声气,张元济等建议合并诸报在京发行渠道绝非偶然。总之,早期的报馆不仅仅是办刊物的地方,也是各种信息汇总及传播之地,而且还是文人聚会的地方。

就内缘关系而言,探讨《时务报》中以汪康年为代表的浙人与以梁启超为代表的粤人之论争及其与《时务报》报业兴衰之间的关系,进而综合内缘与外缘之间互动的关系,从整体性角度探讨《时务报》与社会变革思潮间的关系,这一课题的价值是显而易见的。这个案例也说明研究报业等传媒仅局限于关注研究对象自身嬗变的轨迹,而研究视野不能拓展到探究传媒与晚清社会转型中知识分子的政治、文化抉择上,事实上这很难清晰地展示其历史发展的脉络,更难谈及其嬗变轨迹内在、外在的历史动因。

第二,探讨传媒与近代中国救亡图存这一政治使命的关系是本研究视野拓展的侧重点。过去中国新闻史研究与教学过分强调媒介的阶级性、党性及其与政治斗争的关系,失之片面是显然的。20 世纪 90 年代初,有些新编新闻事业史教材试图摆脱类似中国革命史的历史分期框架,侧重探讨媒体本身及其嬗变的历史轨迹,应该说这是对中国革命史的历史分期框架强行嫁接到新闻史上的一种挑战,这对新闻史学科建设无疑是有益的。但新闻史教育与研究中对过去历史分期理论框架的清算不能有过于强劲的势头,将新闻传播史研究对象定位在对媒体自身嬗变轨迹的研究上,并不意味着研究者必须排斥社会通信系统作为子系统与社会

① 大约在 1897 年,严复与张元济订交,张元济在京创办通艺学堂,学堂名为严复所拟。参见张元济. 戊戌政变的回忆[M]//中国史学会编《戊戌变法》:第四册. 上海:神州国光社,1953.

母系统两者互动关系的分析。以今天和平建设时期的传媒理论分析框架来重新检视中国近代新闻史的理论框架,看不到或没有明确它与以救亡图存为主调的社会政治、经济、文化等因素交织成的社会网络之间的关系,更没有动态地考察中国近代媒体发展的前瞻性与社会网络的制约性是历史规律中的两律悖反,只看研究对象传媒事业发展的一面,而在研究过程中不分析或很少分析报业等传媒事业维持旧价值系统的历史惰性一面,这些研究价值取向在教学与科研中不是个别现象。

实际上,今天以和平建设为基调的现代化有别于历史上战乱频仍的近代化,半殖民地半封建社会性质决定中国近代化的历程既有反抗封建意识形态向资本主义迈进的历史进程,更有反对列强侵略的民族主义勃兴的一面。救亡图存的历史使命决定近代中国首先要解决政治体制变革等问题,只有推翻清朝及列强的统治,才有资格论及经济独立发展。事实证明孙中山自认为民国初建,自己尽可能投入铁路筹建是历史理性不够成熟的表现。因为政治问题没有解决好,经济建设无从谈起。同理,近代传媒的商业化、企业化倾向虽然存在,但应该看到对绝大多数传媒而言,这些仍然是政治谋利的工具。

近代报纸具有明显的党性、派性特征,研究者若仅强调以报业为代表的传媒自身嬗变的历史轨迹这一研究对象,在研究视野中忽视报业与近代军政利益集团之间密不可分的关系,诸如《时务报》与张之洞为首的军政利益集团的关系、北洋军阀的暴力专制与"癸丑报灾"的关系等,便无法从学术逻辑上诠释近代中国报业体系何以有如此"潮涨潮落"的所谓"第一次办报高潮"及"第二次办报高潮"等,事实上也与传媒实践的历史背道而驰。总之,笔者以为对于近代中国新闻事业,既要关注媒体本身,更要研究其与近代剧烈的社会变迁之间的关系,特别要关注社会转型中报人、报业与政治变革的关系。因为新闻事业离不开社会,尤其离不开近现代社会转型这一具体的人文环境,更何况中国近代新闻史只是近代史的一部分,新闻事业史只是近代史的一个专题而已。

中国近代新闻史的研究同样要注意社会阶层的变动,特别是知识分子作为社会中间阶层,向下联系着基层民众,向上联系着上层社会。而近代社会由于列强的入侵以及西学东渐,就文化而言,近代知识分子又处在国学、西学的文化抉择中。1905 年科举制度的废除,科举致仕的道路在社会制度上已被终结。处在文化转型中的近代知识分子通过报刊政论来表达本阶层对救亡图存历史使命的看法,从而使传统知识分子价值取向"立身、立德、立言"的表达开始与近代报刊相联系。报人作为近代知识分子独特的组成部分,其与农民阶级领导的太平天国运动、开明地主阶层领导的洋务运动、资产阶级领导的戊戌变法及辛亥革命等之间促动及制约的内在关系,值得深入探究。

除关注近代报刊的政治性、党性之外,报人、报业的嬗变与中国近代文化转型的关系是近代新闻史教学与研究的另一个重点。如宁树藩指出:"世纪初政党报刊的登台,是中国新闻史上的重大事件,理应鸣锣开道。"①他还指出:新闻史研究可以从政党报刊角度切入,研究近代改良派与革命派论战对我国报刊政论文体所做的重大推动、对报刊文风所起的广泛影响,以及论战作为思想传播手段所起的特殊作用等问题。"对于《民报》《新民丛报》论战的规范与品格应载入中国史册",而不能"只像近代史那样,集中介绍论战内容和过程,这反映出近代新闻史的研究者新闻本体意识不强,容易在其他学科先入为主的研究成果面前迷失自我。"②

---

① 宁树藩,曾建雄.强化主体意识,探求自身规律:新闻史研究的反思与前瞻[J].新闻记者,1998(9).
② 宁树藩,曾建雄.强化主体意识,探求自身规律:新闻史研究的反思与前瞻[J].新闻记者,1998(9).

二、探究报刊等传媒与中国近代文化转型的关系是中国近代新闻史教学与研究的焦点

近代中国社会处在由传统向现代转型的过程中。我们要注意转型进程中新、旧因素的消长及其相互之间错综复杂的关系。近代社会过渡的内在原因就体现在这里。近代社会转型不仅表现在"器物层面"上的变革以及"制度层面"上的改良或革命,在文化思想上还表现为对国民性的改造,即实现人的现代化。而这又离不开近代国人面对中西方文化抉择时所处的两难境地,文化史视野中的报刊突出地反映了这一点。近代报刊在横向上联系中西文化,在纵向上沟通社会各阶层。龚书铎在《中国近代文化概论·序言》中指出:"在近代由于西方文化的传入,中西文化在矛盾的过程中又相互发生吸纳、融会。"①近代文化交流、对峙的特点对报刊影响很深,"在近代中国,先后建立了各项文化事业,诸如出版机构、报刊等。这是鸦片战争后西学东渐的表现,也是中国人民反抗封建主义和帝国主义双重压迫,谋求民族文化独立发展的结果"②。

报刊与近代国人文化思想嬗变的历程,特别是清末民初报刊与近代文化思潮嬗变的关系,尤其值得关注。这实际上涉及文化史与新闻史交叉研究的问题,"作为文化史的一个部分,新闻史与文化史其他方面的联系更是异常密切。文化史上的许多重大事件,都和当时的新闻事业有密切联系。……研究文化史离不开对各时期的报纸进行研究。加强新闻史的研究,以促进文化史各部门研究工作的开展,已经成为文化史研究工作者的共同愿望"③。

---

① 龚书铎.中国近代文化概论[M].北京:中华书局,1997.
② 龚书铎.中国近代文化概论[M].北京:中华书局,1997:321.
③ 方汉奇.中国新闻事业编年史:上[M].福州:福建人民出版社,2000:1-2.

新闻史与文化史交叉研究的结果显示：近代中国社会的性质决定了报刊处于半封建半殖民地的夹缝中，不可避免地要渲染西化或凸出国粹。救亡图存的历史使命，又决定近代报刊对抗半殖民地半封建社会、寻找新出路的文化品格。总的说来，这种文化品格的形成是由旧向新的过渡，呈现出鲜活的时代特点。因此，撰写新闻史教材应反映近代期刊与社会转型之间的关系，特别要注意探讨近代报刊与文化思潮嬗变的关系。

20 世纪 90 年代前的诸多新闻史著作把报刊视作政治宣传工具，而将报刊既视作文化思想载体，又看作文化有机组成部分的学术论著鲜见。对于近代报刊与文化思潮的嬗变这一课题，应重点研究清末民初知识精英的文化思想如何通过报刊舆论传播给大众，形成文化思潮，文化思潮之间的异同体现在哪些方面，以及从报刊舆论呈现出来的文化思潮之间的彼此消长更替的文化景观看清末民初以报刊为核心的社会通信系统对新思想、新文化反映的灵敏程度。实际上，思想家提出的文化观念并不是一经提出就已完成，它需要借助报刊舆论广泛传播，被广大受众接受与认可才得以实现。报刊作为联系读者与作者的媒介，反映的是两者文化观念的沟通与变革。

对清末民初文化思潮的研究近年来取得了一定成果，如吴雁南等主编的《清末社会思潮》、高瑞泉主编的《中国近代社会思潮》等对此展开了论述，在研究的深度与广度上既有所突破，也存在不足，主要是研究者多关注清末民初的文化思潮是什么，而从作者、读者与报刊三者之间互动的关系出发，探讨处在文化转型时期的近代知识分子随着时代、社会的变迁对西学、国学的诠释与清末民初文化思潮嬗变的关系，以及其嬗变与社会转型的关系。

就报刊史研究而言，以往研究多采用编年体，如曾虚白主编的《中国新闻史》以及内地的部分关于晚清报业史等著述未能很好地将报刊的兴办与知识分子自身知识结构的改变、知识分子所扮演的文化角色的转变与近代文化思潮的嬗变有机地结合起来,更未能将揭示晚清报刊舆论的崛起与当时社会思潮的消长更替联系起来。

实际上,文化思潮是清末民初思想史上重要的人文景观,其影响的广度、深度在中国文化史、报刊史上占据着重要的历史地位。从西方舶来的社会进化思潮以及中西文化交流碰撞中产生的无政府主义思潮、新文化运动中的中西文化论战,都反映了西学、中学影响力彼此消长的过程。这实际上折射了中国社会由鸦片战争前的封建社会沦为战后的半殖民地半封建社会,封建经济结构受到猛烈冲击的现实,反映了社会变革的文化思潮此起彼伏、更替涤荡。文化思潮从横向上看是西学东渐,从纵向上看是中国传统文化的近代转型。进化论、国粹主义及无政府主义和新文化运动是清末民初有代表性的文化思潮。这些思想彼此间相互激荡,构成了清末民初报刊的主要内容。

清末民初的报刊既是鸦片战争后西学东渐的文化表现,也是近代中国寻求文化独立的必然结果。具体而言,戊戌变法前后,近代知识分子逐步摆脱了西方传教士的影响,走出了"宗教月刊"时代,《强学报》《时务报》《国闻报》《时报》《苏报》《民报》等标志着近代中国独立文化事业的崛起。民国初年,以报刊为首的近代文化事业迅猛发展。近代报刊既是处在文化转型中知识分子的话语表达途径,也是非官方的新传播媒介;近代报刊在林林总总的文化思潮中起了推波助澜的作用,既是近代知识分子锐意创新的喉舌,也是承载文化思潮的舞台,反映了西学东渐以及传统的民族文化主体性特点,体现的是西学启蒙与传统文化自觉与走向理智的力量。

此外,把报刊史与文化史结合起来研究,对进一步了解清末民初知识分子身份的民间化、边缘化状况,文化思潮演进与报刊文化价值倾向的嬗变,以及近代报刊发展的脉络和规律,进而加强对国情的认识,也有一定的积极意义。将清末民初的文化史与报刊史结合起来,进行交叉研究,这在新闻史研究范式上不失为一种有益的探索。① 就报刊史研究而言,正如宁树藩先生倡导的那样,既要研究报刊的社会作用,又要关注报刊自身成长的历史,要两条腿走路。

总之,准确把握新闻史研究的主线及学科特点,在研究视野上侧重探讨近代报刊与文化思潮嬗变的关系等微观问题,将为未来的新闻史研究与教学奠定理论基础。

三、研究中国近代新闻史既要有宏观视野,又要从微观层面进行考察

在研究新闻史的过程中,我们既要从整体上以综合的体例来对其进行宏观把握,又要从微观上按照新闻事业史所包含的具体领域来分门别类。第一,近现代新闻事业史离不开诸如报纸、期刊、电报、电话等具体的传播媒介。离开具体内容来谈新闻事业史,则新闻事业的内涵将变得笼统而又含混不清。问题的另外一面是新闻事业史不仅仅是各种传播媒介的简单相加,新闻事业受到传播者、传播工具、受众等多方面因素的影响,反过来,新闻事业又会影响传播者、传播工具、受众等。特别是近代中国已卷入世界潮流,中西文化在交流中对话,报刊等文化媒介在中西文化交流对峙中走向现代。戈公振在《中国报学史》中称:"凡稍研究报纸之共通历史者,必知有所谓口头报纸(spoken newspaper)、手写报纸、木版印刷报纸与活版报纸之四类。""我国报纸之进化,当然亦循此阶级。惟口头报纸,颇不易得明确材料,吾故存而勿论。"②他认为中国报纸可分为四期:"第一官报独占时期",在时间上主要指"自汉唐以迄清末,以邸报为中

---

① 王天根. 史华兹与黄克武:严复思想研究的两条路径[J]. 广西师范大学学报(哲学社会科学版),2005,41(3).
② 戈公振. 中国报学史[M]. 北京:中国新闻出版社,1985:18.

心";"第二始创时期",指"自基督教东来,米怜(William Milne)创《察世俗每月统记传》,其内容有言论,有新闻之记载,是为我国有现代报纸之始";"第三民报勃兴时期",指"适中日甲午战争之后,强学会之《中外纪闻》出,始于人民论政之端,此后上海、香港与日本,乃成民报产生之三大区域。其性质又有君宪、民主、国粹及迎合时好之多种,故称之为勃兴时期;而辛亥革命之功,实基于此";"第四报纸营业时期",指"民国成立以后,党争岁不绝书,凡不欲牵入政治漩涡之报纸,遂渐趋向于营业方面,物质上之改良有进步,商业色彩大见浓厚"①。

第二,报纸、期刊、书信、电报、电话等具体的传播媒介也非孤立或毫无联系的,实际上它们之间存在促动、制约的内在联系。而这诸多的情况,并非单纯地对报纸、期刊、书信、电报、电话等进行分门别类地概述就能勾画清楚,这需要宏观的综合性概述。仍以戈公振的《中国报学史》为例,其报学史涵括近代报业的基本内容及形式,纵向剖析了中国报业发展的历史及报业现状,最后一章从横向剖析了报馆之组织及其业务乃至报业教育及报纸法律等诸多方面,建构了系统的报学体系。而对报业与社会政治、经济、文化之间的互动关系,特别是对报业与文化思潮嬗变方面鲜有涉及。这为后来者提供了进一步研究的空间。

如要较为全面地论述中国新闻事业发展嬗变的历史,恐怕离不开综合论述与专题论述这两部分。笔者以为,从宏观视野可以探讨中国近代新闻史的基本特征、历史分期和新闻事业内部结构的变化。此外还有近代新闻事业与社会转型中政治、经济、文化之间的关系,以及其与由政治、经济、文化等因素构成的社会网络之间的关系。就专题而言,在微观层面上应着力探讨以下问题:近代新闻事业的人文环境问题,诸如新闻教育、新闻政策等;近代新闻事业的分类,诸如报业、通讯社等;专门探讨近代报

---

① 戈公振. 中国报学史[M]. 北京:中国新闻出版社,1985:18.

馆作为近代报业的主体,其社会结构、社会功能及其嬗变历程,特别是清末民初报刊与文化思潮互动的关系;近代报业、报人分类,报业与图书馆、报业与邮电部门、报业与社会团体的关系;报业行业协会等。

总之,中国近代新闻史研究中的理论方法创新以及新视野固然重要,但新闻史毕竟属于历史的分支学科,治史离不开对史料的分析与考证,所谓新思想只有建构在真实的历史复原基础上才能称得上学术创见,惟有如此,才能经受住学理及实践的检验。

(本文首发于《广西师范大学学报》2006 年第 2 期,

《中国社会科学文摘》2006 年第 6 期转载)

近代经济新闻价值取向
及其政治语境解读

—— 以第一份商业性中文报纸《香港船头货价纸》为中心

近代报刊刊载新闻,具有沟通信息的功能。作为新闻纸,报纸还可以发表言论,有些言论是与经济密切相关的时评。这些涉及报纸的经济功能,学界已有探讨,早在20世纪20年代,徐宝璜在《新闻学概论》中称新闻纸重要之职能,表现为四点:一、供给新闻,二、评论时事,三、补助商业,四、补助教育。[①] 在他看来,"近代商业以世界为一大市场。一般商业家,必争奇斗巧,使人知其货物种类名称及特长,然后销路可广,商业始有发达之希望。故必有待于宣传之媒介。新闻纸不翼而飞全球,其代登之广告,因是项需要而发生也。且经商必明了时势状况,及各处商业情形,商家自行采探,匪特力之所不能及,抑亦势之所不能,而供给之者,则新闻纸尚矣"[②]。徐宝璜讨论的是报刊与商业的关系,而报刊本身也有商业化的过程,这个过程与近世社会化大生产及商贸基本同步。

从18世纪中期到19世纪中期,随着工业革命的开始,大众传媒也随之起步。而廉价报纸的大量涌现,则意味着报纸的普及。就近世报业发展的基本路径而言,大体上经过政党报刊、大众报刊及商业化报刊的历史进程;就报刊功能而言,则意味着报刊反映社会镜像、评价及守望社会变迁。报刊功能探索涉及政治、经济及文化等复杂的社会语境。评判近现

---

① 肖东发,邓绍根. 徐宝璜新闻学论集[M]. 北京:北京大学出版社,2008:137-139.
② 肖东发,邓绍根. 徐宝璜新闻学论集[M]. 北京:北京大学出版社,2008:138.

代报刊的学理依据有文化研究、政治—经济研究两个路向。政治—经济研究的纬度显然侧重分析社会结构,尤其偏重社会结构中的商业及政府的力量。何去何从,则须回到历史现场。

媒介的功能因时代变迁而有所侧重,伴随着社会结构的调整进程而有所改变。近代中国报刊探索涉及社会的结构、功能及其历史变迁,而近代社会结构调整过程及其功能的媒介呈现显然涉及结构主义的学理分析,包含对社会阶级、种族、社会运动和霸权等社会现象的探索。其衡量的纬度可以是经济的、政治的,也可以是文化的。就经济及其媒介镜像而言,近代经济新闻的价值取向背后,往往是社会结构调整中政治因素在起作用,这是研究者不能不注意的一个问题。下文以第一份中文商业性报纸《香港船头货价纸》为中心①,或多或少地从世界化语境中殖民利益的追逐以及殖民运动中列强的霸权等层面进行分析。

一、香港早期报刊舆论与殖民贸易的基本语境

近代中国经济变迁具有殖民主义的基本语境,经济新闻价值取向往往受政治因素变动的影响。由此而言,从政治—经济的维度更有益于解读中国早期经济新闻的呈现方式及其政治动因。第一份中文商业性报纸《香港船头货价纸》是近代中国经济报刊远航过程中最早的历史界标之一。其经济资讯是近代商旅活动中重要的一环。

分析和解读《香港船头货价纸》首先要回到历史现场。在西方坚船利炮轰开国门之前,清政府仍以天朝大国自居,实行闭关锁国的政策。早已垂涎中国地大物博的西方列强常通过对华报刊,为其殖民利益造舆论。

---

① 新加坡学者卓南生教授的《中国近代报业发展史(1815—1874年)》对《香港船头货价纸》及其与《香港中外新报》关系做了较为深入的考析,颇有见地。

面对清政府固守的华夷之辨,外国对华报刊首先在华侨人口密度高的东南亚登陆,代表性的报刊主要有 1815 年至 1821 年马礼逊、米怜在马六甲创办发行的《察世俗每月统纪传》,1823 年至 1826 年麦都思在巴达维亚(今雅加达)以《察世俗每月统纪传》为样本创办的《特撰撮要每月纪传》,1828 年至 1829 年吉德在马六甲创办刊行的《天下新闻》,1833 年至 1835 年郭实猎在广州创办并主持的《东西洋考每月统记传》,1837 年至 1838 年郭实猎、马儒翰在新加坡续办的《东西洋考每月统记传》(即《新东西洋考》)等。这些定期或不定期的刊物传教布道,主要针对中国读者。在思想内容上,早期对华宗教性报刊宣布孔子、耶稣地位平等,鼓吹"四海之内皆兄弟",实以宗教意义上的救世、救心,达到跨越国界疆土的文化思想输出目的。

宗教上跨越国界"四海之内皆兄弟"的教义鼓吹,为商业上的西方列强资本输出准备了文化前提。针对中国而来的外国报刊,名义上以寻求富强及政治革新思维为标示,又有传教布道色彩。而"宗教月刊"很快被赤裸裸的商业性报刊所取代,1838 年麦都思与其女婿奚礼尔在广州创办《各国消息》,内容涉及"廓尔喀国、阿瓦国、英吉利、比耳西国"及广州省城洋商与各国远商买卖货物的现时市价等,可见列强"商战世界"的早期版图。这与西方列强到中国开拓海外市场,以攫取高额利润的殖民诉求密不可分。

西方对华商业性报刊的兴衰与中国政局变迁密切相关。1840 年,西方对华商报的政治语境发生了巨大变化。随着第一次鸦片战争中清政府的节节败退。1841 年 1 月 16 日义律以英国公使名义发表照会,称:"今拟照依贵大臣爵阁部堂来文办理,一面以香港一岛接受,为英国寄居贸易之所。"[①] 20 日,义律发表公告,提出要清政府割让香港岛等无理要求。

---

① 中国史学会. 中国近代史料丛刊·鸦片战争:五[M]. 上海:上海人民出版社,上海书店出版社,2000:496.

与此同时,义律与琦善进行割让香港岛等在内所谓的"穿鼻草约"的磋商。
1841 年 6 月 7 日,英国人宣布香港为自由港。[①] 义律对"广州及中国各地
的商贾"发布公告,宣称:"他们和他们的船只可以自由进入香港港口贸
易,并且可以获得英国长官的充分保护;因为香港位于中华帝国的海岸,
英国政府对于进出货物一概不收捐税。"[②] 1842 年 8 月 29 日,清政府被迫
与英国签订《南京条约》,将香港岛割让给英国。基于领土割让,香港岛逐
步沦为英国的殖民地,香港岛也成为西方对华报刊的重要据点。1853 至
1856 年,麦都思、奚礼尔、理雅各在香港创办并发行中文报刊《遐迩贯珍》
(Chinese Serial)。1856 年英国借"亚罗号事件"伙同法国出兵侵华。
1857 年 10 月,英国人额尔金同法国人葛罗率军在香港汇合,意在武力征
服。军事占领的同时,列强也有政治宣传及鼓吹商贸的舆论动员。随着
西方殖民势力的推进,1857 年至 1858 年伟烈亚力在上海创办并主持上
海最早的中文报刊《六合丛谈》(Shanghai Serial)。其间,清政府既要面
对太平天国运动,同时还要应付英法联军。清政府以对外妥协的方式集
中力量对内镇压。1857 年 6 月签订的《天津条约》,规定南京等为约开商
埠,英、法等国传教士可自由往内地传教。此后,来华外国人迅速增长,
1859 年在中国外侨人数为 2 148 名,其中 1 462 名在香港。[③] 外侨来华的
重要目的是经商,"在一八四二年到一八六〇年的不安定期间,除了法国
商行掌握了一些丝的贸易以及德国人因为长久努力发展奠定了一些杂项
贸易的基础之外,重大的商业活动几乎全部都掌握在英国人和美国人的
手里。港脚人和其他印度人则或是与鸦片贸易相关联或是经营家庭用
品"[④]。以英国为首的西方殖民者并不满足在华既得利益,后借换约之机

---

① 马士.中华帝国对外关系史:第 1 卷[M].上海:上海书店出版社,2000:323.
② 马士.中华帝国对外关系史:第 1 卷[M].上海:上海书店出版社,2002:323.
③ 马士.中华帝国对外关系史:第 1 卷[M].上海:上海书店出版社,2000:389.
④ 马士.中华帝国对外关系史:第 1 卷[M].上海:上海书店出版社,2000:390.

英法联军再燃战火。1860年10月清政府被迫签订《北京条约》,规定割让九龙司"归英属香港界内";退还天主教堂的资产等。为了维护既得利益,英国一面以传教布道的方式"教化"异域民众,一面以海外贸易攫取高额的殖民利润。香港、上海无疑是其对华商旅的埠头。

香港、上海是西方对华最早殖民据点之一,香港尤其是英国在远东重要文化思想输出地。时人评述云:"自西洋报纸输入中国,开人智慧,映入眼帘,知新之士,渐次仿行。香港为开风气之先,沪上创铸铅之活字。由是报章出世,阅历倏经过五十余年,其在港沪者,均发自西人,聘华人为主笔,稍具规模,材料未丰,以是士商两途,迄未看重。"①可见港沪报刊有待发展。英国对华思想输出有多种途径,香港报刊的重要性可见一斑,英国人马士称:"自鸦片战争后至1860年,这是香港报业大发展的阶段。当时全国先后所出英文报刊约24种,香港约占17种,为总数的70.83%,数量上占绝对优势,而其实际影响,也是全国其他地区难以匹及的。"②当时,有部分对华传教士涉足期刊,前文述及1853年麦都思主持的《遐迩贯珍》在香港创刊。为迎合中国人的阅读兴趣,麦都思常邀部分买办参与润笔,办刊颇有成效,黄胜③参与了《遐迩贯珍》的经营。1847年1月,黄胜随马礼逊学校校长布朗(S. R. Brown)到美国,留学于孟松学校(Monson Academy),因水土不服,中断学业。于1848年秋,返回香港。黄胜至美国前已接受基督教的洗礼,返港后成了伦敦传道会的成员。他随后入德臣报馆学习印刷技术,后任伦敦布道会印刷所总裁,也曾协助理雅各(James Legge)译书。1857年11月,已有一定办报经验的黄胜在香港参与创办《香港船头货价纸》,此为中国历史上第一份中文商业性报纸,可能属最早的经济类报纸,但并未摆脱其作为英国对华商贸喉舌的身份。

① 伍廷芳. 中华民国图治刍议[M]. 北京:中华书局,1993:607-608.
② 方汉奇. 中国新闻事业通史:第1卷[M]. 北京:中国人民大学出版社,1992:288.
③ 黄胜(1825—1902),又名黄亚胜,广东香山人,中国近代第一批留学生。

二、《香港船头货价纸》与英国对华商旅

作为英国传教士在香港办的中文期刊,《遐迩贯珍》可以说是西方喉舌的代表,表达了西方试图同化中国的文化价值趋向。就经济侵略的喉舌而言,英文日报 *The Daily Press*(《孖剌报》)早于 1857 年 10 月 1 日就已出版。其副标题 *Ships Commerce and Colonies* 显示了该报对殖民利益的追逐。作为新闻纸,《孖剌报》有很强的职业精神,经常刊文攻击驻港政府官员乃至总督。而英属香港政府也不示弱,依据英国诽谤罪行的相关条例,一度将《孖剌报》的莫佐逮捕。① 从中可见,面对资源分割,英属商人与官方的殖民统治亦有利益分歧的一面,当然这是大英帝国的内部问题。《孖剌报》报馆属下的中文报刊《香港船头货价纸》,第 197 号,已未年正月初一日刊发"启者","此纸系在孖剌处每日所印之新闻纸,同馆印刷。每逢礼拜二、礼拜四、礼拜六为期,遍派香港各铺户。每月收回银一大员。如贵客□有事要印落此纸内,务宜早一日走字,通知孖剌便妥"②。可见,《香港船头货价纸》的经营者及联系人也是"孖剌",这显示其与《孖剌报》的亲缘关系。同期还刊有新闻纸馆另一则"启者":"唐人如有切要时事,或得之目击,或得之传闻,不论何事,但取其有益于唐人,有合于同好者,均可携至本馆刻刷,分文不取。"③从现有史料来看,此则以报馆名义发表的"启者"一直连载到第 230 号,即已未年三月廿六日。所谓"唐人"指中国人。可见《香港船头货价纸》虽为中文外报刊,但十分重视中国人提供的新闻,并为其发布提供便利条件。

① 方汉奇.中国新闻事业通史:第 1 卷[M].北京:中国人民大学出版社,1992:304.
② 《香港船头货价纸》第一百九十七号,已未年正月初一日,礼拜四;"员"通"元",下文同。
③ 《香港船头货价纸》第一百九十七号,已未年正月初一日,礼拜四。

《香港船头货价纸》现存79份①,时间为1859年2月3日至8月27日,时值太平天国领导集团发生内讧、分裂,石达开受到洪秀全猜忌、排挤,遂负气独自率军与清军鏖战,辗转于湖南、广西、湖北、四川、云南、贵州等地。由黄胜负责的《香港船头货价纸》对太平天国运动及英法联军侵华颇为关注。黄胜虽为中国人,但这改变不了该报的文化身份,它的办报宗旨即为反映英国在华的商业利益。经济不同于政治,商人不同于官员,英国对华商旅的代言者《香港船头货价纸》亦遭遇商业报刊对政治约束的挑战这一历史困境。1859年罗便臣任香港总督,他就诽谤罪问题对1844年第2号香港出版法做了补充规定②,这意味着政府对报刊加强了约束。此时也正值第二次鸦片战争及中英、中法《天津条约》签订,大量鸦片流入中国,贸易量每年高达五六百万英镑;清政府与英、法在上海就《天津条约》展开"修约"谈判,英法联军以去北京"换约"的名义,大肆进军大沽口炮台,强迫清政府履行《天津条约》。1859年6月25日,英国舰队司令何伯率领联合舰队与清军在大沽口炮台激战,以清军胜利而告终。7月,英法联军再次兵临大沽口,14日塘沽失陷。24日大沽口炮台被敌军攻克,当天英法联军攻占天津。《香港船头货价纸》报道了这一事件,但政治倾向性显而易见,可见它作为新闻纸的属性。

作为专业化的对华商旅报刊,《香港船头货价纸》偏重对华商贸方面信息的报道与传播。从传播内容来看,《香港船头货价纸》颇重视船运消息。已未年正月初三日第198号有专条"前往上海":"哥赋街末土急公司有第一等荷兰二枝半桅船一只,名'士云你剪',船主名'晏拿',其七百六十墩大,准于早日扬帆前往上海,如贵客搭货,请至本行面议。戊午十二月廿一日启。"时隔七日,再有消息称:"兹有第一等荷兰船一只,名'云打

---

① 卓南生. 中国近代报业发展史(1815—1874)[M]. 中国社会科学出版社,2002:265-422.
② 方汉奇. 中国新闻事业通史:第1卷[M]. 北京:中国人民大学出版社,2000:304.

把唔'，船主名'包仔时打'，准于早日扬帆前往上海，如贵客附搭物货，请到本行面议。戊午十二月廿八日启。"这些外贸船只多经香港前往上海。第 198 号刊有"前往省城"的告示："台湾火船准于新月初四朝八点钟由港往省，初五日由省往澳，初六日由澳返港，初八日由港开行，前往汕头。特此预启。"诸如此类消息甚多，呈现当时商旅往来的路线图，也见商品及资本向中国农耕社会渗透的早期版图。

《香港船头货价纸》刊发商品贸易消息涉及方方面面，其报馆本身亦有商品代销的功能。已未年正月初六日第 199 号有专条"鞋皮出卖"："兹有新到好来路鞋皮出卖，如贵客欲买者，请到本新闻纸馆面议。戊午十二月二十一日启。"同期刊有"白米出卖"："兹有上白孟加剌米与米朴出卖，如贵客欲买米，请到本新闻纸馆面议。"这些消息虽字有错乱，但说明《香港船头货价纸》作为新闻纸馆，尚有商品交易中介的功能，这无疑展示了近代商人办报的多重镜像。

《香港船头货价纸》作为早期形态的商报，还刊载了"寻物启事"，亦多见商人逐利的精明能干。诸如已未年正月初十日第 201 号刊"出赏帖"："兹有一百员旧银行银纸一张，由船料局至新公司行路上失去。如有四方君子执得者，可带回本新闻纸馆，自然有赏。此银纸已经在银行报失，不能取银矣。"类似消息，皆与商贸有关，表述诸如"四方君子执得者"，后又说不能取银，亦见商人的诡诈。《香港船头货价纸》还较好地呈现近代商贸的日常叙事，尤以刊载信笺传播网络与船运方面关系的消息为最。诸如已未年正月初一日第 197 号，有标题为"香港管理书信馆"官示："照得每凡泰西书信火轮船到港后六点钟，即有根砵带书信往黄埔省城，除附搭各庄口，火轮船□省之外，每礼拜四早晨七点钟亦有根砵往省，书信准以每礼拜三下午五点截收。每逢礼拜一早晨七点钟即有根砵由省起行、落黄埔、来香港。戊午十二月廿九日。"该消息连续刊载，见已未年正月初三日第 198 号、已未年正月十五日第 203 号、已未年正月十七日第 204 号等。可见,其时列强有专门运载书信的轮船航班,由西方抵达香港,至黄埔,再至省会,返回路线相反。以省会为中心组成的传播网络,交通工具为船只。这一点正如赫德的助手马士称:"早年是没有邮政便利的,每个发信人或收信人都须依靠其本公司的船只或其他公司的便船。"①就香港通信而言,"在一八四二年四月十五日璞鼎查爵士通告在香港开设邮局,但是'在目前对于信件或包裹不收任何费用'"②。当大英轮船公司组织邮轮班船后,做部分收费处理:"寄到英国或法国的新闻纸免费,寄到美国的新闻纸照信件收费……在一八五七年寄到法国的新闻纸免收邮费,寄往英国的每份收一辨(便)士,寄往美国的照信件收费。"③其中专门的书信传递(除西方在华任职或活动的殖民者与其家人或友朋通讯外),可能存在相当于后来的"通信社"后或称"通讯社"的传播组织。这一广告连续刊载,主要为了增强传播效果。由此足见商人办报虽为草创,但逐利用心清晰可现。总体而言,《香港船头货价纸》作为商业通讯类新闻纸,其时政要闻集中于鸦片及英法联军等,关注香港地方官员的变动及其与英帝国的关系,亦常发布官方告示,是英方对华重要的经济类喉舌。

三、《香港船头货价纸》经济新闻专栏的价值取向及其社会动因解读

《香港船头货价纸》作为近代经济类新闻纸,如何在浩如烟海的众多资讯中采集并遴选新闻,这关系到它的传播效果,亦涉及新闻刊发标准的问题。然而,新闻遴选的标准往往与读者的关注程度密切相关。从现存的《香港船头货价纸》来看,其新闻关注的焦点有:1. 军事新闻涉及英法

---

① 马士. 中华帝国对外关系史:第1卷[M]. 北京:商务印书馆,1963:387.
② 马士. 中华帝国对外关系史:第1卷[M]. 北京:商务印书馆,1963:387.
③ 马士. 中华帝国对外关系史:第1卷[M]. 北京:商务印书馆,1963:387-388.

联军及亚罗号事件、中国军备之弱、第二次鸦片战争、英国人与中国地方交战、英军入台湾地区等。2. 太平天国方面,涉及太平天国运动概述、太平天国与清军交战、太平军等。3. 外交方面则涉及中英外交及香港、英钦差、中俄外交,部分新闻涉及中国附属国安南,法兰西与西班牙为殖民安南事交涉等。4. 传教士方面,涉及英、法传教士并通商等。5. 通商涉及中英通商、中美通商等。6. 与通商相关的社会问题有:向外国人征税、通商抽税、贩卖人口、走私案等。7. 航运方面涉及凶杀案、海盗、洋海盗等。8. 华侨涉及美国华侨、唐人等。9. 区域新闻涉及香港及香港英督官升降、广东地方新闻等。10. 国际新闻及国际外交新闻等。11. 同情清帝等花絮之类。① 对照当时马士所著《中华帝国对外关系史》第 1 卷,即可见这些选题皆是其时社会的焦点问题。至于进入《香港船头货价纸》编辑视野并准备刊发的经济新闻出现在报纸的什么位置、字号的大小等,则是另一个问题,但同时也值得关注。

就报道的连续性而言,《香港船头货价纸》尤其侧重刊发英法联军发动的侵华战争(即第二次鸦片战争)方面的消息及时评。刊载内容关涉鸦片贸易及其相关的商业活动等。通商抽税则是新闻议程设置的焦点。报道及时评的范围涉及鸦片贸易展开的战争及参战方英、法等国的舆论,清帝在战争中的姿态及清政府官方的舆论,第二次鸦片战争的国际背景及其相关的社会舆论等。而其时的国际外交及中国附属国在世界殖民浪潮中的命运,亦有所触及。作为地方商业性刊物,《香港船头货价纸》关注香港周边的广州等地的商贸动态,同时,也有世界性目光,关注中英、中美贸易以及对国际新闻报道等。但总体看来,由于香港逐步沦为殖民地及《香港船头货价纸》即为世界范围内殖民贸易的产物,故中英之间的鸦片贸

---

① 王天根. 晚清报刊与维新舆论建构《中国近代报刊史探索》:第 1 卷[M]. 合肥:合肥工业大学出版社. 2008:227 – 241.

易,中美之间的"人口"贸易等商业资讯在《香港船头货价纸》上频繁出现。与殖民化贸易相关的就是列强对华的暴力干涉,《香港船头货价纸》对此也有关注。

《香港船头货价纸》报道的经济新闻背后涉及政治上的殖民战争。《香港船头货价纸》第 215 号刊有新闻:"兹接到上海信云:现查天津河口大姑(沽)地方砲(炮)台,日岁被英法人毁烂,一切已经重新筑好。又闻,咸丰君实不欲英国钦差大臣进京,故此迁去两广总督之洋务钦差关防,交两江总督管理。又留桂中堂、花大人二位钦差在江南俟候来任,大英钦差到上海或以言语阻他进京之意。以上之言,未知真否。如若是真,可见大清官长屡屡办事如同小子弄戏。一般虽立明和约,两国钦差盖了关防,以昭信守,亦有悔恨之意也。"以"小子弄戏"来描述大清官长处事屡变,可见其立场、态度,以及在此背景下复杂的政治身份认同。而香港作为租借地乃至殖民地,就要面对清政府、英帝国两者的政治心态,而《香港船头货价纸》在两者之间是如何取舍的? 我们分析有关鸦片的新闻时不能忽视这一点。

《香港船头货价纸》设置"新闻"专栏,其新闻包含多个方面,鸦片贸易方面的新闻占据主导地位,这有殖民战争的社会语境。

第一,鸦片贸易方面的经济新闻及军政动因。就 18 世纪的中外贸易进出口额而言,英国居首位。由于当时中国是以自给自足的农耕经济为主导,英国对华工业品贸易初遇不利。以中英在广州十三行的贸易为例,中方始终处于出超的地位,大宗对英商品输出尤以茶叶、生丝等土特产为代表。这从《香港船头货价纸》刊载的经济新闻可见一斑。该报作为商业报刊,发表中方与茶叶贸易密切相关的告示,特别是广东抽取厘金以应军需,也在情理之中。但涉及各方的利益,问题重重。《香港船头货价纸》已未年正月初十日第 201 号以"分巡各路总办元白茶抽厘前雷琼兵备道蔡为晓谕事"形式发表"告示":"咸丰八年九月二十六日奉钦差大臣两广总督部堂黄札开:照得军需万紧。前经本部堂特派参将伊达章督同孔继尧等办理元白茶抽厘,事务日久,尚未见效。刻下需费孔急,不容再事稽延。咋前续派当防同知刘丞前往佛山,会同尹参将迅速开办,各在案。乃近接该参将来禀,察其呈词,尚知激发天良,力图报效,而其中难免有掣(挚)肘之处,禀请派委大员会督筹办,俾得以功补过。本部堂查有奏请随带来粤之前雷琼蔡道守洁才优,为部堂素所深信者,以委办此项抽厘及稽查各项厘务,必能认真整顿。俾厘务大有起色,以济军需而除弊,实合呕札,饬札道即便遵照,由局刊刻。"在茶叶商贸中抽取厘金,意在筹备军饷,对此须奖罚分明,以示公道。"分巡各路总办元白茶抽厘并稽查各项厘务,前雷琼道关防一颗,先行驰往佛山,会督尹参将、刘丞等破除情面,妥议章程,认真办理元白茶事务,并查有[无]私图肥己、暗中阻扰、把持舞弊之人。如有此等人,不论何项功名,何色顶戴,立即一面禀开,一面摘去顶戴,锁押来辕,以便本部堂亲提迅明奏,参治罪,案关军需万紧。刻下粤省百吼(孔)千疮,专捐此项,为接济军需之资,岂容贪官污吏渔利肥身,致误通省大局? 该道督办此事,即与办理货厘无异,来踪去路,必须澈(彻)究到底,无所用其掩饬以致偷漏隐匿。一俟办有成效,本部堂即当查照各省成案,奏明动机,支销非如前之将就了事,任中冒滥出入,无所稽查也。""佛山作为整顿厘金的重镇,理应认真督办。佛山为各路总镇,章程核定,即可通行。各路迅速照办,该督亦即分驰督饬,一律办理。""至各货抽厘,原派有李道在佛总司局务,现在李道暂赴西江,督办军务。该道亦即顺便查明一切货厘如何抽收,情形均着扫除积弊,以济军需而副委任。是所切嘱等因。奉此。除督新会营尹参府及刘丞孔都司守备汪经历,妥议章程,认真办理外,合行晓谕。为此示仰铺户、居民及商渡船各色人等知悉:尔等须知,此项抽厘为接济军饷起见,系部颁奏案,岂容任意侵渔? 倘有不肖之徒,私图肥己,暗中阻扰,把持舞弊,立即锁拿解赴督宪行辕,讯明究办。尔等慎毋以身试法。切切。特示。"告示的时间为咸丰八年十月十二日,告示反映了茶叶贸易获利甚重,从侧面也反映了清政府贪官污吏在商业活动管理中以权谋私。

为了应对对华贸易逆差,攫取高额利润,英商竟丧心病狂地向中国贩卖鸦片,"英人畅行鸦片也,以中国为最盛"①。《香港船头货价纸》对香港鸦片贸易数额的报道颇精细,特别是鸦片贸易价位高低等资讯无疑成为对华掠夺的指南。1858 年 6 月 26 至 27 日,清政府被迫签订中英《天津条约》、中法《天津条约》。是年 11 月又签订《通商章程善后条约》等,其中涉及鸦片贸易,条款将鸦片易名"洋药",规定每箱只须在通商口岸交所谓三十两进口税,即可合法交易。对中方而言,这无疑是雪上加霜。

事实上,太平天国运动期间,鸦片的销量迅速上升,在 1847—1849 年这三年间,"吴淞趸船每年鸦片的平均成交量达一八·八一四箱,平均价值是一一·一八五·〇〇〇元,一八五三年增加到二四·二〇〇箱,约值一四·四〇〇·〇〇〇元;一八五七年已增加到三一·九〇七箱,值一三·〇八二·〇〇〇元;一八五八年达三三·〇六九箱;一八五九年达三三·七八六箱,同时在前一年有二三〇五箱在宁波进口,没有经过上海"②。正是在变相的鸦片贸易合法化的条款下,己未年正月初三日第 198 号《香港船头货价纸》刊载"鸦片行情":"香港鸦片行情:新公烟土沽七百六十二员半到七百六十五员。鸪烟土沽八百零五员。白皮烟土沽六百零五员。澳门公烟土沽七百六十二至七百六十三员。"己未年正月初十日第 201 号中"鸦片行情":"香港鸦片行情:新公烟土沽七百七十员。鸪烟土沽八百二员。白皮烟土沽六百零七员半至六百一十员。上海十二月十八。"己未年正月十三日第 202 号"鸦片行情"涉及香港鸦片价格:"新公

① 英人强卖鸦片记(清光绪年间排印本,广东人民图书馆藏)中国近代史资料丛刊·鸦片战争:六[M]. 汤叡,译. 上海:上海人民出版社,上海书店出版社,2000:203.
② 马士. 中华帝国对外关系史:第 1 卷[M]. 北京:商务印书馆,1963:389.

烟土沽七百七十五员半到七百七十七员半。鸹烟土沽八百一十五员。白皮烟土沽六百零七员至六百一十员。澳门公烟土沽七百七十二至七百六十三员。"已未年正月十五日第 203 号的"鸦片行情"再关"香港鸦片价位":"新公烟土沽七百九十五员。旧公烟土沽七百七十五员。鸹烟土沽八百十五员。白皮烟土沽六百零五员至六百十员。澳门旧公烟土沽七百七十二至七百七十五员。"据上述鸦片贸易行情可见,除中国大年初一外,《香港船头货价纸》对鸦片贸易有精确的数字报道,诸如"行情"中仅十二天内新公烟土涨价三十元、鸹烟土涨价十元、白皮烟土涨价五元。澳门旧公烟土五天之内涨价高达九至十二元。在诸多的商贸项目中鸦片贸易上升的势头用"触目惊心"来概括不为过。对中国而言,鸦片成为商品并如此市场化,民众的身心痛楚不言而喻,数字上升是掠夺者的疯狂及中国陆沉程度的标识。对殖民者而言,《香港船头货价纸》对市场行情报道如此细化,成为英商进行鸦片贸易必看的刊物。[①]

第二,鸦片输入后的英法联军行动报道。因不满足第一次鸦片战争的既有成果,英、法等国借口修约,遂有第二次鸦片战争,"鸦片之战已罢,中国偿巨款于英,且开五港通商,割香港永为英属。夫私卖鸦片,素为中国政府所禁,是此之战,曲在英国。然由斯而后,开东洋通欧美之路,贸易振兴,维新日胜,其为效岂鲜哉?况欧洲列国势力,亦由此推及东方亚细亚,使外交政事为之一变,则鸦片一战,诚可为东方要务发端关键矣"[②]。其时英国对华"特命全权大臣"(High Commissioner)额尔金的重要使命就是"争取商业上更多便利为目的而作条约的修订,诸如增辟口岸以及准许中国商船均可前往香港"[③]。作为商贸晴雨表的《香港船头货价纸》侧

[①] 昨日的新闻即是今天的历史,《香港船头货价纸》保存了鸦片战争及太平天国期间珍贵的资料,是研究这段殖民历史必备的资料,而学界运用得不够。
[②] 英人强卖鸦片记(清光绪年间排印本,广东人民图书馆藏)[M]. //中国近代史资料丛刊·鸦片战争六. 汤叡,译. 上海:上海人民出版社,上海书店出版社,2000:197.
[③] 马士. 中华帝国对外关系史:第 1 卷[M]. 北京:商务印书馆,2006:548.

重商贸报道,其新闻专栏凸现其办报的立场。就政治价值取向而言,《香港船头货价纸》新闻栏目对英国就 1857 年"亚罗号事件"及法国就"马神父事件"发动第二次鸦片战争做报道,将殖民者与被殖民者的关系,描绘成侵略者军队到被侵略国土上游玩参观并被中国官吏士绅夹道欢迎的社会场景,这显然站在英、法侵略者的立场上。已未年正月初一日第 197 号《香港船头货价纸》"新闻":"闻说于二十八日有根砵三只,第六十九号、七十三号、七十五号;根砵拖大艇两只,装英法兵勇往花地与九十六乡游玩。云于去年十二月三十日上午在港战船炮台燃炮迎接。大英钦差大臣从江南至港云云。"以"游玩"表述英法联军的"从容进军",对英法联军而言,可谓花絮性的报道。此类新闻有后续报道,已未年正月初三日第 198 号《香港船头货价纸》中"新闻"云:"兹闻大英陆路提督斯大人、大法统领陆路水师军务达大人、大英代理水师提督墨大人,亲带根砵,载英法兵勇约八百名于去年十二月二十八日由花地上岸,起程前往九十六乡大泽地方游玩,南海县太爷亦陪往,所过各处村乡遍贴示张,表其好意。各处乡民亦相待以礼,不敢有违。到大泽九十六乡绅仕,将告示读知后,由大泽启程经过瓦陶到黄竹析,有根砵接去。是日下午六点钟,埋城英法两国提督大人所出之告示,下号印刻。"所谓"告示"情状果见下期。已未年正月初六日第 199 号"新闻"云:"闻说:大英官府定意要中国人民遵守所立之新和约,大英钦差大臣迟六个礼拜,将又往上海办公务。据英国新闻:有英官府出招帖,请船只装载煤八千吨来香港、上海两处。又闻:大英君主特派美伦先生前来香港,承充传话通事之职云云。"

《香港船头货价纸》对侵略者与被侵略者军事力量进行对比,对清方弱势状态有精当分析。已未年正月初八日第 200 号《香港船头货价纸》"新闻"描绘中国军备之弱:"据上海信云:钦差大臣桂中堂花大人去苏州过年后,俟大英钦差返上海相会。又闻,日本国公子辉山于旧岁请荷兰国水师提督并手下各员饮燕,饮后游日本国军器大炮台,见有许多子母大碰

炮由九寸至十二寸大,又有三十二磅码子大炮俱是日本人制造,并非由外
国买来。由此可见日本国之军器亦胜于中国军器矣。"新闻将殖民者、被
殖民者之间照会描述成"相会","又闻"则显示"弱国无外交"。该报对英
法联军的一举一动均有涉及,已未年正月初十日第201号《香港船头货价
纸》"新闻"涉及英法联军:"兹接到省城初六日来信云:英法提督业经带兵
勇九百名前往花县约去六日之久,将回省矣。"该报报道英法联军及"亚罗
号事件"时,对英法联军及中国这一被侵略者的态度显然有别,这只是表
达对英法联军有更多偏好而已。而对世界性工业革命历程中英法列强海
外殖民扩张,该报态度立异另有评判,第212号"新闻"云:"闻说上日法兰
西国助英国合兵攻击中华,有一弓开两箭之意。现在泰西诸国,你恶我
权、我妒你势。法国常妒英国得志于西竺,尽获鸦片饷务每年不下二百万
员,故上年法国闻在广东省城因亚罗华艇之事,法国即发兵助英国者,非
因英国兵少故出兵相助之实,恐英国独获其益而已。法国亦欲在东方得
志,如英国一般。奈无处可乘,故上年借助英国调大军东来,后一得省城,
诸事俱妥,法国提督尽调法兵往安南攻击,声明安南国王无故杀戮天主教
门巴礼,故当问罪。实法人欲得安南土地而已。设使上年法人不助英人,
则英人断不允法人出大军东来,因英人战船多,法人战船少,若英人不允,
法船则不能来,寡不敌众,势之理也。"这揭示了世界范围内殖民者力量分
化后各自的殖民意向,该报对英法联军各自的殖民意图评判基本上中立,
有平衡报道之立场。

　　第三,官方告示背后的意识形态。在顾及英法联军对华利益均沾的
前提下,《香港船头货价纸》在某种意义上充当了英国在华殖民管辖者的
喉舌。西方对华报刊显然涉及"他者"与"自我"的心态差异,论及报刊与
洋人之间的关系,近代有论者称:"虽然,彼外人于己国之报,固视为神圣
不可侵犯者也,使非吾国官吏之仇恶报纸,启其渐,则亦未敢冒天下之不
韪而自蹈于悖理之域也。夫官吏舆(与)外人,其仇恶报纸之迹既一矣。

其仇恶报纸之故则大异。请复略辨之,官吏欲遂其富贵利禄之愿,故仇恶报纸。外人则欲遂其兼并侵略之愿,故仇恶报纸。其私同也。其私之范围则有大小。"①在某种程度上,报刊使得国内政务及外交,由秘密转向公开。虽是商业性的新闻纸,《香港船头货价纸》对本地时务也颇关注,有时发布香港英督办告示,己未年正月初一日第 197 号《香港船头货价纸》刊载"宪谕":"宪示为招人承接事,兹定于英本月三十一日为期,在监狱南边空地建造围墙,并建墙基址。如不明详细,意欲阅看地图者,每日自十一点钟起至三点钟止赴量地官署取视可也。特示。一千八百五十九年正月十四日。"己未年正月初三日第 198 号、己未年正月初六日第 199 号"宪论"重刊。这些"宪谕"虽非"新闻",但呈现的是隐形的官方权力。

《香港船头货价纸》作为英商的喉舌,在第二次鸦片战争中当然站在英法的立场上。《天津条约》签订后,英法联军南撤。己未年正月初八日该报第 200 号以"大英钦命督理香港等处各管驻扎陆路军务提督军门斯、大法国统领广东省陆路各管水师船只等军务达、大英驻扎广东代理水师提督军门墨"名义发布告示,就《天津条约》条款中所谓与清政府以平等礼仪,放任外国人到中国腹地进行通商、游历等条款,发表议论称:"为晓论事,照得我两国自在天津同中国议定和好,至今半年之久。既经议和,以后中国各城乡百姓自应与我两国人民彼此均以礼仪相待,中外即如一家,恪遵和约,各守本业。按照和约所定,现准我两国人民内地各处游行。至中国人民有因事到我两国者,任便游行,早已无所禁阻。中外既已如此,何以本月初一日我两国官兵出城照常巡游,并无一毫扰及百姓,忽被安良绅勇由石井突出,截放枪炮,伤我两国兵丁?愿系好事不安之党,敢作敢为,图便一己之私,率行妄动,不特有违圣旨并且累及村乡?

---

① 观雪. 社说《中国报界之命运》[J]. 海报:1910-03-19(1).

此等匪人,理宜严挐(厉)惩办,当经先请地方官拿缴首事之人,因未能及行查获,是以本军门等于初五日带兵前赴该处查拿。石井绅勇复敢开炮轰击,有心拒敌本军门等,始将太平社学公所炮台以及局绅梁葆训步冈住屋焚烧,并有小堡地方军兵经过时,虽系无人拦阻,乃于初五日晚本军门等派差回省该处。黄家祠竟敢藏匿败勇,将听差二名砍伤,故将黄家祠一律焚毁,随督兵由石井往艇江步冈大冈岑村,教心龙往高唐村、大□环教岛、石冈望冈等各村巡历,既无窝藏安良匪勇之迹,亦无拒敌之人,并以礼相迎,是以本军门等严行约束,兵丁并未分毫扰累……戊午年十二月初九日。"《香港船头货价纸》之后连续刊载这一布告,表明其无形中以商业报纸的身份充当西方侵华的喉舌,本告示尚有:"兹将此次实在各情节刊布晓示,务使城厢内外人等及各村乡共见周知。此后如各人禀遵条约,于我两国人所到之处,均能以礼让相待,各安本分,并不欺凌我两国人,亦断不准丝毫滋扰,惟兵丁仍必照常督带,出城分行,各外(处)操练步法。倘其中有不遵约束滋事之人,尔等应立即赶向带兵官面禀,或来省城正使衙门具禀,自当查拿严办,绝不姑宽。如中国人有无故欺骗我两国兵民之事,亦必从严究治。嗣后无论何处,再有似石井绅勇生事妄为、施放枪炮相拒者,本军门等定照处治石井之法办理,勿谓示之不早也。各宜凛遵毋违。"这里以布告的形式对中国民众指手画脚,表现了殖民者居高临下的姿态。

大体而言,媒介经济功能是相对于媒介的政治功能而言的。媒介刊载广告等对经济产生影响,同时从中牟利,这是媒介经济功能的体现。所处社会形态存在差异,其中的媒介经济功能也大不相同。解析媒介功能不能离开具体的社会环境。近代报刊处境艰难,多在官吏与洋人的夹缝之中生存,舆论界多有评论,称:"为报者不见容于官吏,外复见忌于外人,国民之智力未备,政府之昏蒙如故。于斯时也,非屈原所谓有志极而无旁者耶?人亦有言,重言十七,报纸孤立无援,而求其言之有效,又恶可得?

虽然精卫衔木以填沧海,愚公担石以平北山,苟怀斯志,复何物能阂? 愿吾报界勉之而已。""盖他国之报,莫不直接受制于其政府,吾国则反是。"①很显然,鸦片贸易作为中外爆发战争的导火线,对其讨论成为中外舆论的一个重要社会议题。鸦片战争爆发根源较为复杂:"英知销流印度所生物产以中国为最要,故虽致用兵,必欲盛其商务,且心怀官吏之无礼,亦欲俟时泄愤,以并开贸易焉。此则鸦片战之所由来也。"②《香港船头货价纸》在报道过程中重视新闻纸的特色,及时根据社会议题的变化做深刻揭示,这是值得学界关注的。我们固守经济新闻史学的研究,就是探究经济新闻发展变迁及其呈现规律的学科意识,这很容易让人忽视鸦片贸易背后有炮舰为其合法性做支撑。新闻纸中日常经济新闻表述呈献的是列强对华的政策。

四、近代政治语境中的经济新闻研究反思

早期西方对华报刊的目标主要是针对自视为天朝大国的清王朝,传教士办报刊旨趣侧重"通中外",从而达到传教布道的目的,其背后有攫取垄断的殖民利益企图。随着西方列强对华的步步进逼,以政治宣传为主的报刊遂成主流媒介,"道光之季,既通道于欧墨各州;咸同以来,若广州、若福州、若上海、若天津,各以次设立报馆"③。就报刊与政治的关系而言,"清政府对报界之态度,初则以变法图强,故力加倡导;后以诽谤杂兴,时讦当道,则又禁止封闭。然时势所趋,亦无多效可言"④。由于救亡图存的历史使命始终没有完成,政治性的报刊在近代中国始终属于主流。伴随着政治转

---

① 观雪.社说《中国报界之命运》[J].海报:1910-03-19(1).
② 英人强卖鸦片记[M]//中国近代史资料丛刊·鸦片战争:六.汤叡,译.上海:上海人民出版社,上海书店出版社,2000:200.
③ 严复.国闻报论文选辑[M]//王栻.严复集:二.北京:中华书局,1986:454.
④ 黄天鹏.中国新闻事业[M]//民国丛书:第三编.上海:上海书店:44.

型,媒介的政治功能也得以广泛而深入地发掘。从政治层面分析报刊的功能,以报纸为核心的媒介政治宣传与清末社会变革大致同步。这不仅涉及政治宣传的内容,还涉及如何宣传政治。前者与报纸的政治倾向有关,后者则涉及媒介业务技巧。媒介政治功能的良好发挥,取决于两者完美的结合。

近代报刊是近代社会变迁的重要产物。近代社会转型面临结构性变化,在急速的社会运动过程中,政治、经济关联颇为复杂。在鸦片战争之前,中国的茶叶、丝织品出口遥遥领先于西方对华商贸,中国因此陶醉在天朝大国美梦之中。鸦片战争以清政府的失败告终,商贸问题发生了实质性的变化,特别是贸易往来中,鸦片公开变成商品,并获得合法性。鸦片贸易不仅毒害了国人的身心,而且改变了中国的社会结构。伴随着鸦片贸易,西学东渐已成不可阻挡的历史趋势。在这一趋势下,报刊传媒扮演了重要角色。与政论性报刊主导政治舆论相比,商业性报刊倾向对经济新闻的报道,政治舆论在其中居次要地位。政论性报刊与商业性报刊并非此消彼长的关系,两者往往遥相呼应,由于向西方学习的国别不同,近代政治思潮多元化;办报资本的多元化也导致近代报纸商业属性的多元化。早期的报刊属于草创,西方传教士乃至商人出资、中国买办帮办的两者搭档型的关系随处可见,《香港船头货价纸》之中众多的位于经济资讯夹缝中的政府告示甚至时评,正是其表征。

就地域而言,香港、上海租界的部分商业性报刊势头较盛,商业报刊中的经济新闻及其与政治时评的关系尤其值得关注。就商业报刊的语种而言,外语类的报刊主要针对外商,而中文类的报刊主要面向侨商或买办,后者尤以《香港船头货价纸》为代表。《香港船头货价纸》有新闻、时评、广告等,毫无疑问是一张近代意义上的新闻纸,而报刊若以新闻纸注册,则其经营范围应当以新闻为主体。① 但《香港船头货价纸》的新闻专

———————————

① 政论性报刊是例外。

栏呈现的不仅仅是西方对华鸦片贸易,背后更是西方殖民语境中的强者霸权。这种霸权在该报新闻中以中国地方官员与英法联军这一"联欢"姿态呈现。作为被侵略对象的近代中国,救亡图存是时代赋予的重任,有识之士所办报刊承担着政治舆论动员的重要职责。作为殖民者主办或资助下的报刊,当然成为其殖民喉舌,西方在华商人经营的专业性经济类报刊也不例外。其刊布的经济新闻除了提供一般经济信息外,毫不例外地要呈现殖民者在经济利益上的话语权,论证其在殖民经济统治上的合法性。综观《香港船头货价纸》在经济新闻上的取舍,多为此旨。

(本文首发于《史学月刊》2011 年第 8 期)

中编

"通中外"语境下报刊与国家、社会关系重构

近代中国报刊探索的省思

研究近代中国报刊,就传媒史研究而言,要关注媒介系统及其在社会变迁中的生存样态,从中把握报刊的社会定位。从报业史研究本身来看,不能拘泥于查证报刊办刊的时间、地点、人物等,从而将一部活生生的报业史变成"报业名词解释"或"大事记",而要探索报业兴亡盛衰的规律。

把握特殊的媒介系统及社会背景

总体看来,中国近代报刊有别于"上传下达"的传统京报、邸报。西学东渐背景下,中国近代报刊与古代、当代报刊的区别,主要是所处媒介系统及社会环境的不同。研究中国近代报刊,应注意其周边的社会氛围。例如,探讨清末报刊在地理空间上的分布,要关注《时务报》所在的上海、《国闻报》所在的天津等地。研究这些城市如何演变成西学参照下中国变革思潮向外围扩散的核心区域。

近代报人多兼有思想家身份,常为社会变革奔走呼号。陈独秀任教于北京大学时,将其早年在上海筹办的《青年杂志》(后易名《新青年》),由上海迁往北京,与此同时,《新青年》的作者由以安徽籍为主转为以北京大学教员为主;1919 年 6 月,陈独秀在北京被捕入狱,9 月被释放后,他由北京搬回上海,而《新青年》即随之迁往上海,集中力量宣传马克思主义;后来,陈独秀南下广东协助陈炯明筹办教育,《新青年》遂由陈望道等主持,后又改迁广州。此类历史迹象涉及报人、报刊因何改变传播路径,从而促使政治舆论、思潮的核心在地理空间上的位移。这是近代媒介生态学应关注的内容,更是报刊史学探讨的重心所在。

重视报刊的舆论建构作用

纵向上看,中国报刊史学侧重长时段的分析。报刊与传播内容之关联犹如河床与河水,河床承载着奔腾不息的河水,河水也在冲刷河床,并在某种程度上塑造着河床的深浅,甚至形塑河道的走向。近代报刊与舆论演变的关系亦如此。在社会变迁中,新的信息内容就要有相应的承载媒介。近代社会精英主要通过报刊整合舆论,从而形成以改良或革命为旨趣的思潮。研究者尤要注意分析报刊呈现的舆论主题及其与思潮的异同;从舆论主题的此消彼长,看以报刊为核心的媒介系统对新思潮反映的灵敏程度。

横向上,应将报刊视作载体进行研究,不能局限于内容分析及文本解读。报刊作为一种信息载体,需要对其进行经营与销售,研究者要侧重对"编辑部故事"的探讨。近代报刊关联人际脉络与社会资本等关系,涉及同学、同志、同仁等业缘,也包括同乡、同省、同国等地缘。诸如《时务报》的内讧,涉及主笔梁启超为代表的"康门弟子"等撰稿人,与汪康年为核心的江浙籍经营人员在办报理念上的分歧,背后是张之洞幕府对上海报业的遥控。可见,《时务报》等近代报刊的兴衰涉及利益集团的权力运作。

立足社会新闻的时评、社论是报刊舆论呈现的重要形式。把握舆论的方向无疑会促进时代潮流的形成。通过报刊内容看舆论的重叠与交错,由此解读舆论共性及分歧,是近代报刊研究的重要内容。研究者若不注意报刊在舆论方面的共性呈现,则很难看清近代舆论的焦点所在。实际上,近代报刊史是近代史的一部分,一直以革命舆论为主题,其对舆论建构的作用是显而易见的。此外,近代报刊以传播新闻、时评等为旨趣,其信息的更替涉及思想观念及思维方式的变化。新的信息往往意味着新的生活方式,那么,推销新生活方式的权利掌握在谁的手中? 其合法性又是谁赋予的？此类问题又在更大范围内涉及社会的新陈代谢。

探究报刊社会责任的变迁

近代中国面临国家、社会的重构，从报刊与社会重心重建到国家形象重构这一逻辑链条来看问题，显然有其必要。就媒介与舆论重构关系而言，报刊不过是研究者面对的诸多主线中的一条，连接的是社会转型过程中政治结构、功能的变化，借这条线索，可让读者看到此时此刻的社会横截面与彼时彼刻有何异同，从而彰显社会变迁的年轮及其轨迹。由此而言，报刊既是引子也是由头。而从传媒史学的角度探讨问题则远没有这么简单。报刊本身就是载体，在政治思潮与社会转型中有自己的发展路径。随着社会的变迁，报刊的社会责任也有所侧重。救亡图存压力下的中国近代报刊尤其如此。

与西方相比，中国报刊尤重视对政治功能的发掘，这也是社会变迁的结果。20 世纪初，改良派与革命派主要通过报刊进行论战，其后，文人乃至学人论政多通过报刊立言，背后多有政党活动的踪迹。1915—1937 年，这一趋势有新的发展。诸如徐志摩主持的《晨报》副刊与孙伏园主持的《京报》副刊之间的对峙，涉及欧美派知识分子与国民党政权的关系。"问题与主义"之争不仅意味着个人政治理念的不同，也涉及社会主义与自由主义在近代中国的分野。近代中国报刊的时评主要是政论性的，涉及意识形态如何经过报刊的合并或分裂，进行整体或零散的传播，这当是研究的重点。

只有扎根于历史、时代的土壤中才能感受到报刊历史脉搏的跳动。通过报刊、报人及其与社会思潮、政治变迁的关系来刻画民族与国家的时代选择；通过报刊揭示当时报人、报界在社会重心重建中的种种努力，这应引起研究者的注意。

（本文首发于《中国社会科学报》2012 年 9 月 5 日）

国家与社会语境下的
中国近代报刊分析

就近代中国与世界的关系而言,以报刊为核心的传媒无疑是面向西方、东方的窗口。通过传媒看世界,其结果往往取决于报刊开放的广度和深度、读者心态及其社会地位,也与报刊"把关者"的媒介素养密不可分。对国人而言,清末民初面临政治转型,其时报刊无疑是近代意义上的大众传媒,对社会架构有着重大影响。我们分析近代报刊功能,离不开对国家与社会关系的重构和调适。其时,"国家"多与现代性相伴而生,而"社会"与传统性密切关联,两者不仅有过紧张与对峙,也有断裂乃至错位。传媒在两者关系的弥合中发挥了建设性作用。

近代政治与社会转型的侧重点显然不同,"国家重建"偏重政治意识形态,而"社会重构"关注社会秩序。面对国家与社会重构中各自的权限与职责,近代报刊多表现为文人论政,办报旨趣偏重国家乃至意识形态,政治喉舌的认同显而易见,其呈现的媒介镜像多为政治派系意义上的主观"意见","意见"往往是政党、政客引领社会舆论的主流或潜在的价值导向。而近代报刊既为社会舆论平台,常有自己的取材标准,即坚持报道事实为本位,以客观、中立为取向。职业化的报人常强调传媒镜像是报道社会事实,这有目光向下的问题。在国家、社会关系的重构中强调事实本位还是意见本位,以报刊为核心的大众传媒在面临着政治抉择的同时,也参与着政治建构。

近代传媒对政治的建构,涉及政治话语、政治传统、政治仪式和政治秩序等,其核心是对政治制度及其理念的重塑。清末民初的报刊以"通中外""达新知"为旨趣,广泛传播西方政治制度及其学理依据。近代政治学理有两种表达形式:中国传统政治学理的近代化,西方政治学理的中国化。报刊在培养读者的政治认同上,效果尤以"西方政治学理的中国化"为显著。在大众媒介的传播下,以国家政权为核心的政治学成为政治转型的重要理论素养,这为近代国家与社会关系的重构提供了学理。综观中古社会,中国基本上是"家""国"同构,"家"是"国"的缩影,"国"是"家"的放大,国家、社会基本联为一体。这从国人"修身、齐家、治国、平天下"的人生奋斗哲学中即可窥见一斑。甲午战争日胜中败,报刊的反思尤以中、日政治制度优劣为主。日本的明治维新、俄国的彼得大帝改革,成为晚清政治的实践参照。这些都强调在国家、社会渐次分离的语境下进行政治改良。其时,政论性报刊以建构维新舆论为己任,从而为制度变革提供了合法性依据。舆论精英梁启超、严复等维新派人物已属近代意义上的知识分子,他们办报为南北舆论提供政治平台。以《时务报》《国闻报》为核心的南北舆论平台,与维新共同体复杂的人际交往、人际传播联系在一起,在形成了整体性联动的同时,也具有传播偏好。梁启超主持《时务报》,秉承中国传统的"识时务者为俊杰"的文人论政的传统,提出办报既要"博搜交涉要案",又要"旁载政治学艺要书""准此行之,待以岁月,风气渐开,百废渐兴,国体渐立,人才渐出,十年以后而报馆之规模亦可以渐备矣"(1896 年《时务报》第一册)。《时务报》基本以"报馆有益于国事"为旨趣,侧重国内时评。《时务报》产生了广泛的社会影响,这与梁启超等人的办报理念密不可分。梁启超办报尤侧重"通上下",实际上主张国内的政治改革,自国家至社会,"民隐得以上显,血脉贯通,而不仅仅是上令下达"。相比之下,通晓西学的严复等人筹办《国闻报》,关注外交,侧重国家在世界的语境中的"通中外",而不能闭关锁国;强调在西方政治理论的参照中推进政治维新。梁启超、严复等人虽也主张对社会基础力量进行改造,但认为社会底层的民众还处在愚昧无知的状态,有待于思想启蒙。他们强调从民智、民德、民力等方面进行社会的重建。民智、民德、民力等改造无疑是以国家政治改造为前提的,即社会改良以适应国家层面的政治维新。总体上看来,对于报刊与维新政治的关系,梁启超有精辟的论述:"阅报愈多者其人愈智;报馆愈多者其国愈强。曰:惟道之故。"可见,报刊对开通民智及国家富强的作用。一句话,中日甲午战争后的政论性报刊尤以论证维新变法的合法性为旨趣。

相比之下,孙中山、胡汉民等革命者面对近代国家与社会关系的重构时,自称社会智识阶层,在报刊舆论中多以社会精英的身份出现,主张政治革命、社会革命毕其功于一役。在社会变革、政治变革的道路选择上,孙中山领导下的《民报》与梁启超等筹办的《新民丛报》进行论战。革命者多从社会层面来审视国家政权的重建,在政治层面提出了"排满"等主张,后虽有只反对皇亲贵胄代表的满族专制提法,但多为思想策略,这是民族主义政治的要旨。面对社会底层民众的贫弱,他们提出了民生主张。孙中山等人从理想状态层面比照了英国城市土地税的学理,对未来的民生问题也有长远谋划,但面对列强侵略,革命派主张保障农耕社会工业化的历程中民众赖以生存的基本权利。他们显然觉察到,近代君主专制的国家政权组织形式已不能适应时代变迁,提出了国家需要重建、社会也需要重建的主张。孙中山等从法国大革命、美国的三权分立原则中汲取了政治学养,认为国家层面的政治权力源自社会,提出了贯穿国家与社会两者关系的"民权",这显然有别于君权神授论。革命派早期倾心政治舆论宣传,意在向社会基层灌输西方的政治学理,同帝王集权的国家意识形态进行斗争。简言之,《民报》对三民主义的鼓吹及其迂回宣传的政治语境,大体如此。

就政治变革而言,游离于中国社会传统的国家重建,无疑是漂浮在传媒幻象中的乌托邦。维新或革命语境下的国家重建涉及政治学理的参照。面对社会秩序失范,不同政论报刊塑造了不同的政治权威,灌输了不同的政治建构理念,在开明专制或民主共和上有着各自的抉择。近代中国或强调国家意识上的政治维新,或侧重社会底层意义上民生革命。面对政治功利,报刊与报人的关系日益复杂多变。西方政治学理参照下的维新或革命在中国政治舞台上急速更替,无形中也拉动了传统社会在形式上的跟进。所谓学堂换成学校、衙门换成政府,诸如此类,不一而足。这就涉及舆论监督,其中大众传媒的责任不言而喻。政治担当下的传媒偏向及意见分歧,显而易见。不论是改良性报刊还是革命性报刊,皆坚持政治宣传上的意见本位,侧重在政治舆论上有所建树,这是双方共同的路径。

总之,近代社会面临转型,传媒在国人的政治认同中扮演了重要角色。正如1918年符鼎升为徐宝璜的《新闻学》所作序中称:"卢梭有言,国家者,人民同意所约成之社会也,既不能有脱离国家之社会,同时不能有遏抑民意之国家。果国家而遏抑民意者,其社会即得有借舆论之力,文字之灵,规讽而匡正之,以无舛民意为究竟。是故不出户牖,尽知天下所苦乐,此新闻事业之所权舆也。"①即传媒作用涉及国家与社会关系的界定。近代报刊在国家与社会关系的调适中维持怎样的尺度才算合理?对这一课题的探索需要从不同学科的角度进行交叉研究。将政治史与媒介史结合起来,从政治话语建构的层面分析清末民初办报高潮与维新或革命舆论的媒介建构关系,这对清末民初国家与社会关系重构的历史镜像的揭示及解读,颇有助益。面对传媒呈现的历史镜像及当下媒介化社会的语境,如何在国家与社会的关系调适中重塑传媒角色,这是弥久常新的课题,尤值得当代学人关注。

(本文首发于《史学月刊》2011年第2期)

---

① 符鼎升. 新闻学序[M]//肖东发,邓绍根. 徐宝璜新闻学论集:北京:北京大学出版社,2008:42.

晚清维新舆论的媒介建构
与报刊命运的考量

晚清传媒以政论报刊为主,传媒事业既与利益集团的政治取向密不可分,同时也有自身发展的内在路径。学界对近代传媒与政治的关系有所涉及,方汉奇认为鸦片战争、太平天国起义从外部和内部削弱了封建中央集权的统治,使得形势向有利于资产阶级民主的方向转化。以康有为、梁启超为代表的维新派从开风气、开民智、开言路、通情况、助变法等五个方面论述了办报的目的和必要性。他从"喉舌,国口,民史""利器""党报""监督政府,向导国民"等方面论述报纸的性质和作用,认为维新报刊带有较多的资产阶级民主色彩。曾虚白主编的《中国新闻史》认为:"战争激起了传播转变。经甲午国耻的打击,报纸激荡成重要的传播媒介。办报的重心放在配合政治的运用上,文人报纸打成一体。"①上述研究成果对笔者启发良多。近年来,一些新闻史论著或从传播思想角度,或从政治史的角度,对媒介与政治的关系进行探索,而将媒介政治功能的发掘与政治维新舆论建构结合起来研究的成果鲜见,从地理空间上考察南北维新舆论与精英政治间的互动关系的论著鲜见。

清末国家面临着救亡图存的压力,社会面临着政治维新道路的选择,善于利用媒介网络进行舆论动员的政治精英或军政利益集团,往往在斗争中更易牟取政治功利。由此而言,政治派系利用报刊对政治舆论进行建构,其背后的动机及其呈现的得失利弊,值得我们进行深入探索。

---

① 曾虚白.中国新闻史[M].台北:三民书局.1989:10.

一、北方维新舆论的南下：从京师的《中外纪闻》到上海的《时务报》

　　近代中国的沉沦是个长期过程，《马关条约》的签订使中国跌入半殖民地社会的深渊，同时也刺激中国知识分子试图从制度层面变法维新，寻找民族救亡之路。制度层面的变革需要政治动员，报刊成为康有为、梁启超等维新人物动员社会的重要力量。他们认为，报刊议论深入人心，政治变革的风气才能渐次养成。办报成为开民智、达新知的重要手段。1895年他们创办《万国公报》（后易名《中外纪闻》），作为京师维新变法的学术共同体强学会的喉舌。这是维新派以言论影响政治的重要举措。

　　为了加强政治动员，康有为、梁启超等主持的强学会由京师拓展至上海，这也是维新舆论在地理空间上进行传播、扩散的过程。为了赢得封疆大吏们对维新事业的支持，1895年10月10日，康有为离京南下游说张之洞资助强学会。张之洞积极予以回应。其时，李鸿章也表示愿意捐助强学会，因名声太臭遭拒。在张之洞等人的资助下，1896年1月12日上海强学会刊行《强学报》，康有为以张之洞的名义在创刊号上刊发《上海强学会序》称："士大夫所走集者，今为上海，乃群天下之图书器物，群天下之通人学士，相与讲焉。"①同期《上海强学会后序》称："夫强者有二：有力强，有智强……学则强，群则强，累万亿兆皆智人，则强莫与京。"②这篇后序也表明了强学会在北京、上海设点，意在南北遥相呼应，康有为后回忆称："昔在京师，既与诸君子开会，以讲中国自强之学，朝士集者百数，然犹[未]足合天下之才。海内耆贤通学，捧手推襟，欲推广京师之会，择合群

①　汤志钧. 康有为政论集：上[M]. 北京：中华书局. 1981(2)：169.
②　汤志钧. 康有为政论集：上[M]. 北京：中华书局. 1981(2)：171.

之地而益宏厥规,则沪上总南北之汇,为士夫走集,乃群中外图书器艺,群南北之通人志士,讲习其间,而因推行于直省焉。"①《强学报》创刊伊始即刊载《上海强学会章程》称:"本会专为中国自强而立,以中国之弱,由于学之不讲、学之未修,故政法不举。今者鉴万国强盛弱亡之故,以求中国自强之学。总会立于上海,以接京师,次及于各直省。"②强学会及《强学报》以"自强问学"为旨趣,意在将上海与京师的舆论连接起来,再以各省为次级网络连接点,从而在全国范围内进行政治维新舆论动员。

然而,强学会及《强学报》很快遭遇挫折。创设伊始拒绝李鸿章捐款,这在无形中树敌,李鸿章幕府幕宾宋恕致杨定夫的信中称:"康长素拟开报馆于京师,恐无益处。今上海报馆有三,专以逢迎时贵,变乱是非为事。京师忌讳更甚,安可以开报馆? 果开之,其逢迎变乱之弊必更甚上海!"③宋恕所言从侧面反映了康门弟子至上海利用办报进行维新舆论动员之旨趣。对捐款遭拒,李鸿章甚怒,后遂有李鸿章的亲家杨崇伊弹劾强学会之举。在众多压力之下的强学会处境困难,遂告停,但尚有张之洞等人的捐赠余款,后成为《时务报》的办报资本。

经过梁启超、康有为等人的苦心经营,《时务报》在上海获得了巨大成功,《时务报》后来发展成南方舆论核心阵地,逐步成长为南方传媒网络的中心。时务报馆的影响有多个层面:在儿童教育启蒙方面,《时务报》对《蒙学报》的影响非同一般。《蒙学报》与《时务报》的发起人基本一致,谭嗣同致信汪康年称:"浩、甘两兄欲豪公提倡蒙学事,嗣同极愿怂恿,但不识能听否?"④后来的发展迹象表明,两者有着亲缘关系。

《蒙学报》的筹办过程中,《时务报》曾刊发《蒙学公会公启》《蒙学会报

① 汤志钧. 康有为政论集:上[M]. 北京:中华书局. 1981(2):171.
② 汤志钧. 康有为政论集:上[M]. 北京:中华书局. 1981(2):173.
③ 胡珠生. 宋恕集[M]. 北京:中华书局. 1993(2):544.
④ 上海图书馆. 汪康年师友书札[M]. 上海:上海古籍出版社. 1986(5):3269.

简章》(1897 年 10 月 16 日)。《蒙学报》作为蒙学会的喉舌,"蒙学公会务欲童幼男女均沾教化为主"①。而"仁和叶翰、钱塘汪康年、湘乡曾广铨、吴县汪钟霖"联合署名②,汪康年是《时务报》经理。作为《时务报》主笔的梁启超于 1897 年 11 月 5 日在《时务报》上发表《蒙学报·演义报合叙》③(后转载于《集成报》第 21 册):"教小学、教愚民,是为今日救中国第一义。启超既与同志设《时务报》哀号疾呼,以冀天下之一悟。譬犹见火宅而撞镜,见入井而怵惕,至于所以救焚拯溺,切实下手之事,未之及也,既又思为学校报,通中西两学,按日而定功课,使成童以上之学童诵焉,自谓得此,则于教学者殆庶几矣,而于教小学教愚民二事,昧昧思之,未之逮也。岁九月归自鄂,而友人叶君浩悟、汪君甘卿,有蒙学报之举。"④由此而言,《蒙学报》基本可视作《时务报》在儿童思想启蒙方面的子报。总之,作为南方言论阵地的时务报馆不仅办刊,承担信息汇总及发散之任,而且还是文人聚会的地方,亦是舆论酝酿的中心。

二、上海与天津:以《时务报》《国闻报》为核心维新舆论的南北呼应

从京师的《中外纪闻》到上海的《时务报》,反映了中国维新舆论平台的南下拓展。南方的维新舆论以上海《时务报》为领军。此后,上海的舆论阵地对京津的维新志士也颇有激励作用。在《时务报》的维新舆论的榜

---

① 沈云龙. 近代中国史料丛刊:第 33 辑,时务报:第 44 册[G]. 台北:文海出版社有限公司印行:2893.
② 沈云龙. 近代中国史料丛刊:第 33 辑,时务报:第 44 册[G]. 台北:文海出版社有限公司印行:2898.
③ 沈云龙. 近代中国史料丛刊:第 33 辑,时务报:第 44 册[G]. 台北:文海出版社有限公司印行:2977 - 2988.
④ 中国近代期刊丛刊. 集成报:第 21 册[G]. 北京:中华书局. 1991(1):1180 - 1181.

样鼓动下,北方亦形成以天津的《国闻报》及《国闻汇编》为代表的言论平台。

南北舆论虽有较强的互动,但侧重点有所不同。《时务报》侧重国内时评。《时务报》创刊号发表《论报馆有益于国事》称要做到"广译五洲近事""详录各省新政""博搜交涉要案""旁载政治学艺要书"等,《时务报》报例,"准此行之,待以岁月,风气渐开,百废渐举,国体渐立,人才渐出,十年以后而报馆之规模亦可以渐备矣"①。相比之下,《国闻报》发刊词称要加强对外通讯。该报称其办报取材的标准如下:"本馆取报之例,大要有二:一翻译,一采访。翻译之报,若俄、若英、若法、若德、若美、若日本、若欧、若墨其余诸国。萃取各国之报几百余种,延聘通晓各国文字之士,凡十余人。采访之报,如天津本地、如保定省会、如京师、如河南、如山东、如山西、如陕甘、如新疆、如奉天、如吉林、如黑龙江,如前后藏、如内外蒙古,外国如伦敦、如巴黎、如柏林、如圣彼得堡、如纽约、如华盛顿,访事之地大小凡百余处,访事之人中外人数十位。"②后来的事实表明,《国闻报》并无其所鼓吹的强大的采访队伍。王修植等人与汪康年交换意见称:"《国闻》访事人员亦无好手,均系敷衍角色。京中时有重大新闻,或系得自西人,或系得之交好,亦无一定也。"③

《时务报》《国闻报》筹办伊始,即有各自的发展脉络,但在维新舆论上相呼应。《时务报》筹备阶段,曾以《时务报启》的小册子广为宣传。其时,王修植、严复、夏曾佑等常磋商,有办报立言之意。筹建中的时务报馆委托天津的王修植助发《时务报启》,见王修植复汪康年信:"惠赠《时务报启》二十本,当即分赐同人,莫不欲以先睹为快。"《时务报》的创办在天津引发反响出于多种原因,但与北方维新志士的出谋划策也有关

---

① 张之华.中国新闻事业史文选[M].北京:中国人民大学出版社.1999(1):20.
② 严复.国闻报论文选辑[M]//王栻.严复集:二.北京:中华书局.1986:455.
③ 上海图书馆.汪康年师友书札[M].上海:上海古籍出版社.1986(5):82.

系,王修植曾向汪康年提出建议:"此事(发行——笔者注)将来必须专托一人经理,即归送《申报》《京报》人经手,于贵馆推广销路,最为相宜。"①王修植与汪康年都是办报能手,而严复与梁启超则为舆论精英。《时务报》筹办阶段,南北维新志士惺惺相惜。诸如创刊伊始,《时务报》受严复的百元汇票资助。1896 年 10 月,严复致梁启超信称:"《时务报》已出七帙,中间述作率皆采富响闳,譬如扶桑朝旭,气象万千,人间阴日壹,不得不散,遒人木铎之义,正如此耳。风行海内,良非偶然。"②可见,严复对梁启超主笔下的《时务报》颇为看好。后来,上海的《时务报》《时务日报》等与王修植、严复等人办的天津《国闻报》《国闻汇编》关系密切,亦在情理之中。

南北舆论相呼应,除以《时务报》《国闻报》为核心,还有《蒙学报》《农学报》③等报馆作为维新变革言论的外围阵地。南北维新志士的沟通见于 1897 年 12 月 9 日夏曾佑致汪康年信:"卓如赴湘,《时务报》之主笔亦非常人所能任,求其好不难,求其适合此时人脑气筋则甚难也。浩吾之《蒙学报》弟未见及,人言浩吾捐多金于此会,不知真否? 鄙见以为此时开报馆只能以余款为之,不能以孤注为之也。弟等报馆日来尚有长进,而阻力离心力俱大,设法消之,甚非易易。"④天津的《国闻报》与上海的《时务报》等遥通讯息,可见一斑。其时,梁启超、严复等人兼有报人、教员等多重身份,他们以北京、天津和上海为中心,致力于维新舆论建构的学术共同体建构。这从他们的通信中可见,诸如张元济致汪康年的信中称:"贵报馆既能坚持,弟信此后必有进境,离心力阻力愈大,则进境愈甚,凡事皆

---

① 上海图书馆.汪康年师友书札:一[M].上海:上海古籍出版社.1986(5):77.
② 严复.与汪康年书:一[M]//王栻.严复集.北京:中华书局.1986:513-514.
③ 罗振玉致汪康年信称:"一,抵津时,乞与陈锦涛、严又陵两君酌订农学堂章程。""三,农会事,仍须求作书请南皮提倡,报章印好即须寄送一分,能写一信留下以便同报章寄去、尤感。"戊戌变法文献资料系日[M].上海:上海书店出版社.1998(8):2596.
④ 上海图书馆.汪康年师友书札[M].上海:上海古籍出版社.1986(5):1328.

然,惟我公竭力为之。"①就行业外缘关系而言,上海《时务报》、天津《国闻报》等诸多报业,与相关新式学堂在人际交往方面亦有密切关联,学堂与报馆的互动则显示维新舆论平台渐次联成一体。

因救亡图存的压力及政治牟利的需要,近代舆论阵线多受政治后台以及学人之间复杂的人际交往等诸多因素的牵制。近代舆论精英的人际沟通有相当的功利主义色彩,而政治舆论上的合谋形成了报界共同体。北方的舆论平台《国闻报》从筹备、创办到发行,与南方言论阵地《时务报》互通声气。《国闻报》的灵魂性经营人物为王修植,此可见日本外务省档案(1.31.1—5)《新闻杂志操纵关系杂纂》:"国闻报,原系候补北洋大学王修植所办。戊戌政变后,处境日益艰难,乃由日本人西村博领有,实际仍由王修植主其事。"②1897年4月16日,王修植致汪康年的信中称:"屡从穗卿书中得悉从者近状,为时劳贲力,公而忘私,非斯人其奚属耶。卓如近复何往? 前者又陵先生贻书相规,此亦吾党切磋之意,不可久不报。弟谓吾党建一业、白一议,但当论是非,不当争胜负。文明之事;争胜负者,土蛮之习也。"③严复作为《国闻报》的主笔,与上海《时务报》的报人多有劝勉。从汪康年、梁启超、黄遵宪等与《时务报》的关系,可见《时务报》有浓厚的同仁报业色彩。这一点受到严复的高度评价,1896年8月18日,严复致信汪康年称:"昨公度观察抵津稔大报一时风行。于此见神州以内人心所同,各怀总干蹈厉之意。此中消息甚大,不仅发聩振聋、新人耳目也。"④《时务报》不仅有"耳目"的功能,更主要的是其充当维新的喉舌,"使中国而无维新之机,则亦已矣;苟二千年来申商斯高之法,熄于此时,则《时务报》其嚆矢也"⑤。严复对《时务报》颇为称道,希望《时务报》在维

---

① 上海图书馆.汪康年师友札记[M].上海:上海古籍出版社.1986—1989:1719.
② 方汉奇.中国新闻事业通史:第1卷[M].北京:中国人民大学出版社.1992(9):607.
③ 上海图书馆.汪康年师友札记[M].上海:上海古籍出版社.1986:78.
④ 严复.与汪康年书:一[M]//王栻.严复集.北京:中华书局.1986:505.
⑤ 严复.与汪康年书:一[M]//王栻.严复集.北京:中华书局.1986:505.

新变法上有所作为。

　　与此同时，严复在引领北方政治舆论上也有所动作。1897 年 8 月 25 日，夏曾佑、严复、王修植致信汪康年，除催《时务报》及时登载《国闻报》正式刊行的消息外，还称："弟等本议旬报之外兼出日报，日报则仅详北数省之事，旬报则博采中西之闻；与尊属一节，正相符合。现在资本已集，印机已购，开办之期即在来月。"①1897 年 9 月 7 日，王修植致汪康年信，亦称："弟日来与又陵、穗卿商，拟在津门亦开一馆，一切体例略依尊处，稍为变通，急待从者之至，相与斟审。卓如与又陵书，弟等均读过，其苦心高谊亦为同志所谅，然其持论亦仍不免有主张之处。弟以为吾党但宜论是非，不宜争胜负，持此宗旨，方是同舟共济之谊也。"②可见，《国闻报》《时务报》将彼此视作同志。《国闻报》的办报旨趣正如 1897 年 10 月 26 日创刊号上刊载的《〈国闻报〉缘起》所称："阅兹报者，观于一国之事，则足以通上下之情；观于各国之事，则足以通中外之情。上下之情通，而后人不自私其利；中外之情通，而后国不自私其治。""人不自私其利，则积一人之智力以为一群之智力，而吾之群强；国不自私其治，则取各国之政教以为一国之政教，而吾之国强。此则本馆设报区区之心所默为祷祝者也。"③总体上看来，《国闻报》不仅要做到"通上下之情"，更要做到"通中外之情"。在《国闻报》看来，"通下情尤以通外情为急。何则？今之国固与各国并立之国，而非一国自立之国也"④。由此而言，"通达外情"尤为重要，"求吾民通知外情之道将奈何？曰：欲通知外情，不能不详述外事，不能不广译各国之报"⑤，此《国闻报》馆所以继诸家而起之后尤其重视译稿之原委。《国闻报》众多翻译稿件系北洋水师学堂学生充当译手，严复等做了些审

①　严复. 与汪康年书：二[M]//王栻. 严复集. 北京：中华书局. 1986：506.
②　上海图书馆. 汪康年师友札记[M]. 上海：上海古籍出版社. 1986：78-79.
③　严复. 国闻报论文选辑[M]//王栻. 严复集：二. 北京：中华书局. 1986：455.
④　严复. 国闻报论文选辑[M]//王栻. 严复集：二. 北京：中华书局. 1986：454.
⑤　严复. 国闻报论文选辑[M]//王栻. 严复集：二. 北京：中华书局. 1986：454-455.

稿工作。1901年6月23日严复致曹典球信中称:"越人之术,足以洞垣一方策,桓侯之将化,而已亦无逃于妸者之刺。用是,尝自诧而不知已与悠悠者之孰为失得也。虽之为然,使既已通其故矣,而耳目触,皆世人相将疾趋死亡之事,雨心未死,又安能忍而与之终古?此所以往者有《国闻》之作。"①《国闻报》的时评译著当然侧重政治变革,意在营造政治维新的中国语境。

救亡图存社会语境下的南北舆论有其共同的价值取向,无论是北方《国闻报》代表严复、夏曾佑,还是南方《时务报》代表梁启超、汪康年,他们的言论时评,都关注报刊在政治动员中的作用,注重媒介政治功能的发掘。这些舆论精英利用报刊媒介"通中外""通上下",旨在"达新知",即在思想上论证维新舆论的合法性。

三、外压内讧与南北核心舆论平台的衰败

维新人物所办的报刊多着力维新舆论合法性的建构,其兴衰成败多与维新变法的历史轨迹相始终。

(一)《时务报》内讧与南方维新舆论影响式微

《时务报》创办的资本虽多为张之洞捐赠强学会的余款,但梁启超作为主笔,为《时务报》成为维新舆论的主要平台而多有建树。李提摩太所著的回忆录在"变法维新的过程"中称,康有为的大弟子梁启超在上海创办了一家报纸,叫《时务报》(*The Chinese Progress*),作为改革派的喉舌。报纸在一开始就取得了极大的成功,从南到北的整个帝国激起了维新思

---

① 严复. 与曹典球书:一[M]//王栻. 严复集. 北京:中华书局.1986:565-566.

潮的涟漪。①《时务报》风行之后，汪康年、梁启超渐存芥蒂。作为经理的汪康年早年入张之洞幕府，后虽经营《时务报》但仍在张之洞幕府中领取兼职薪水。梁启超的写作禀赋及舆论骄子的地位为张之洞所看好，张之洞一度招梁启超入幕但遭婉拒。汪康年、张之洞内讧时，章太炎于1897年4月23日致信汪康年称："报馆一席，断难姑留。投我木桃，在他人或未忍此，况被白谓久要乎，久要而犹不免于此，则复合之后何如也？凡事离之则双美，合之则两伤。常以笔墨相交，则纪念自生，恐又自此开衅，不如早离为妥。"②章太炎劝汪康年离开《时务报》报馆。但汪康年受旧主张之洞的支持，态度颇为强硬。事实上，为《时务报》时评费尽心力的梁启超因推进维新变法的需要，最终离开了《时务报》。此后，《时务报》对社会舆论的影响式微，"自梁卓如解馆以来，而《时务报》之文劣事懈，书丑纸粗，大不餍海内之望"③。汪康年亦有改组《时务报》报馆以更张易帜的想法。

面对汪康年的排挤打击，梁启超遂发表《创办〈时务报〉源委记》予以还击。汪康年、梁启超矛盾越来越深。黄遵宪、吴德潇等人发表《创办〈时务报〉总董告白》，由此介入其中，而梁启超、汪康年等"私书往还，相呼以贼"④。对《时务报》而言，主笔与经理的内讧无疑是自毁维新旗帜的，严复后来就内讧事件对《时务报》的舆论影响发表意见，称《时务报》"初发难，以为此报固蒿目时世，痛黄种抵力之太大，垂涕而言群理爱力者也；欲革四千年之积习，而救四万万之同种者也"⑤，称道《时务报》的维新旨趣；主笔梁启超与经理汪康年内讧后，"能群否？相爱否？无待旁观者赘一辞

① 李提摩太.国家清史编纂委员会.编译丛刊.亲历晚清四十五年:李提摩太在华回忆录[M].李宪堂,侯林莉,译.天津:天津人民出版社.2005(5):242.
② 马勇.章太炎书信集[G].河北:河北人民出版社.2003(1):6.
③ 严复.时务报各告白书后,国闻报[J].1898(8).
④ 严复.时务报各告白书后,国闻报[N].1898(8).
⑤ 严复.时务报各告白书后,国闻报[N].1898(8).

矣"①。内讧的影响极其恶劣,"《时务报》且为天下之笑枋诟资,尚何开化辅时之与有""中国之人心世道之果不可为而已"②"新党之人心解散,也始于《时务报》"③。对此,维新人士颇有感叹:"盖自海内阂达,叩胸扼腕,争主维新以来,未有若此事之伤心短气者也。"④

梁启超和以鼓吹维新变法为己任的康有为及其弟子自然于心不甘,他们动员光绪皇帝出面,其结果是《时务报》易为官报。严复致汪康年的信中曾称:"近闻御史宋伯鲁奏请以《时务报》改为官报事,已交孙五先生议矣。据有人言,此举乃报复,意欲使公不得主其局。不知曾闻否? 谨奉达。"⑤从后来事态的发展来看,严复的消息可靠。孙家鼐就《时务报》改为官报一事进行奏对,称:"时务报虽有可取,而庞杂猥琐之谈,夸诞虚诬之说,实所不免。今既改为官报,宜令主笔者慎加选择。如有颠倒是非,混淆黑白,挟嫌妄议,渎乱神听者,一经查出,主笔者不得辞其咎。"这段论述涉及《时务报》主笔的遴选,后来康有为被派往上海主持《时务报》笔政,帝党有保存变法骨干之意,也与孙家鼐强调主笔的重要性有一定的关联。清政府旋颁上谕,称孙家鼐所拟改组《时务报》报馆章程三条,均予以采用。在张之洞的支持下,汪康年对谕旨改官报之举迅速做出反映,发表《上海时务昌言报馆告白》,称愿将《时务报》让出,但另出《昌言报》。在《昌言报》创刊号上汪康年刊文称:"谕改为昌言报……切体例均与以前时务报一律翻译诸人亦仍其旧,祈代派及阅报诸君共鉴之。"⑥可见,《昌言报》仅为《时务报》的翻版而已。

---

① 严复. 时务报各告白书后,国闻报[N]. 1898(8).
② 严复. 时务报各告白书后,国闻报[N]. 1898(8).
③ 胡思敬. 戊戌履霜录[M]//中国史学会. 戊戌变法资料丛刊:第1册. 上海:上海人民出版社. 1957:367.
④ 严复. 时务报各告白书后,国闻报[N]. 1898(8).
⑤ 严复. 与汪康年书:三[M]//王栻. 严复集. 北京:中华书局. 1986:507.
⑥ 中国近代期刊汇刊:昌言报影印本[M]. 北京:中华书局. 1991(9):1.

《时务报》在维新舆论建构中式微，主要源于主笔梁启超试图干涉汪康年在报业经营中的用人问题，而作为经理的汪康年也常兼笔墨，涉足时论，特别是在梁启超离开报馆的一段时间内，汪康年干预报纸的时评并对康门弟子的来稿进行删改，导致梁启超严重不满。汪梁内讧导致《时务报》的维新舆论建构深受影响，显而易见。

(二)严复对俄言论的反复与《国闻报》在维新舆论建构上的没落

与南方《时务报》对内主张变法维新的舆论相比，《国闻报》《国闻汇编》多关注外交问题，尤侧重在列强势力变迁对中国影响的语境中探讨中国维新变法的出路。作为北方舆论精英的严复是《国闻报》的灵魂性人物，多致力于撰写外交时评，《国闻报》传播的多为严复所倡导的维新舆论。

《国闻报》的灵魂人物严复放言维新，引起舆论界的重视，一度被光绪皇帝等视作维新代表人物。早在1895年前后，严复就在《直报》上发表《原强》等文章，从寻求富强的路径上对甲午战争"日胜中败"的原因进行分析与反思。严复的言论引发强烈的社会反响，他后来受到光绪皇帝召见，并著有《拟上皇帝书》，见于1898年1月27日至2月4日《国闻报》，分9次刊载。严复自觉地利用《国闻报》这一舆论平台，发表了诸多颇有学理深度的时评。针对康有为及康门弟子的保国、保种、保教言论，6月3日至4日严复在《国闻报》发表《有如三保》，7日至8日及11、12日又发表《保教余义》等文章，较为系统地陈述了自己的看法。总体而言，严复的维新舆论观有别于康有为、梁启超，是维新舆论的另一种声音。针对梁启超及康门弟子对于舆论界的影响，严复致熊纯如信中称："吾国自甲午、戊戌以来，变故为不少矣。而海内所奉为导师，以为趋向标准者，首屈康、梁师弟。顾众人视之，则以为福首，而自仆视之，则以为祸魁。何则？政治变革之事，蓄变至多，往往见其是矣，而其效或非；群谓善矣，而收果转恶，是故深识远览之士，愀然恒以为难，不敢轻心掉之，而无予智之习，而彼康、梁则何如,于道徒见其一偏,而由言甚易。南海高年,已成固性。至于任公,妙才下笔,不能自休。自《时务报》发生以来,前后所主任杂志,几十余种,而所持宗旨,则前后易观者甚众……以仆观之,梁任公所得于杂志者,大抵皆造业钱耳。"在曾任《国闻报》主笔的严复看来,《时务报》是梁启超等贩卖政治偏见,牟取钱财的舆论工具。严复对康有为、梁启超的评价多有政治偏见,呈现了学术派系的不同,以及维新阵营内部的歧见。同是建构维新舆论,严复等人主持的《国闻报》在诸多方面也有不同于康有为、梁启超的谋划。因营造维新氛围的方式、方法及背后支撑的政治后台的差异,《国闻报》与《时务报》的结局亦有所不同。《时务报》的衰败是主笔梁启超与经理汪康年内讧的结果,背后涉及康门弟子与张之洞幕府对晚清政治变革路向设计的分歧。而《国闻报》的式微与严复外交策略的路向密不可分,背后涉及作为幕宾的严复与幕主李鸿章的外交政策设计上完全相反的两种取向。

近代中国外交舆论复杂多变,特别是《马关条约》签订以后,列强掀起瓜分中国狂潮。首先是德国出兵抢占山东半岛,清政府竟未做抵抗,国内舆论哗然。1897年11月25日,严复在《国闻报》上发表《论胶州章镇高元让地字》,谴责守将登州府总兵章高元不开一枪,拱手退让胶澳给德国的无耻行径。继《论胶州章镇高元让地事》之后,1897年12月4日,严复又在《国闻报》上发表《论胶州知州某君》对事情的真相进行揭露。继德国之后,俄国迅速插手辽东半岛事务,强占旅顺、大连等地。这样下去,中国实际上舍弃了渤海湾战略要地。北洋水师的生存环境日益险恶。掌握北洋水师的李鸿章,试图以外交运作代替军事行动,李鸿章及其背后的后党代表人物慈禧皆主张联俄。[①]列强在瓜分中国的同时,也注意关注清政府的应对之策,1897年11月28日,赫德致信金登干称:"我猜想俄、法两

---

① 中国第二历史档案馆,中国社会科学院近代史所.赫德致金登干[M]//中国海关密档:赫德,金登干函电汇编:第六卷.北京:中华书局.1995(11):769.

国在北京的代表都建议总理衙门攻击德国。"①12月3日,金登干致信赫德称:"同中国有关系的人士,把占领胶州看作是蛮横的海盗行径;但是报界总的看来,对这件事漠然视之。"②关于英、德在中国利益分配不均而引发的冲突,德国政府及其报刊舆论界都试图找到出兵的合法性。③ 12月10日,金登干致信赫德谈及英国报界的反映称:"《泰晤士报》和我们的其他大报对于此事消息灵通,他们认真地拒不同魔鬼打交道,使德国报界无法掩饰其狼狈和暴躁。这是官方和金融界普遍的看法,而英国政府的平静态度也表达了它的观点。"④实际上,德国和俄国在侵华利益上已成为利益共谋。而李鸿章致力进行外交斡旋,积极运员俄国,意在遏制德国在华的进一步行动。俄国在《马关条约》条款上曾动员法国、德国,向日本施加压力,日本因此被迫向中国退还辽东半岛。此为俄国、日本的矛盾迅速恶化的缘起。由此而言,处理德国强占胶州湾问题,清政府在外交策略上涉及联俄还是联日的问题。

严复等人主持的《国闻报》主张联俄。作为外交时评言论的平台,《国闻报》基本上以《泰晤士报》为样板,"光绪二十三年之夏,馆之主者,议创《国闻报》于天津。略仿英国《太(泰,下同)晤士报》之例"⑤。晚清外交政策设计由秘密转向公开,《国闻报》在其中扮演了重要角色。《国闻报馆章程》有:"日报首登本日电传上谕,次登路透电报,次登本馆主笔论说。"⑥

① 中国第二历史档案馆,中国社会科学院近代史所. 赫德致金登干[M]//中国海关密档:赫德,金登干函电汇编:第六卷. 北京:中华书局.1995(11):769.
② 中国第二历史档案馆,中国社会科学院近代史所. 赫德致金登干[M]//中国海关密档:赫德,金登干函电汇编:第六卷. 北京:中华书局.1995(11):772.
③ 中国第二历史档案馆,中国社会科学院近代史所. 赫德致金登干[M]//中国海关密档:赫德,金登干函电汇编:第六卷. 北京:中华书局.1995(11):777. 清华大学历史系. 戊戌变法文献资料系日[M]. 上海:上海书店出版社.1998(8):426.
④ 中国第二历史档案馆,中国社会科学院近代史所. 赫德致金登干[M]//中国海关密档:赫德,金登干函电汇编:第六卷. 北京:中华书局.1995(11):777. 清华大学历史系. 戊戌变法文献资料系日[M]. 上海:上海书店出版社.1998(8):426.
⑤ 严复. 国闻报论文选辑[M]//王栻. 严复集:二. 北京:中华书局.1986:453.
⑥ 严复. 国闻报论文选辑[M]//王栻. 严复集:二. 北京:中华书局.1986:455.

《国闻报》尤关注西方对华外交政策,对涉华评论反应迅速,并与《京津泰晤士报》(*The Peking and Tientsin Times*)论战。1894 年 3 月,英商天津印刷公司(Ticntsin Press Ltd)发行的英文《京津泰晤士报》,英国人贝林汉姆(W. Bellingham)主编,编辑有吴德海(H. G. W. Woodhead)、彭赖尔(W. Pennell)等。该报标榜办报旨在"把西方的文化介绍于中国,并应用西方批评的标准,激动中国根本之变革"。该报一度被誉为"外人在华北的圣经"①。就德国出兵山东,《京津泰晤士报》立足于英帝国根本利益,发表"高论"。曾负笈英伦的严复对英帝国瓜分世界的野心认识深刻,1897 年 11 月 24 日,他在《国闻报》上发表《驳英〈太晤士报〉论德据胶澳事》称:"乃本馆读西历十一月十八日路透社电音,谓《太晤士报》深许德与中国交涉所用之权力,并愿英之举动与此相类。虽电音简略,该报所论,其详不得闻,然其宗旨,大要不外乎武断灭裂,窃为英人所不取也。"②面对英国支持德国侵略的行径,严复称:"彼英人则固局外闲评,主持公论者也,乃亦从而附和称许,抑若以德之所为为可取法。嗟乎!向从欧美两洲人士游,莫不言地球开化之国,英为首称,而《太晤士报》馆又为其一时名士大夫所会合。今此论也出,则英之国民,其亦犹有野蛮生番之性也欤?"③严复的外交时评多源于其熟悉国际时局变迁及其对华影响。12 月24 日,金登干致信赫德称:"我将给您寄上大量剪报,但是有分量的文章见于《泰晤士报》《旗帜报》《晨邮报》《每日新闻》报、《每日电讯》报、《曼彻斯特卫报》和《威斯敏斯特公报》。各有关政府都不肯泄露他们的意图……人们普遍认为俄国将长期占领旅顺,而德国可能放弃胶州湾另找别的什么地方。令人奇怪的是,俄国报界过去一直那样反对德国人,只是到现在才接到节制对德国使用讥讽词句的命令,因为俄、德两国目前的关

---

① 方汉奇.中国新闻事业编年史:上[M].福州:福建人民出版社.2000(9):91.
② 严复.驳英太晤士报论德据胶澳事[M]//严复集:二.北京:中华书局.1986(1):55.
③ 严复.驳英太晤士报论德据胶澳事[M]//王栻.严复集:二.北京:中华书局.1986(1):55.

系是和睦的。据说德国皇帝有一天在一次讲话中说过：'我们在东方的邻国是我的亲密而真诚的朋友，它的政治观点同我的政治观点相同。'"①金登干、赫德等人试图在外交策略上影响李鸿章等军事实力派。作为李鸿章幕府的重要成员，严复有留学英国的背景，对英帝国在远东地区的谋略了然于心。严复在外交主张上与幕主李鸿章显然不同，他主笔下的《国闻报》亦主张反俄联日。

正是在列强瓜分中国狂潮的震动下，《国闻报》打破了侧重国际时评、于国内只报道北方新闻的惯例。12月28日，《国闻报》有《本馆告白》："本馆原定章程专纪西北各省之事，至东南诸路报馆林立，一切新闻无俟敝馆赘述……今本馆因特变通前议，凡东南各省如有重要事情，或关军国大计，或系民生大病，亦与各埠分托访事友人量为采录邮寄，择其尤要者登之报章，题曰东南各路新闻，以饷阅报者诸君之责望。"②面对列强瓜分中国的狂潮及国内时局的恶化，《国闻报》亦加大了刊载外交评论的频率。1897年12月24日，《国闻报》载《英日两国之言》称："本馆顷接南中访事人来电云：日前有日本武官神尾君至湖北谒见张香帅，论中国近事，谓德人若久占胶澳，窃恐掣动大局，中国必须速了此事。有英国水师兵官往谒张制台亦以此为言，嗣后英、日武官又至南京见南洋大臣刘岘帅亦以此为言，并言：'俄、法、德三国联盟，其所得利益不少，中国似宜与英、日两国联盟，以同保太平之局，不然恐与商务有碍，则我两国不能不谋自保之法矣。'张香帅、刘岘帅均将英、日武官所说各节电达总署，未知总署如何回复也。"③可见，严复主笔的《国闻报》对英国、日本积极游说张之洞、刘坤

---

① 中国第二历史档案馆，中国社会科学院近代史所．赫德致金登干[M]//中国海关密档：赫德，金登干函电汇编：第六卷．北京：中华书局．1995(11)：777．转引自清华大学历史系．戊戌变法文献资料系日[M]．上海：上海书店出版社．1998(8)：445．
② 孙应祥．严复年谱[M]．福州：福建人民出版社．2003：96．
③ 国闻报[M]//清华大学历史系．戊戌变法文献资料系日．上海：上海书店出版社．1998(8)：444．

一,以达成中、英、日联盟的意图,颇为清楚。

《国闻报》随即发表严复的时评《论俄人为中国代保旅顺大连湾事》(1897 年 12 月 26 日)、《再论俄人代守旅顺大连湾事》(1897 年 12 月 27 日、28 日)。前文称:"十月十九日,德兵船既据胶州海湾,本馆曾极论德人举动之妄,而复申言之曰:德人既占胶澳,则俄人明日必规旅大。其时端倪未露,泰东泰西诸国尚未张皇其词,本馆不过揆诸事势,纵言及之,以为俄国政府其谋国之道必如是也。乃未及一月,而俄果有为中国代保旅顺之事。此议既成,于是英人乃议驻守舟山矣,日人乃议不还威海矣。"①在严复看来,俄国不但要"代守"旅顺、大连湾等海军战略要地,而且要代为"经营"。此必引起列强瓜分中国之势,"英索舟山,日据威海,其势既迫,其请必坚,拒之不能,应之不皇,亦惟有拱手相让已矣。且岂但英日而已,法人又必起而言之曰:是数国者,其在中国皆有停泊水师之海口,而我独无,则向者载在盟府之利益均沾之说之谓何? 势必于南洋各要口,若厦门、若三沙澳之属,得其一而后快"②。面对国内外的时局调整,严复主张对德作战。严复此番言论引起俄国剧烈反应,《国闻报》遭受巨大压力。《国闻报》发起人之一夏曾佑致汪康年信中称:"敝馆国家压力,前者已去,后者方来。然尚能因应。至于馆中外交政策,则俄与敝馆最为不协,而东邻则与敝馆最合。其中情节,想尊处所闻,必有与实情大不相同者。"③"敝馆因政府阻力太甚,俄人亦迭有违言。虽屡次设法消弭,而终非持久之道。兹不得已,与东邻矢野君相商,借作外援,始得保全自主。俄人之发阻力,不足为奇;可奇者,政府也。然此正所以今日之政府也。"④正是在政府的压力下,1898 年 1 月 15 日至 17 日,严复被迫又在《国闻报》上发

① 严复.国闻报论文选辑[M]//王栻.严复集:二.北京:中华书局.1986:459.
② 严复.国闻报论文选辑[M]//王栻.严复集:二.北京:中华书局.1986:461.
③ 夏曾佑致汪康年:第 17 函[M]//汪康年师友书札:二.上海:上海古籍出版社,1989:1197.
④ 夏曾佑致汪康年:第 18 函[M]//汪康年师友书札:二.上海:上海古籍出版社,1989:1197.

表《中俄交谊论》,违心地提出了联俄的主张。

面对列强的瓜分狂潮,联俄还是联日成为帝党代表的维新派与后党代表的守旧派在外交政策上的重要分歧,《国闻报》在政治压力下,于一个月之内,以同一作者严复先后发表数篇文章,其主张由反俄到联俄。对读者而言,《国闻报》无疑是出尔反尔,可谓言而无信。事实上这是俄国强迫清政府予以压制的结果。1898 年 2 月张元济致汪康年信中称:"胶案议结奏稿,《国闻》登载,总署震怒严查。"①王修植致信汪康年称:"此间馆事颇遇阻力,总署已具稿,将奏请北洋封查,此间虽已部署,不悉可靠否耶? 属(嘱)撰文章,日来心绪恶劣,几乎不能举笔。"②总理衙门向北洋大臣施加压力,一度要将《国闻报》报馆取缔。此后《国闻报》虽在苦苦支撑,但对政治变革而言,其已丧失北方维新舆论旗帜的地位。更何况,戊戌政变后,清政府又厉行言禁政策。这对《国闻报》及严复等报刊主笔而言,无疑是雪上加霜。

总体而言,《时务报》重视国内时评,主要是"通上下",但受内讧影响。《国闻报》重视外交,侧重通中外,将秘密外交走向舆论外交,最终招致厄运。《时务报》的"通上下"、《国闻报》的"通中外",两者遥相呼应,使得维新思潮跨越地理空间的限制,在政治舆论上实现南北交汇。以传播维新舆论为己任的《时务报》《国闻报》其命途以衰败告终,这与晚清军政利益集团及其政治后台的暗箱操作,密切相关。

四、维新舆论的媒介建构的省思

面对救亡图存的压力,近代国家被迫在学理上重建政治统治的合法

---

① 张元济致汪康年书[M]//汪康年师友书札:二. 上海:上海古籍出版社.1989:1726.
② 汪康年师友书札[M]. 上海:上海古籍出版社.1986:82－83.

性。在报刊传媒的"通中外"语境下,以国家政权为核心的政治学及其实践成为近代中国政治改革的重要理论参照,其中包括日本的明治维新、俄国的彼得大帝的改革等,这些皆强调在国家、社会一体化的语境下进行国家政治机制的改良。其时,康有为、梁启超、严复等维新派人物皆属国家意识形态范畴内的知识分子,或曰体制内的知识分子。《时务报》《国闻报》等在维新舆论建构中扮演着重要角色。《时务报》无形中为"识时务者为俊杰"张帜。它主张"通上下",实际上主张国内的政治改革从国家到社会的底层,血脉贯通,民隐得以上显,而不仅仅是上令下达。通晓西学的严复等人创办《国闻报》更加强调国家在世界语境中的中外通达,而不能闭关锁国,强调在西方政治学理论的参照中进行改革以助国家的重建。严复等领导的《国闻报》试图在外交上做出成绩,即报刊大众传媒使得外交由国家机密走向大众话题,他们主张联日制俄的时论发表不久,就触犯了清王朝的秘密外交的政治禁忌及后党的政治利益,也正因如此,当联日制俄的政治主张有悖于李鸿章等军政利益集团的外交策略时,《国闻报》便受到言论压制。在总理衙门等方面压力之下,严复被迫又在《国闻报》上发表联俄制日的诛心之论,而一般读者并不了解其中内幕。《国闻报》前后的社论之抵触,可谓出尔反尔,这无疑使《国闻报》丧失了媒介公信,对作者与读者而言都是潜在的伤害,也有损于《国闻报》作为维新旗帜的形象。《时务报》的垮台有多重因素,而张之洞幕府的幕后操纵起了重要作用,这绝非历史的偶然。

总之,维新变法是政治制度的变革,也是思想观念的变革。中日甲午战争的结局很大程度上被国人视作日本从制度层面向西方学习的结果。就近代中国与世界而言,中国的人生哲学多讲"修、齐、治、平",西方世界则强调民主与科学,所谓"自由为体,民主为用"是有其学理的。南北舆论纷纷主张学习西方,进行变法维新。中国政治制度层面上要向西方学习逐步成为部分先进知识分子的共识。大众传媒成为国人向西方学习的工具。近代报刊事业的肇始与救亡图存的历史使命相关联。其时，维新派、保守派，清政府中的帝党、后党皆面临着政治道路选择。在选择的过程中，维新人物积极利用报刊媒介对政治舆论环境进行媒介的建构，在传统性解构、现代性建构的过程中多次出现反复，随之而来的是戊戌政变的发生，政治舆论转向，即维新改革受挫，维新舆论也就失去了存在的合法性。维新报刊的命途多舛，不言而喻。

（本文首发于《新闻与传播研究》2010 年第 6 期）

近代报刊与袁世凯军政
利益集团的兴衰

　　近代中国的社会环境下,家国一体的传统社会结构面临解构,社会与国家有渐次分离的趋势。面对社会与国家各自权限的重新界定,以报刊为核心的大众传媒往往充当政党乃至军政利益集团评判政治变革的工具或手段。面对剧烈的政治变革,近代军政利益集团颇为重视对社会舆论的经营,李鸿章幕府、张之洞幕府等也概莫能外,颇有舆论经营意识的袁世凯幕府尤其如此。

　　袁世凯疏于治学,精于世故。1898 年,袁世凯向荣禄告发康有为、梁启超,他因此赢得丰厚的政治回报,于次年出任山东巡抚。1901 年 11 月,李鸿章病故,袁世凯被任命为直隶总督,继承了李鸿章的官位,也继承了李鸿章军政利益集团的衣钵。李鸿章病亡仅一月有余,梁启超就做了精准的预测:"今后承李鸿章之遗产者,惟袁世凯。世凯,鸿章所豢养之人也。方在壮年,初膺大任,其所表见盖未著,今难悬断焉。但其人功名心重,其有气魄敢为破格之举,视李鸿章或有过之。至其心术如何,其毅力如何,则非今之所能言也。而今日群僚中,其资望才具,可以继鸿章之后者,舍袁殆难其人也。"①袁世凯接收了李鸿章的部分幕宾,诸如杨士骧、杨士琦等人。袁世凯军政利益集团的文武骨干力量有 16 人,安徽籍的有 8 人②,可见袁世恺军政利益集团与李鸿章军政利益集团有着利缘上的关系。从某种程度上来说,袁世凯军政利益集团继承了李鸿章幕府的一些

① 梁启超. 李鸿章传[M]. 海口:海南出版社,1993:101.
② 廖一中. 一代枭雄袁世凯[M]. 北京:北京图书馆出版社,1997:101－105.

传统,同时又随着时代的变迁而有所变革。袁世凯善于利用亲缘、利缘关系建构其利益集团内在、外在的社会关系网络,这一点与李鸿章利益集团有着一脉相承之处,正如李鸿章军政利益集团之于曾国藩军政利益集团。袁氏集团特别重视对社会形象的经营,袁世凯本人在舆论界也着力颇多。

一、幕府转变成军政利益集团历程中袁世凯等对政治舆论的经营

随着政治思潮的演变,袁世凯幕府在民国前后也转而适应形势的发展,主动放弃一些旧俗而与时俱进,变成传统与现代杂糅的军政利益集团。由此而言,袁世凯幕府及后来具有现代意义的军政利益集团,开启了北洋军阀之先声。

实际上,袁世凯利益集团的崛起有个过程。就军事而言,袁世凯出使朝鲜,因治兵有方,颇受朝鲜国王的青睐并初现锋芒;小站练兵,仿德军建制及兵法操练,建成新军。袁世凯角逐政坛多依赖军队,与此同时,袁世凯也颇重社会声誉。在天津小站练兵时,他结识报人杭辛斋、严复等人,并多有往来。杭辛斋是"浙江人,学识兼优,素以道义为重。清光绪间,主撰北京《中华报》,并与彭翼仲合办《京话日报》,发挥正谊,倡导文明,实为中国新闻学之泰斗。当时袁世凯正任直隶总督北洋大臣,最为西太后所宠幸,辛斋著论常讥讽之"①。袁世凯结交杭辛斋后,常有聚会,但其交谊只是通常意义上的报人与政客的关系。戊戌变法后,由于彭翼仲、杭辛斋主笔的《中华报》大书特书"袁世凯枪决保皇党",未几袁世凯借口杭辛斋、彭翼仲同谋煽乱,妨害治安,奏诸朝廷拿交刑部治罪:"辛斋与彭君皆被逮,《中华报》《京话日报》相继查封。彼时袁威权已炽,定欲制辛斋等死

---

① 王建中.洪宪惨史[M].上海:上海书店出版社,1998:8.

命。幸外城警察厅长朱桂莘誓死援救,仅判辛斋徒刑五年,彭君则发往新疆效力赎罪。"①可见,一旦涉及社会形象及其背后的政治利益,政客对报人绝不手软。

在政治逐利的过程中,袁世凯幕府迅速崛起,亦逐步演变成近代意义上的军政利益集团。袁世凯非常注意自己在维新变革中的政治形象。他一方面积极利用报刊经营舆论,1902年首创《北洋官报》,将其树立成全国学习的模范官报。另一方面,他苦心经营新军,并借此开启军人治国的征途。对此,舆论精英严复说:"维新总督如袁、岑辈,自任旋转乾坤……其所行自谓西法。虽然,非西国西法也,乃支那租界之西法。租界西人相聚为法以束缚华人。袁、岑辈则为内地西人,而以西人之待华人者待其民,峻法严罚,令有必行,而民生之疾苦,物力之凋残,非所恤矣。"②严复称袁世凯为"内地西人",讥讽其仿效租界之法治华人,在"民生之疾苦,物力之凋残"中攫取军饷。可见,其时严复对袁世凯作为维新总督的印象并不佳。袁世凯积极经营舆论,试图扭转自己的负面形象,对报人或拉或打。

丁未政潮前后,面对汪康年主持的《京报》这一反对力量,袁世凯予以惩处。③ 面对复杂多变的政局,袁世凯有意识地将自己塑造成强有力的拿破仑式人物。④ 宣统三年十月初一日(1911年11月21日)《浅说画报》⑤第一页载:"袁世凯家眷来京,袁内阁已于昨日将其眷属接至北京,现又电召其子克定迅速来京,不知有何意见。"次日,《浅说画报》刊载:"革命武昌之谈判:闻日前袁内阁派蔡廷干赴武昌……黄兴、汤化龙、黎元洪

---

① 王建中.洪宪惨史[M].上海:上海书店出版社,1998:9
② 王庆成.严复未刊诗文函稿及散佚著译[M].台北:财团法人辜公亮文教基金会,1998:125
③ 王天根.清末民初报刊与革命舆论的媒介建构[M].合肥:合肥工业大学出版社,2010.
④ 王天根.政治偶像建构与清末民初报刊表述的政治[J].新闻与传播研究,2008(1):25
⑤ 大英图书馆藏,OBR.99。据该日《浅说画报》所载广告,该报"六页一张""每月装订成册""大清邮政总局特准挂号认为新闻纸类"。

三君,与蔡君共议甚久,黎君甚罕发言,黄、汤二君发议甚畅,蔡君云公等所要求之件,恐转述或有误传之语,请开列条款,俾仆回复,黄、汤二君允之,遂以函授蔡。蔡君已回京,复袁内阁。闻蔡廷干由武昌带回革命军条件共廿五条,其第一条云清政府必须退让而中国必须成为民主国云。"又载:"袁世凯复孙抚电,日前山东孙宝琦,电致内阁力主共和政体,已志前报,今闻袁总理复电云,无论君主民主,德人在旁,请豫防之云云。"可见,袁世凯称政治制度上的民主或专制属内政,而德国人对华野心属外患,名为"制外以安内"。实际上,对民主或君主政治制度的选择,袁世凯并没有在报刊上公开明确表态,以此可见袁世凯舆论策略之高明,也可见袁世凯军政利益集团在报刊上对政治问题的骑墙表述。

总而言之,袁世凯幕府走向近代意义上的北洋军政利益集团存在一个过程,报刊政治舆论的呈现也如影随形。北洋派系开启了中国近代军阀林立的时代:"前清末造,袁开府北洋,宪政党人多为北洋幕府所罗致,遂有以北洋为政治中心之主张,报纸宣传,乃有'北洋派'三字出现。"①可见"北洋派"代指军政派系,其概念本身也是传媒塑造的产物。

二、革命派的舆论议程设置与袁世凯统治的合法性危机

袁世凯就任临时大总统不久,同盟会及其报刊与袁世凯军政利益集团发生了摩擦。1912 年 3 月 10 日,袁世凯在北京宣布就任临时大总统。1912 年 3 月 13 日,袁世凯提议唐绍仪为国务总理。据居正回忆,"南京参议院通过唐内阁阁员之翌日,政府公宴唐总理于总统府"。席间,蔡元培请唐绍仪加入同盟会,黄兴也起立敦劝,与会者全体鼓掌赞成。居正即离席取同盟会入会愿书,交唐绍仪手中。唐绍仪颇为踌躇,"考虑移时,即

---

① 吴虬,张一麐. 北洋派之起源及其崩溃 · 直皖秘史[M]. 北京:中华书局,2007:5.

在愿书上签字印可,黄、蔡二先生签作介绍人,孙公签字主盟。唐先生起立宣誓,大众高呼同盟会万岁"①。唐绍仪本为袁世凯心腹,结果被同盟会拉过去,这显然触犯了袁世凯的政治忌讳。孙中山的行迹尤让袁世凯放心不下。

孙中山让出临时大总统位置以后,重任同盟会总理。在武昌就任副总统的黎元洪邀请孙中山共商国是。1912 年 4 月 12 日早 8 时,孙中山"往都督府辞行,与黎副总统谈要政甚久。同盟会支部催请,遂偕黎公赴会"。其时,对于孙中山的武汉之行,舆论界有两种声音。章士钊以记者身份说:"此番鄂人之欢迎前总统孙君,在亲睹其状者,可立决为出于诚意。孙、黎交欢,尤无间言。武昌为东南各省之主盟,得此,真可为吾国前途庆矣。"但是,"《神州日报》及《民声日报》汉口专电,谓'孙君在黄鹤楼演说社会革命,次日铜圆局工人,即同盟罢工,鄂中顿见纷扰'。又谓:'孙君在汉口演说,听者相顾错愕,无拍掌赞成者。'又谓:'黎副总统不肯正式承认同盟会协理,孙君……邀黎君……赴同盟、社会各党之茶会,黎君于会场中始终未发一言'"②。反对舆论称孙中山演说后即有罢工,此为袁世凯后来咒骂孙中山无任何本事、只会捣乱等打下伏笔。

与此同时,原同盟会政治舆论领袖积极利用报刊对袁世凯及其军政利益集团进行议程设置,即有意识地步步为营,加强对袁世凯及其政治合法性的批判。1912 年 4 月 18 日至 22 日,戴季陶以"天仇"为笔名在《民权报》刊发《胆大妄为之袁世凯》称:"袁世凯乃任其坐拥重兵,肆杀民党,作宗社党之伥灵,为外国人之鹰獭,是与借刀杀人何异?"袁世凯的镇压对象包括报刊:"报刊为舆论之机关,言论为天赋之自由,千百志士,洒如许热

① 居正.梅川日记[M]//罗福惠,萧怡.居正文集:上册.武汉:华中师范大学出版社,1989:101-102.
② 居正.梅川日记[M]//罗福惠,萧怡.居正文集:上册.武汉:华中师范大学出版社,1989:107-109.

血,所欲得者此其一也。而袁世凯竟敢以野蛮手段封禁《中华日报》,专制
野蛮达极点矣。"针对袁世凯的打压,不同政见者《民权报》亦称:"《中华日
报》之议论如何,主旨如何,被封之原因如何,电文简略,不能深知。然共
和国中,无论如何,皆不得有此举。"对袁世凯军政利益集团的喉舌,《民权
报》称:"咄咄舆论代表之报纸,尚有认仇作父者,吾不知其何心矣"①。
1912年4月19日至20日,戴季陶在《民权报》发表系列评论《袁世凯之罪
状》称:"任袁世凯之所为,中华民国之根基,将不固矣。"并罗列袁世凯六
款罪状,第一款就是袁世凯并不赞成共和:"近日政府党之人,或民党之软
化于政府者,多谓袁氏为共和之功臣,非袁氏则共和难于成立;并谓袁氏
出山,即有赞同革命之意。惟吾之所不解者,袁氏入京之时,共和之声,已
遍全国,袁氏若欲赞成共和,何必极力主战? 且派宵人南来,鼓吹君主立
宪,并请人著为英文论说,寄诸美国,谓中国今日之人民程度,即君主立
宪,尚觉过早,何况共和。"②比照《浅说画报》评议袁世凯在民主或君主问
题上模棱两可的态度,《民权报》可谓一针见血。2012年4月26日,戴季
陶又以"天仇"为笔名在《民权报》发表《讨袁世凯》称:"天仇宣布袁世凯罪
状已多次矣,计日则袁氏应早见之。当此文发布时,深欲袁之悔悟,而改
其所为,以谋国利民福,为共和之保障,故语意间于激烈之中,尤含劝勉之
意。孰意袁氏病民病国之行,日以加甚,俨然帝制自为,且较亡清为尤
甚。"并将袁世凯称为"民贼",是"可杀者"③。4月28日,戴季陶发表《告
北方报界》称:"北方之言论,殊有不能与全国大势协和者……今者,袁氏
之专制,事事已见实施,其虐民病国之举,已为天下所共睹,而北方报纸之
大多数,但颂其人为善,而不能举其善者为何,亦不能否认反对者之说为
不实,徒护一人之权利,博一人之欢心,而人民之痛苦,所不顾焉……舆论

---

① 唐文权,桑兵. 戴季陶集:1909—1920[M]. 武汉:华中师范大学出版社,1990:339-340.
② 唐文权,桑兵. 戴季陶集:1909—1920[M]. 武汉:华中师范大学出版社,1990:340-341.
③ 唐文权,桑兵. 戴季陶集:1909—1920[M]. 武汉:华中师范大学出版社,1990:361-362.

界而袒袁氏,其奈国民之前途何?"①对北方支持袁世凯的报刊予以警告。

围绕袁世凯政治统治的合法性,以戴季陶为代表的《民权报》与袁派的《民声日报》等展开论战。论战的激烈程度从《民权报》刊发戴季陶一人时评的频率即可见一斑。1912 年 5 月 2 日至 8 日,《民权报》刊发《非民声之〈民声日报〉》称:"袁氏拥权,任用私人,狐群狗党,尽入政界,其行为无异专制君主。全国舆论界,哑然无声。本报所举其违法害理事实,不下数十条,该报若欲为之辩护,请逐条翻案,并列袁氏之善政。若本报条所反对者非事实,则自愿任违法之责。"②

《民权报》除批驳《民声日报》外,对于《神州日报》刊发为袁世凯辩护的文章也极其反感。1912 年 5 月 9 日,《民权报》发表《告'民声''神州'两报之最后语》称:"《民声日报》与本报以文辞相辩者,则后已十有余日。其对于本报所主张之原则条件,俱遗其大者远者,然于本题之外,以无味之词为掩饰。明知袁之非也,而犹曰:袁虽若此,然而其他善政,不能因以磨灭……《民声日报》其尚有人心乎? 吾深愿其改悔……《民声日报》休矣!"③1912 年 5 月 13 日,《民权报》发表《荒谬绝伦之〈神州日报〉》称:"《神州日报》始终欲为袁氏作辩护,于是颠三倒四,发为狂言,而又不稍自省,可怜亦复可笑。对于本报昨日之驳斥,巧撰其说,欲借蒙阅者之眼,特再纠正之。《神州日报》记者若稍具人心,即速缄尔口,毋徒以涂抹为文过计也。"并警告《神州日报》,"勿再为此妄辩,而甘为袁氏作伥灵也"④。《民声日报》的声音一浪高过一浪。1912 年 5 月 14 日,《民权报》发表《咄咄不可教诲之〈民声日报〉》,其中重申:"《民声日报》一败再败,本报攻击问难之语,一字不能答,于是三日不敢出声。今日复又强词夺理,于本报

① 唐文权,桑兵. 戴季陶集:1909—1920[M]. 武汉:华中师范大学出版社,1990:363-364.
② 唐文权,桑兵. 戴季陶集:1909—1920[M]. 武汉:华中师范大学出版社,1990:366-367.
③ 唐文权,桑兵. 戴季陶集:1909—1920[M]. 武汉:华中师范大学出版社,1990:377-378.
④ 唐文权,桑兵. 戴季陶集:1909—1920[M]. 武汉:华中师范大学出版社,1990:379-380.

论说前后之立言本意,亦不知寻取,而法理则全然不知,更无足论,居然欲助《神州日报》为后援,胆大极矣!"《民权报》立论根植于袁世凯政治统治有无合法性:"本报攻击袁氏之要点在'违法',而推其敢于违法之原因,则在袁氏'假内阁政治之名,行统领政治之实'前后二万余言,皆本此意。"对于充当袁世凯政权喉舌的《民声日报》再予以警告:"正告《民声日报》记者,败兵之将,不足言勇,速改尔之初心,完成尔之人格后,再言其他,不然,人格已坏,难以救药,殆所谓朽木不可雕也。"①

《民权报》及其主笔戴季陶不仅攻击袁世凯,还连带攻击当时与袁世凯走得较近的章太炎,如 1912 年 5 月 19 日发表《该死的章炳麟》,次日更发表《杀》,称熊希龄卖国、唐绍仪愚民、袁世凯专横、章炳麟阿权,皆当杀,"此四人者,中华民国国民之公敌也。欲救中华民国之亡,非杀此四人不可"②。这一檄文发表后,戴季陶旋即被捕入狱③,但他仍在 1912 年 5 月 27 日的《民权报》上刊发《袁世凯专横无道》,再从专制层面论述袁世凯的罪状:"袁世凯之罪状已宣布至数十次矣,而袁更进一步,欲干涉参议院之自由,一面则利用《临时约法》,一面则利用党见纷争,至欲解散参议院,另行组织。噫!专制魔王之辣手段,至今更别开生面矣。"④

《民权报》及戴季陶等一度寄希望于速开国会,以争取国民政治的合法性:"袁世凯之违法,参议院不弹劾,以助成专制之淫威。参议院组织既非合法,议员更无代表人民之程度,而人民不速开正式选举,以固共和国之基,坐令专横者自专横,尸位者自尸位,哀哉!"⑤此属一部分国民党政

① 唐文权,桑兵．戴季陶集:1909—1920[M]．武汉:华中师范大学出版社,1990:380－381．
② 唐文权,桑兵．戴季陶集:1909—1920[M]．武汉:华中师范大学出版社,1990:389．
③ 《民权报》1912 年 5 月 24 日发表的《五月二十二夜》:"甫提笔续昨稿,忽来狱吏,出拘票以视.且笑且言。票上大书特书'戴天仇鼓吹阅报者杀袁、唐、熊、章,应即提究'。"唐文权,桑兵.戴季陶集:1909—1920[M]．武汉:华中师范大学出版社,1990:398．
④ 唐文权,桑兵．戴季陶集:1909—1920[M]．武汉:华中师范大学出版社,1990:399．
⑤ 唐文权,桑兵．戴季陶集:1909—1920[M]．武汉:华中师范大学出版社,1990:399－400．

治精英的共识,即通过选举的方式和平地从袁世凯手中夺权。这从《民权报》1912 年 5 月 28 日至 6 月 2 日刊发的《今日之两大问题》,即"财政问题之解决""选举问题之解决"中可窥见一斑。致力于选举问题的代表性人物无疑是宋教仁,而宋教仁被杀又成为同盟会与袁世凯军政利益集团舆论交锋的焦点。

三、媒介建构的政治表演舞台与袁世凯称帝及其舆论后果

袁世凯为复辟帝制做了各种准备,包括刺杀宋教仁。1913 年 3 月 20 日,"宋教仁案"发生后,舆论精英邵力子连续在《民立报》上刊发时评。他在 3 月 21 日的《宋教仁之被狙击》中称:"天地间而果有公道,宋教仁必不死,则主张刺宋教仁者枉自为小人而已。"[①]报人杭辛斋于民国元年被选为众议院议员,"国会开幕,质问宋教仁案、反对违法大借款,杭辛斋均列首衔"[②]。与此对应的是袁世凯对舆论界采取了扼杀政策,制造了癸丑报灾。

1914 年 6 月 8 日,居正以"东辟"笔名在《民国》第一年第二号上刊发《日本最近政变记》,"撮记其最近所表现之事实,以为吾国有志于政治上改革者告焉"。文章称:"言论界之对于政治上活动者,殆具有左右政府之势力。以视吾国袁政府之用军警干预议会、干涉言论者,相去又何如也!"[③]面对袁世凯的倒行逆施,1914 年 7 月 9 日,黄兴在檀香山与美国记者谈话时称:"我们将奋斗到底,使中国成为一个实至名归的共和国,让人民享有和美国公民同样充分的自由。目前中国的情况比满清统治时期更

---

① 傅学文. 邵力子文集:上册[M]. 北京:中华书局,1985:1.
② 王建中. 洪宪惨史[M]. 上海:上海书店出版社,1998:9.
③ 居正. 日本最近政变记[M]//罗福惠,萧怡. 居正文集:上册. 武汉:华中师范大学出版社,1989:140,143.

为险恶。民脂民膏被用来压制言论,雇佣刺客,贿赂军队,以消灭那些反对新暴政的人。为了自由,我们将奋斗到底。"在黄兴看来,"袁世凯花钱制造谎言,隐瞒其政府与中国现况的真相,几乎所有外人在华设立的报纸和外国通讯员都有津贴,以致大家无法明了自由在我国被扼杀的情形。而孙先生在世人面前被诬为自私自利、贪赃枉法、卷款潜逃,这些都是谎言。袁世凯更下令制造另一项谎言,说'白狼'与革命党勾结,掠夺残杀,为革命党谋利。'白狼'和我们可没有丝毫关系"。7 月 15 日,黄兴与美国《旧金山年报》记者谈话时称:"袁世凯继孙逸仙为临时总统后,即有帝制自为的野心。他是利用虚伪的承诺骗取了今日的地位,他用所有的方法来标明重视共和,但却把自己形成绝对独裁的地位。袁世凯是绝对不会成功的"①。针对袁世凯的倒行逆施,黄兴等在美国报界乃至舆论界的游说取得了相当大的成效。

袁世凯复辟帝制的重要前提是取得日本的支持,他为此不惜出卖民族、国家的利益,签订卖国条约。居正以"东辟"为笔名于 1915 年 3 月前后发表《揭破袁世凯与日本交涉之黑幕》称:"先是袁氏与早稻田大学总长大隈伯素有交谊,袁氏术得总统,即由伯荐有贺长雄博士为袁氏顾问。有贺氏就聘,即唱政权转移,由清常委任全权,组织共和政府,又唱必须修改约法之议,连篇累牍。同时有早稻田大学教习浮田和民博士,亦引申其说,为之鼓吹(该论见于三年正月《太阳杂志》),袁氏心德之。以为改玉改步,得法律及学说上之依据,天下后世,无有议其非者。……洎大隈伯膺大命组织内阁,袁氏闻之,喜而不寐,其机关报亦大表欢迎。"②袁世凯相机而动,意在称帝,以报刊为核心的近代中外社会舆论一片哗然。

但袁世凯在政坛长袖善舞,他早年开办的《北洋官报》后来成为全国

---

① 湖南省社会科学院. 黄兴集[M]. 北京:中华书局,1981:363-365.
② 居正. 揭破袁世凯与日本交涉之黑幕[M]//罗福惠,萧怡. 居正文集:上册. 武汉:华中师范大学出版社,1989:253.

各省官报学习的榜样。昔日《国闻报》的主笔严复不仅成为袁世凯的政治顾问,还译著时事评论并汇编成《居仁月览》,供袁世凯阅览,并常在《公言报》上刊文,为袁派乃至北洋军阀辩护。1915 年 4 月 21 日,严复说:"至报纸谓日本要求条件,政府逐渐承认,此亦难以过信。至谓英、法、俄三国使臣,转劝吾政府承认要求者,则实无其事……总之,日来外间谣琢甚多,或谓日劝袁专制,即真为帝;或又谓日将逐袁,恢复帝制,朝夕百变,不可捉摸,大抵皆难深信而已。"①因世界大战的牵制,西方对华利益复杂多变,日本乘机出兵青岛,表面上是对德宣战,意在取而代之。袁世凯不但袖手旁观,而且宣布所谓中立。可见,日本成为袁世凯军政利益集团关键性的争取力量,这是问题的核心。与此对应的是,袁世凯在政治合法性上也利用报刊为复辟帝制制造舆论。1915 年 6 月 19 日,严复称:"复向于报章,舍英文报外,不甚寓目,北京诸报,实无一佳,必不得已,《亚细亚报》或稍胜也。"②《亚细亚报》是袁世凯复辟帝制的帮凶,严复对它的好感可与其列名筹安会等相联系,这涉及语多分歧的政治变局。

日本利用袁世凯复辟帝制的机缘,对待中国决不手软。继侵占青岛后,日本趁机勒索中国。1915 年 1 月 18 日,日本驻华公使向袁世凯提交"二十一条",作为支持袁世凯称帝的条件。这引起了英国的恐慌,北京、天津的外文报刊亦多有报道及评论。1915 年 5 月 6 日,严复称:"连日消息颇恶,或闻日本于我已递最后通牒,唯见京、津英文时报,则云:'该通牒实已到京,然犹未递,因现英外部格来挟同华盛顿政府,正在极力调停,此事沮止,远东现状,或至决裂云云。'此信若确,自是吾人之福。"③事实上,袁世凯也曾与日本人讨价还价,做了一些力所能及的应对。④ 但日本人

---

① 严复.与熊纯如书:二十二[M]//王栻.严复集:三.北京:中华书局,1986:621.
② 严复.与熊纯如书:二十四[M]//王栻.严复集:三.北京:中华书局,1986:624.
③ 严复.与熊纯如书:二十三[M]//王栻.严复集:三.北京:中华书局,1986:622.
④ 骆宝善.骆宝善评点袁世凯函牍[M].长沙:岳麓书社,2005:373-374.

不理睬这些,并且下了最后通牒。最后通牒的前一天,袁世凯通报称:"为权衡利害,而至不得已接受日本通牒之要求,是何等痛心!何等耻辱!"①而作为总统府顾问的严复广阅中外报刊,是知道一些内情的。英、法、俄、意等国在在华利益问题上是打击德国,还是遏制日本,报刊对此多有揣测。1915 年 8 月 5 日,严复称:"盖英、法、俄、意亦深知复德之难,然皆以必复之为目的。由此而言,何时终局与终局时何等景象,虽眼光极远之家,亦不敢妄下断语也。假令两系之中,必有一仆,以高明策之,究竟何系为耐久乎? 知此则不必随俗于报纸为议论矣。"②可见,舆论之分歧,令国人无所适从。

面对报界的舆论多分歧、众声喧哗,袁世凯军政利益集团加强了对舆论的控制。"民国四年十二月,洪宪帝制行将发表,政府对于在京民党中人异常注意。某日统率办事处接到匿名报告云'杭辛斋组织谋乱机关,即日起事'等语,该处立派军警多名,往杭斋搜捕。"后将乘车返回寓所的杭辛斋抓捕。袁世凯迫害报刊、报人的事例比比皆是。仇亮,"湖南人,少以文学著称,与唐才常、宁调元齐名,号为'湘南三学士'",留学日本期间,他与汪精卫等主撰《民报》。辛亥革命期间,他积极策动湖南响应。"南北统一告成,亮偕其同志来京,组织《民主报》馆,自任总编辑。对于袁世凯专制政策,口诛笔伐,不遗余力,袁由是深恶之。癸亥之役,民党失败,《民主报》随亦被封。"③1915 年,仇亮被捕入狱,后被执行死刑。而袁世凯迫害报刊、报人的行为,也激起了新闻界的反抗。

袁世凯复辟帝制的行为受到上海新闻界具有正义感的报刊、报人的抵制,一代报人邵飘萍的夫人汤修慧称:"民国危在旦夕的时候,上海新闻界特电邀飘萍归国,以加强新闻界力量,加强讨袁斗争。当时上海新闻界

---

① 骆宝善. 骆宝善评点袁世凯函牍[M]. 长沙:岳麓书社,2005:375.
② 严复. 与熊纯如书:二十五[M]//王栻. 严复集:三. 北京:中华书局,1986:626.
③ 王建中. 洪宪惨史[M]. 上海:上海书店出版社,1998:9,5,6.

是全国舆论的枢纽,所以,飘萍怀着'新闻救国'的志愿匆匆返国。抵沪后,专为上海《时报》工作,并为《时事新报》及《申报》写稿,以其犀利的文字增强反袁战线。"①袁世凯帝制自为受到了《时事新报》等报刊的抵制。实际上《时事新报》是梁启超等人在北京筹资、于上海创办的报刊,反映了上海自由的言论环境中呈现"他者"的北京乃至北京的政治形象。在反对袁世凯帝制自为的过程中,梁启超称:"此间言论极不自由,有力之报皆被贿收,外报亦然(路透电最可厌)。我机关报惟《时事新报》及《中华新报》两家,皆受压迫,未知命运能有几日。"②可见,当时《时事新报》确实是研究系的机关报。1916 年 1 月 29 日,梁启超在《致亮侪我兄书》中称:"别有一私情宜奉白者,此间《时事新报》为吾党唯一之言论机关,所关甚巨,前此支持本已极难,自筹安会发生后,本报首登密电,揭其阴谋,伪政府禁销内地,每月更须赔垫二千元以上,今为鼓吹主义起见,凡外邮可通之处,皆分途寄赠各机关,不收报资,所费逾(愈)浩。此间同人皆不名一钱之辈,公所知也。数月以来,勉支此局,力竭声嘶,重以近来派人往各省及外洋游说运动,区区川资,且穷于罗掘,将来外洋虽捐款有得,同人亦觉不欲经手收支,惟一切交富滇,听军政府调拨而已。"③资金来源关系着报刊的生存,非常重要,而近代政论报刊多远离商业运作,常与军政利益集团有着千丝万缕的关系。其时梁启超与蔡锷师生二人在反对袁世凯称帝一事上采用一文一武的方式,暗中配合。梁启超以《时事新报》"同人"名义称:"筹安会起,各方面劝进文电,污我报界洁白之纸者累累相望,我同业盖莫不含愤,而未有以破之也。本报得洪宪政府指授机宜伪造民意之密电数十通,急发表之而为之疏证其真相,天下憬然。然发表未及半,本报已被

---

① 汤修慧.一代报人:邵飘萍[M]//北京市政协文史资料委员会.文苑撷英.北京:北京出版社,2000:368.

② 梁启超致蔡锷第二书[M]//丁文江,赵丰田.梁启超年谱长编.上海:上海人民出版社,2009:480.

③ 丁文江,赵丰田.梁启超年谱长编[M].上海:上海人民出版社,2009:486.

命停止邮寄,不能有片纸出租界外。本报受此打击,两三年而元气犹不能复。"①由此可见,报刊一旦触犯当权者的政治利益,受遏制甚至被停刊是必然的。因此,《时事新报》受到袁世凯军政利益集团的打击也在情理之中。

袁世凯及其军政利益集团毕竟开了历史的倒车,钳制舆论也无济于事。面对时代前进的洪流,1916 年 3 月 22 日,袁世凯宣布取消帝制;次日,废除洪宪年号。1916 年 6 月 6 日,袁世凯病逝。此后,政坛公开争权夺利。首先,有恢复《临时约法》及国会之争,后南方原国民党及进步党北上参加国会,南北之争才暂时告停。其次,面对欧洲的战局,是否参战有"府院之争",这些引发了中外报刊舆论的高度关注。1917 年 2 月 18 日,严复称:"辰下京中有三大问题:一曰复辟;二曰中德绝交;三曰改组内阁……至其二问题,鄙人则主张加入协约,曾于《公言报》著论一首,即持此义。但政府抗议后,在中国境内德人极为恐慌,益出死力向各当路游说,政府中人于欧洲兵事向少宣究,易为游言所惑,恐亦不能有贯彻之主张,后此外交将至一无所得,两不讨好,甚可叹也!至于第三问题,则报馆攻者甚众,然亦未闻将现何等事实。"②面对府院之间的争权夺利,严复在安福系喉舌《公言报》上发表政论,其价值取向当与此基本相同。但袁世凯病逝后政治舆论愈加复杂。1917 年下半年,严复称:"如今之某总长某次长,华洋各报,坦然攻之,他日事变所趋,真令人不寒而栗耳。"③京师报刊成为争权夺利的政界工具,"北方诸报,除该系一二机关外,百口同声,群相唾骂"④。可见报刊舆论的混乱与政治分裂对峙之间的内在关联。而向上回溯历史,包括"府院之争"在内的传媒镜像可以视作以孙中山为

① 《时事新报》同人. 本报五千号纪念辞(1921 年 12 月 10 日)[M]//张之华. 中国新闻事业史文选(公元 724 年—1995 年). 北京:中国人民大学出版社,1999:170.
② 严复. 与熊纯如书:四十九[M]//王栻. 严复集:三. 北京:中华书局,1986:663.
③ 严复. 与熊纯如书:五十九[M]//王栻. 严复集:三. 北京:中华书局,1986:676.
④ 严复. 与熊纯如书:六十[M]//王栻. 严复集:三. 北京:中华书局,1986:677.

核心的同盟会与袁世凯军政利益集团冲突而形成的历史遗产。

四、对近代报刊与政治舞台舆论建制关系的反思

近代中国时值剧烈的社会转型期,社会组织多有变迁,诸如,袁世凯幕府演化成袁世凯军政利益集团乃至北洋军阀,以孙中山为首的同盟会变成中华革命党,等等。此中涉及孙中山及其政敌袁世凯等人在政治变革中的身份认同,而政治身份认同又与他们所处的政治舞台的空间建构密切相关。报刊无疑是身份认同的重要工具,同时也是舆论精英人物在政治舞台上拓展活动空间的重要手段。

首先,传媒是政治表演合法性论证的重要工具及手段。合法性的重要体现是政治人物在政治舞台上行走及表演背后是否有真实的时代情景,合法性的支撑一是靠军队,二是靠报刊舆论,报刊与军队在维护军政利益集团的利益上往往遥相呼应。孙中山让位给袁世凯有多重因素,而军事实力无疑是十分关键的一个因素。问题有其另外一面,袁世凯在临时大总统的位置上取代了孙中山,并不意味着其政治合法性有军队的支撑就足够了,这里涉及政治统治合法性的学理论证,报刊舆论在这方面发挥了重要作用。孙中山等所谓"报刊是舆论之母"与此暗合。从戴季陶代表的革命派舆论与袁世凯军政利益集团有不共戴天之仇,到《民权报》《民声日报》的论战,《民权报》等虽夹杂有三民主义话语的表述,但更多的是针对对方政治统治的合法性。而媒介对政治利益集团的抹黑或贴金,可能有政治宣传效果,而就社会诚信而言,受伤的往往是大众传媒本身。

其次,传媒虽然不能决定政治舞台表演空间的大小,但往往经营着政治舞台合法性与否的舆论建制。政治行径或表演空间的大小无疑与各军政利益集团手中的传媒在政治论战中的锐利程度相关联。在这一点上,袁系报刊面对主动出击的革命利器,无论是政治统治的合法性论证还是

论战中的话语修辞,都处于劣势。袁世凯自有手腕,刺杀民主政治的偶像宋教仁,对待反对或揭露自己的报人、报刊也决不手软。癸丑报灾后,袁世凯政治舞台空间无限扩大,其政治野心也开始无限制地膨胀,竟然复辟帝制。可见,失去媒介监控的政治表演舞台往往听不见反对的声音,为所欲为的政治妄想在舞台上得以丑陋地展现。简而言之,媒介不仅是瓦解政治合法性的锐利武器,还是军事控制下政治合法性建制能持续多久的重要界标。

最后,政治舞台上的主角能否处于中心位置,不仅仅是军事上短暂的强制力所能决定的。为推翻帝制,孙中山等革命派做了政治让步,袁世凯取得了政权。与此同时,革命者一开始就试图利用传媒为袁世凯的政治表演设置舞台空间,而忽视了传媒当与军事共济才能赢得预期的政治效果。与此对应的是,袁世凯重建自己的政治舞台,并制造癸丑报灾,意在扩大自己的政治演出空间,从而为自己的政治统治奠定合法性,而帝制自为终以有悖民意而至倾覆。可见,脱离军队的传媒政治议程设置,受伤的往往是传媒本身。而政治人物在舞台上表演多久则往往取决于台下观众的"民意",袁世凯的失败就是注脚。

(本文首发于《安徽大学学报·哲学社会科学版》2012年第2期)

晚清幕府纷争与舆论精英的
媒介话语选择

　　在内忧外患交织下的近代中国,救亡图存的政治使命显得尤为重要。甲午战争是中国近代社会变迁的分水岭,清政府战败引发了朝野上下激烈的舆论探讨。其时社会舆论在政统、道统层面展开了大讨论,在救亡压力下学习西方政治制度成为舆论的焦点,而社会变革必然要牵涉社会资源及权力的重新分配。面对救亡舆论下社会变革的合法性阐释,各个军政利益集团运用媒介为本集团牟利,展开政治宣传,维新舆论是其中最为重要的媒介意见汇总。维新舆论媒介的建构离不开知识分子,这些知识分子或直接或间接与幕府有联系,特别是与幕府的社会定位及价值取向有关系。晚清政治变革涉及政统与道统两难抉择的社会语境,舆论精英的媒介话语选择侧重探讨借助报刊进行文人论政的思想策略,即首先是经世,其次才是学理论证上的合法性。但政治上的应变不能以牺牲学理上的价值取向作为代价,这是作为舆论精英的幕宾与幕府关系的底线。本文从精英人物与军政利益集团的关系方面探讨近代舆论转向的社会语境,并分析中外舆论精英在晚清幕府利益冲突中扮演的角色。

一、甲午战争前后幕府兴衰与幕宾的言论立场

　　甲午战争期间,政治舆论动员背后有派系纷争。李鸿章、翁同龢或主和或主战,两者之争尚有狭隘的政客私利。而作为舆论精英,康有为、梁启超等的维新举措及舆论动员意在为近代中国寻找出路。除康

有为、梁启超这一派外,维新舆论中媒介建构力量,部分源自幕府中知识人物,尤以李鸿章、张之洞幕府为代表。甲午战争前,王仁堪以状元的身份被外放至镇江知府,他对梁鼎芬说:"现今有为之士,不北走北洋,即南归武汉,朝官外出,可寄托者,李与张耳。"①无论就地缘关系还是政治资本而言,李鸿章、张之洞幕府在众多的军政利益集团中都有其优势,在一定程度上左右了中法战争以后的晚清政局。

(一)甲午战争后李鸿章及其幕府的衰败与舆论精英的舆论评判

甲午战争改变了晚清政治格局中李鸿章、张之洞幕府的政治地位,对李鸿章冲击尤大。正如梁启超云:"中国维新之萌孽,自中日之战生;李鸿章盖代之勋名,自中日之战役。"②可以说,李鸿章幕府式微,始自甲午战争。面对甲午战争,李鸿章常囿于个人政治得失,扮演不了引导舆论的精英的角色,其原委如梁启超所揭示:"李鸿章不知此不忧此则亦已耳,亦既知之,亦既忧之,以彼之地位彼之声望,上之可以格君心以臂使百僚,下之可以制造舆论以呼起全国,而惜乎李之不能也。"③李鸿章在甲午战争前后虽未能左右国内舆论的导向,但他本人很注意国际形象,亦常接受外国报刊的专访。甲午败绩使得李鸿章声名狼藉并受罚,但《纽约时报》于1894年8月6日的报道《李鸿章黄马褂被清政府褫夺,带罪领军》④仍称李鸿章"以'清国伟大政治家'的盛名享誉于世,目前在公众面前仍保持着很卓越的名声"⑤。谈及李鸿章个人形象时,该报道称:"李在两三年前得

① 刘禺生. 世载堂杂忆[M]. 北京:中华书局,1960:82.
② 梁启超. 李鸿章传(原作于光绪二十七年十一月)[M]. 天津:百花文艺出版社,2000:47.
③ 梁启超. 李鸿章传(原作于光绪二十七年十一月)[M]. 天津:百花文艺出版社,2000:46.
④ 郑曦原. 帝国的回忆:《纽约时报》晚清观察记[M]. 李方惠,郑曦原,胡书源,译. 北京:生活·读书·新知三联书店,2001:227.
⑤ 郑曦原. 帝国的回忆:《纽约时报》晚清观察记[M]. 李方惠,郑曦原,胡书源,译. 北京:生活·读书·新知三联书店,2001:130.

过一次麻痹症……虽然李康复后的身体不如先前那么壮实,但他给我的印象却是一个精力充沛、生机旺盛的老人,一点没有书生文弱的形象。"[1] 甲午战争辱国,但李鸿章在西方新闻媒介话语表述中仍以良好的形象呈现,可见其颇有外交手腕及政治派头。

甲午战争前后,李鸿章幕府中幕宾多有重视报刊舆论的人物,如伍廷芳(1882—1895 年入李鸿章幕府)早年有办报经验,1858 年在香港创办了《中外新报》,颇受英国文化影响,常为《时务报》撰稿,是近代新闻史上的重要人物。再如严复、宋恕等作为李鸿章幕府中的舆论精英,在言论阵地上举足轻重。曾留英的严复于 1895 年在天津《直报》上发表《论世变之亟》《原强》《辟韩》《救亡决论》等,提出"自由为体,以民主为用"[2],认为这是西方富强的奥秘所在。反观李鸿章幕府的政治形象,严复在《直报》及写给朋友的书信中称:北洋的人际关系网络建构在亲缘、亲信基础上,这导致其指挥晚清政局失灵,海战中受日本巨创,无可避免。[3] 相比之下,北洋水师学堂汉文教习宋恕后在《经世报》上发表言论,支持李鸿章。严复、宋恕等对幕主的选择既与其在幕府中的经济地位及文化身份定位有关联,又与幕府的政治前途密切相关。其时,受舆论谴责的李鸿章利益集团内部亦危机四起。王修植等对以李鸿章为代表的北洋水师及其学堂颇多不满。从总体上来看,随着中国海军节节败退,李鸿章主持的北洋派系中王修植、严复等掌握的《国闻报》针对北洋军政利益集团腐败所发出的舆论呼声,表明救亡压力下李鸿章幕府内部离心力加大,也反映了严复等舆论精英的政治抉择。

---

① 郑曦原. 帝国的回忆:《纽约时报》晚清观察记[M]. 李方惠,郑曦原,胡书源,译. 北京:生活·读书·新知三联书店,2001:131.
② 王栻. 严复集(一)[M]. 北京:中华书局,1986:11-12.
③ 王天根. 严复与晚清幕府[J]. 史学月刊,2006(9).

（二）甲午战争后张之洞及其幕府的崛起与舆论精英的舆论支持

甲午战争的封疆大吏中能与李鸿章抗衡的就是张之洞。"之洞于交涉之事,著著(处处)与鸿章为难,要其所画之策,无一非能言不能行。鸿章尝语人云:不图香涛作官数十年,仍是书生之见。此一语可以尽其平生矣。"①李鸿章在第一次会见传教士李提摩太时,就称,"包括张之洞在内,都反对他同日本议和,鼓吹战斗到底"②;"《新闻报》(出版于上海的一份报纸,人们都认为他受张之洞资助)对他的攻击是不光彩的"。③ 甲午战争后,张之洞军政利益集团在舆论场域上有其经营方向并有自己的特色。张之洞钟情国学,其幕宾亦多精研朴学的人物,成为舆论动员中主张保存民族特质的重要舆论精英。如著名国学人物陈衍(898—1902 年、1904—1906 年,两度入张之洞幕府)曾为湖北官报局的总纂。后成为国粹派代表人物的章太炎于 1898 年入张之洞幕府,在张之洞授意下创办《正学报》,并为之鼓吹。汪康年曾于 1890—1894 年入张之洞幕府,后执意离鄂往沪办报,得到张之洞的谅解以及资助。吴樵致汪康年信称:"闻南皮为公筹四十金,湘中四十,报馆廿馀,公为富人矣,甚羡甚羡。"④叶瀚致汪康年信亦称:"今年吾兄来鄂,奉帅委兼办译书局事,采买译述,实兼两局。"⑤汪康年在上海办报,也在张之洞幕中兼差,领取丰厚的薪水。张之洞的幕宾邹代钧致信汪康年亦称:"香帅又予公四十金,甚善甚慰。淮阴多多益善之说,可为公诵之。"⑥张之洞在经济上支持汪康年显然有其控

① 梁启超.李鸿章传(原作于光绪二十七年十一月)[M].天津:百花文艺出版社,2000:106.
② 李提摩太.亲历晚清四十五年:李提摩太在华回忆录[M].李宪堂,侯林莉,译.天津:天津人民出版社,2005:224.
③ 李提摩太.亲历晚清四十五年:李提摩太在华回忆录[M].李宪堂,侯林莉,译.天津:天津人民出版社,2005:224.
④ 汪康年师友书札(一)[M].上海:上海古籍出版社,1986:497.
⑤ 汪康年师友书札(三)[M].上海:上海古籍出版社,1986:2550.
⑥ 汪康年师友书札(二)[M].上海:上海古籍出版社,1986:2657.

制舆论的目的。与汪康年相比,梁鼎芬的情况有所不同。梁鼎芬素喜时政,好发清流高论。中法战争期间,他以清流身份抨击李鸿章,与"清流四君子"之一张之洞相呼应,主张对法作战。后遭慈禧太后打击,虽辞职还乡,但其清流的身份还是得到士林认可,同时也为张之洞所欣赏。1886年4月,张之洞聘梁鼎芬主持惠州的丰湖书院,后又支持他参与创办广雅书院,并任院长。梁鼎芬曾促成汪康年创办《时务报》,自己还作为张之洞幕府的代言人对《时务报》进行遥控。张之洞、梁鼎芬等人的行迹表明,晚清幕府之间的派系纷争,大多为政治变局中争夺更多的发言权,从而占有更多的政治资源。

总体来看,甲午战争前后,在政统上与幕主合拍或产生分歧的舆论精英,在学理上传承中国文人"立言"的传统,投身舆论场域利用报刊发表对时局的高见。即政治上可以应变乃至投机,但有其学理取向上的底线,两者冲突时,常放弃前者而回归学理上的价值取向。李鸿章、张之洞幕府中文化精英在政统、道统上抉择两难,对甲午战争至戊戌变法前后的政治格局变迁及社会舆论趋向颇有影响。

二、甲午战争前后李、张纷争与中外舆论精英的媒介话语选择

面对甲午战争,朝廷要员就主战或主和,分成两派,此为帝党、后党之争的前兆。就对外主战或主和问题,幕主及其幕宾亦有各自的政治抉择。期间,掌握北洋军队的李鸿章主和,张之洞则主张对日决一死战。针对李鸿章、张之洞及其幕府间的矛盾及政治舆论上的分歧,中外舆论精英往往根据时局变迁而有所抉择。《万国公报》负责人为李提摩太,他多周旋于李鸿章、张之洞军政利益集团之间,面对甲午战后中国社会的出路,提出代表西方殖民利益的"新政策"。而李提摩太对舆论界的影响,离不开李鸿章及其幕府的大力支持。李提摩太称其通过李鸿章和几个私人朋友,

于 1890 年 7 月获得了一项任命，成为《时报》（Eastern Times 中文报）的主笔。① 他说："就中国改革的许多课题，我写了一些文章。每周我还出版一份特刊号，在上面，我以图表的形式比较世界上不同的民族在人口、铁路、电信和商业等领域所处的相对位置。事实证明，这种图表是促使中国的知识分子倡导改革的最强大力量之一。"②李提摩太就中国在世界格局中的定位发表诸多时评。他称 1890 年"现今的俄国沙皇——当时还是太子——来到远东地区出席西伯利亚铁路的破土典礼，表示希望访问北京，中国的官员对此感到惶恐不安。为了消除他们的恐惧心理，几个礼拜的时间里，我在《时报》上连篇累牍地发表文章，介绍欧洲王室成员之间相互访问的情况，指出这种互访极为有利于和平和善意的达成，呼吁中国的皇室成员也以同样的方式出国访问"③。后李鸿章出访欧美，与此不无关联。

以日本及欧美政治变革为参照，李提摩太在报刊上发表的诸多时评及政论亦引起张之洞及其军政利益集团的注意。李提摩太称："我还发表了一些社论，讲述日本是如何进行快速改革的。为此，一些来自日本的参观者到报社向我表示感谢。不同地区的中国学者，在读过我的社论后，同样表现出极大的兴趣。张之洞从武昌发来电报，要我把报纸直接寄给他。"④ 1894 年至 1895 年的甲午战争前后，李提摩太受到张之洞三次会见。与此同时，李提摩太自豪地称：中日战争期间，"我们"的出版物《万国公报》的发行量比以前翻了一番，"对它的需求是如此巨大，以至于在一个

① 李提摩太 . 亲历晚清四十五年：李提摩太在华回忆录［M］. 李宪堂，侯林莉，译 . 天津：天津人民出版社，2005：195.

② 李提摩太 . 亲历晚清四十五年：李提摩太在华回忆录［M］. 李宪堂，侯林莉，译 . 天津：天津人民出版社，2005：195.

③ 李提摩太 . 亲历晚清四十五年：李提摩太在华回忆录［M］. 李宪堂，侯林莉，译 . 天津：天津人民出版社，2005：196.

④ 李提摩太 . 亲历晚清四十五年：李提摩太在华回忆录［M］. 李宪堂，侯林莉，译 . 天津：天津人民出版社，2005：196.

月之内,就必须重印"①。此期间,报刊传播对国人而言,仍属新鲜事物,李提摩太亦在译著《泰西新史揽要》中夹杂地传播西方报刊思想。② 李鸿章积极推荐李提摩太以"教民""养民""安民""新民"为旨趣的"匡华新策",1895 年 2 月 9 日他致电清政府:"上海英国传教士李提摩太,纷识其忠于为华,来电:'有妙法救目前,亦救将来,请酬银百万。但发一确电允给,即详细告知,不成不取'云。应否姑允所请? 不成不取,似无妨碍。候电示。"③《新政第》枚举中国急要办的九件事,第六件,即为办报:"国家日报,关系安危,应请英人傅兰雅、美人李佳白总管报事,派中国熟悉中西情势之人为之主笔。"④可见,李提摩太等人的"匡华新策",有控制中国社会舆论之野心。鉴于此,张之洞对李提摩太之游说评价不高。⑤ 这显然有别于李鸿章对李提摩太扶持的态度。

鉴于李鸿章与张之洞的政见分歧和幕府权势纷争,除李提摩太等人周旋其间,兜售代表西方利益的所谓新政策之外,国内一些精英人物也奔走其间。针对甲午战争中北洋水师的败迹,以李鸿章幕府腐败为参照,近代"西学第一人"严复致信同乡兼学术知音陈宝琛,对张之洞及其军政利益集团颇有赞誉。⑥ 陈宝琛、张之洞、张佩纶、黄体芳被誉为晚清"清流派四君子",彼此奥援。严复此信的目的就是准备投靠张之洞军政利益集团。随着甲午战败成定局,严复对李氏集团加大剖析力度:"今日东事愈不可收拾,北洋之意气愈益发舒。於戏,可胜痛哉!"⑦随着时局的变化,

① 李提摩太.亲历晚清四十五年:李提摩太在华回忆录[M].李宪堂,侯林莉,译.天津:天津人民出版社,2005:210.
② 麦肯齐.泰西新史揽要[M].上海:上海书店出版社,2002:89.
③ 戚其章.中国近代史资料丛刊续编.中日战争(2)[M].北京:中华书局,1989:359.
④ 戈公振.中国报学史[M].北京:中国新闻出版社,1985:37.
⑤ 清华大学历史系.戊戌变法文献资料系目[M].上海:上海书店出版社,1998:18.
⑥ 王栻.严复集(三)[M].北京:中华书局,1986:498.
⑦ 王栻.严复集(三)[M].北京:中华书局,1986:499.

严复下决心请陈宝琛在张之洞面前予以引见。① 严复的努力并无实质性的结果,但它表明甲午战争中国战败给掌权派北洋集团带来了巨大的政治风险,李鸿章幕宾多离心离德,幕府面临分裂的危险。

但李鸿章精于宦海浮游,其所谓"外交能力"受列强垂青。1895 年 3 月 23 日他代表清政府签订了《马关条约》,遭到国内舆论痛诋。但时局很快有了变化,俄联合法、德,迫使日本将辽东半岛退还中国。鉴于日、俄对华态度的变化,李鸿章一贯主张联俄制日的外交思想受到重用,他遂得以东山再起。1896 年 6 月 3 日李鸿章与俄国签订《中俄密约》,出卖了大量主权,换取所谓中、俄共同防日。与此同时,奉命联络邦交的李鸿章受英、德、法、美等国的重视。是年 8 月 28 日,他以"大清帝国直隶总督兼北洋大臣"的身份在美国获得"国宾礼遇"②。次日,《纽约时报》连篇累牍地发表词以万计的"新闻特稿",并配有李鸿章"出使美国风采像"③。9 月 3 日《纽约时报》又刊发《李鸿章接受美国记者采访录》,该报道开头就称"李总督前天向纽约记者们发出邀请,预定昨天上午八时半在华尔道夫饭店接受记者采访"④。报道对李鸿章个人形象及政治形象做了刻画:"当他出现在记者们面前时精神爽朗,面容生动、活泼。"⑤"回答问题时,他态度非常坦诚、谦虚,好像他只是世界上一个很普通的公民,而不是大清政府权势赫赫的人物。要知道,他是代表整个清国说话,一举一动都代表着东方

① 王栻. 严复集(三)[M]. 北京:中华书局,1986:502.
② 郑曦原. 帝国的回忆:《纽约时报》晚清观察记[M]. 李方惠,郑曦原,胡书源,译. 北京:生活·读书·新知三联书店,2001:300.
③ 郑曦原. 帝国的回忆:《纽约时报》晚清观察记[M]. 李方惠,郑曦原,胡书源,译. 北京:生活·读书·新知三联书店,2001:301.
④ 郑曦原. 帝国的回忆:《纽约时报》晚清观察记[M]. 李方惠,郑曦原,胡书源,译. 北京:生活·读书·新知三联书店,2001:335.
⑤ 郑曦原. 帝国的回忆:《纽约时报》晚清观察记[M]. 李方惠,郑曦原,胡书源,译. 北京:生活·读书·新知三联书店,2001:335.

这个伟大的国家。"①采访结束时,李鸿章"向记者们优雅地鞠了一躬"②。
可见,李鸿章在新闻媒体面前非常重视自己的个人形象及清帝国形象,并
老于此道。但《中俄密约》签订后,中国政局随之动摇,列强以在华强租海
港及强行划分势力范围的方式,掀起了瓜分中国的狂潮。压力之下中华
民族进行社会改革的趋势不可避免,与改革相契合的维新舆论建构亦成
大势所趋。

三、维新变法与李、张幕府中舆论精英的舆论转向

晚清舆论精英对舆论变迁的影响或轻或重,甲午战争后的维新舆论
动员涉及舆论精英在中西文化交融下的政统、道统的抉择。1898 年维新
运动期间,报刊由 1895 年的 15 家激增到 64 家,③是维新舆论媒介建构的
重要工具,充当了维新舆论动员的角色。

甲午战争后舆论转向涉及舆论精英之间复杂交错的人脉关系。维新
舆论动员中汪康年沪上办报成功,对张之洞、李鸿章幕府影响极大。一些
知识分子离幕后,多仿效汪氏筹划办报。如吴德潇、吴樵父子曾在张之洞
利益集团中当差,吴德潇同汪康年一样,曾列《时务报》五个发起人之一。
吴樵在京师主持译书事宜,在致汪康年书信中多称"吾鄂同志",④也替汪
康年筹办报纸出谋划策,⑤后因未受张之洞重用,遂往湖南;曾筹划《民听
报》并征求汪康年、梁启超的意见。⑥ 再如,叶瀚曾为张之洞的幕宾,一度

---

① 郑曦原. 帝国的回忆:《纽约时报》晚清观察记[M]. 李方惠,郑曦原,胡书源,译. 北京:生活·读书·新知三联书店,2001:337.
② 郑曦原. 帝国的回忆:《纽约时报》晚清观察记[M]. 李方惠,郑曦原,胡书源,译. 北京:生活·读书·新知三联书店,2001:342.
③ 张灏. 幽暗意识与民主传统[M]. 北京:新星出版社,2006:135.
④ 汪康年师友书札(一)[M]. 上海:上海古籍出版社,1986:461.
⑤ 汪康年师友书札(一)[M]. 上海:上海古籍出版社,1986:481,484,492.
⑥ 汪康年师友书札(一)[M]. 上海:上海古籍出版社,1986:493.

想办报,吴樵致汪康年信云:"浩吾(叶瀚)近颇恍惚,不知何故? 又欲为元魁报。"①针对《时务报》的人事纠葛,叶瀚称:"卓如(梁启超)若去,正大可忧,公(汪康年)何妨调铁樵主笔。"②叶瀚对报刊舆论颇为热心,后离幕往沪筹办《蒙学报》并任主编。叶瀚主持的蒙学报馆与汪康年任经理的时务报馆有亲缘关系,③这与他们在张之洞幕府中的同事之情密切相关。

甲午战争期间,李鸿章军政利益集团亦多舆论精英,他们在报刊上发表时论,反省中国历史发展的堕性力量,常以西学为参照。典型事例就是李鸿章、李经方等人前往日本媾和,李鸿章军政利益集团的重要智囊严复在《直报》(1895 年 3 月 13 日至 14 日)刊发《辟韩》,从道统、政统层面反思中华民族的惨败。严复称:"往者吾读韩子《原道》之篇,未尝不恨其于道于治浅也。"他提出"君臣之伦之出于不得已",质疑君主专制的合法性。其时,朝野上下仍在纠缠主和、主战之争,严复则从道统层面对君臣依附关系做了极其深刻的反省,提出:"君也,臣也,刑也,兵也,皆缘卫民之事而后有也。而民之所以有待于卫者,以其有强梗欺夺患害也。"④"是故君也者,与天下之不善而同存。"⑤严复对君臣之伦进行的学理解构,并没有引发太大的关注。时过境迁,《马关条约》签订后,维新变法成为不可逆转的时代潮流,《辟韩》又作为经典性批判意见而被重新发现,于 1897 年 4 月 12 日被上海《时务报》第 23 册全文转载。两相比较,天津《直报》刊载《辟韩》原文:"苟求自强,则六经且有不可用者。"《时务报》转载时,将后半句改为"古人之书且有不可泥者"⑥。将"六经"改为"古书",可见梁启超

① 汪康年师友书札(一)[M]. 上海:上海古籍出版社,1986:535.
② 汪康年师友书札(三)[M]. 上海:上海古籍出版社,1986:2571.
③ 沈云龙. 近代中国史料丛刊三编(第 33 辑·时务报)[M]. 台北:文海出版社有限公司,1974:2977-2988.
④ 王栻. 严复集(一)[M]. 北京:中华书局,1986:34.
⑤ 王栻. 严复集(一)[M]. 北京:中华书局,1986:34.
⑥ 王庆成. 严复合集(一)[M]. 台北:财团法人辜公亮文教基金会,1998:74.

及《时务报》在维新舆论建构中对待中国经典文献的态度。在朝野对甲午战败的后果彻底反省之际,《时务报》上的《辟韩》重刊在舆论界掀起轩然大波。① 是年就任陕西学政的叶尔恺于 5 月 21 日致汪康年信,称:"《辟韩》一篇,尤与鄙人夙论相合,甚佩甚佩。特都中大位诸君未必留意耳。政府诸人招权纳贿,尤其昔年,钻营奔竞之习,日益加工,此其政教使然,无足异矣。"②将《辟韩》与晚清政教腐败相联系,可见《辟韩》用意,当时政要也结合社会语境对其进行了别具匠心的文本解读。晚清名流孙宝瑄对《辟韩》质疑君统的合法性颇有感喟,1897 年 10 月 12 日就《辟韩》赋诗,见次日日记:"晚,录昨所为《辟韩》诗二首",其中有"圣推殷受罪周昌,百代高文撼肺肠。堪笑宗风起闽洛,为言赤县有臣纲"③。《辟韩》以"观我生室主人来稿"转载于《时务报》。孙诗中有"起闽洛"可见正是借《时务报》背后的人际脉络及严复的文笔,他才有可能知道"观我生室主人"是严复。是年《湘报》的发起者谭嗣同于 4 月 25 日致汪康年信亦称:"《时务报》二十三册《韩辟》一首,好极好极! 究系何人所作? 自置'观我生室主人',意者其为严又陵乎?"④总之,志趣相投的舆论圈内的人才能推测出作者,此亦可见严复作为李鸿章幕府中杰出的舆论精英对社会的影响之大。

面对严复等在维新舆论媒介的建构中对传统的政统、道统的学理批判,严于君臣之伦的张之洞,对汪康年等掌控下的《时务报》刊登的《辟韩》,"见而恶之,谓为洪水猛兽",命幕宾屠守仁(号梅君)作《〈辟韩〉驳论》进行反击。1897 年 6 月 6 日,作为张之洞传话人的叶瀚致汪康年信,称:"顷念劬来传南皮帅意云:《辟韩》一篇,文犯时忌,宜申明误录,以解人言。

① 王庆成. 天演论汇刊三种[M]. 台北:财团法人辜公亮文教基金会,1998:118.
② 汪康年师友书札(三)[M]. 上海:上海古籍出版社,1986:2469.
③ 孙宝瑄. 忘山庐日记(上)[M]. 上海:上海古籍出版社,1983:138.
④ 谭嗣同全集[M]. 北京:生活·读书·新知三联书店,1954:349－350.

此系吾保护报馆之意,属布告合行奉闻。"①所谓"文犯时忌",比照严复所称近代中国问题在于"道在去其害富害强,而日求其能与民共治而已"②,即可见一斑。严复从论证君臣作为人,皆有平等的权利,但君臣之伦这种重要的社会秩序是出于不得已的观点,有解构极权专制道统之旨归。叶瀚信中的念劬即钱恂,曾入幕府为张之洞帮办洋务,1893 年任湖北自强学堂提调、武备学堂提调,常担任张之洞幕府代言人。颇感压力的严复在家书中云:"前者《时务报》有《辟韩》一篇,闻张广雅尚书见之大怒,其后自作《驳论》一篇,令屠墨君出名也,《时务报》已照来谕交代矣。"在他看来,此文为张之洞自撰,不过托他人之名而已。1897 年 6 月 20 日,《时务报》第 30 册中"时务报馆文编"果然刊载《孝感屠梅君侍御辨〈辟韩〉书》,称严复"以挫于倭之忿恨,有慕于欧洲之富强,直欲去人伦,无君主,下而等于民主之国,亦已误矣"。同时警告时务报馆:"虽报馆之例,有闻必录,误则从而更正之。窃以于众事犹可,抑亦他报馆不问义理,但聘快笔者所优为,恐非诸君子创《时务报》之深心所宜然也。"待《〈辟韩〉驳论》刊出后,张之洞特发牌示:"示谕两湖江汉、经心书院诸生知。上海《时务报》,前经本督部堂饬发院生阅看,以广见闻,但其中议论不尽出于一人手笔,纯驳未能一致,是在阅者择善而从。近日惟屠梅君侍御驳《辟韩》一篇最好,正大谨严,与本督部堂意见相合,诸生务须细看,奉为准绳。切切特谕。"③在道统这一根本的学理选择上,严复、张之洞两人显然不同,始至交恶。而一度想投身张之洞幕府的梁启超,时任《时务报》的主笔,早在 1896 年 10月前后即写信给严复,表示要转载严复所著《原强》一文。缘此,严复有《原强修订稿》。随着张之洞授意对《辟韩》进行批判,《时务报》未再转载《原强》。此足见张之洞对《时务报》时评之影响,亦可见他在政统舆论引

---

①　汪康年师友书札(三)[M]. 上海:上海古籍出版社,1986:2596.

②　王栻. 严复集(一)[M]. 北京:中华书局,1986:35.

③　汪诒年. 汪穰卿先生传记[M]. 北京:中华书局,2007:62.

导上的卫道士身份。

　　李鸿章、张之洞军政利益集团中舆论精英在报刊发表时评的价值取向,多与其时舆论转向关联。甲午战争后的舆论由宣传洋务转向鼓吹维新变法,与变法合拍的维新舆论面临媒介建构。戊戌政变前后,李鸿章、张之洞幕府错综复杂的关系及政治舆论媒介建构上的转向,关联着朝廷政要及舆论精英的政治抉择。章太炎曾书李鸿章,自称:"幼诵六籍,训诂通而已。然于举业,则固绝意不为。年十七,浏览周、秦、汉氏之书,于深山乔木间,冥志覃思,然后学有途径,一以荀子、太史公、刘子政为权度……会天下多故,四裔之侵,慨然念生民之凋瘵,而思以古之道术振之。盖自三子以后,得四人焉,曰盖次公、诸葛孔明、羊叔子、黄太冲。"①针对1897 年西方以租借方式掀起瓜分中国的狂潮,章太炎主张与日本结盟。反观李鸿章幕府重用英美外籍人员,而日本籍人员较少,章太炎称:"夫省饬得材而可以利结日人之心,则是政治饬而合从成也。"②他甚至提出:"自甲午而前,则谓之修好;自甲午而后,则谓之乞哀。虽然,苟有益也,虽乞哀何损。"③李鸿章幕府作为晚清举足轻重的军政利益集团,在外交政策上代表后党,主张联俄;章太炎书生政论,主张联日,上书当然不为李鸿章所取。两个月后,章太炎另作他计,往武昌投靠张之洞,成为其幕宾,助张之洞办《正学报》。章太炎著《正学报·例言》,分"译报""议论"两部分。《例言》将《正学报》与邸钞相区别:"昔陈文恭令人阅邸钞,欲其明习时政、通晓格令也。今则外患迭乘,全球震荡,虽殊洲隔壤,一话一言皆与支那相感触,非寻常案牍所可伦比。若劳神簿领,转昧大势,譬鷾鸸巢苇,纵极坚致,风至则折,复何取焉? 故以选译东西各报为主,于邸钞则从略。"④

---

①　汤志钧. 章太炎政论选集[M]. 北京:中华书局,1977:53.
②　汤志钧. 章太炎政论选集[M]. 北京:中华书局,1977:56.
③　汤志钧. 章太炎政论选集[M]. 北京:中华书局,1977:56.
④　汤志钧. 章太炎政论选集[M]. 北京:中华书局,1977:60.

可见，章太炎等注意到邸钞以通晓格令的形式，由上向下单向度传播。鉴于此，章太炎办《正学报》以译报方式"通中外"。具体而言，兼有国学人物与舆论精英双重身份的章太炎即在政治舆论的媒介建构中主张联日制俄。

章太炎主持的《正学报》除强调中外信息沟通外，还强调救亡图存下报刊的教化功能。就这一点而言，报刊评论不可忽视，"译报自事实外，多录论议，其亦陈佹诗之意欤"①。以西报为参照，《正学报》还试图保持公正客观的立场，"时事日棘，则词无蕴藉；中外相轧，则语多中伤：西报利病，略尽此矣。由前之说，敢怒观者，而有益救弊，闳识之士，固不欲护美疢、远恶石也。由后之说，乃足以混淆是非，变乱缟素。……今于西报偏激之词，无所指驳，其蜇语中人，荧惑观听者，则必加之案语，力为纠正"②。论及《正学报》时评要求，章太炎称："报章录事，史之余裔，旁罗众家，亦其宜也。"③针对列强瓜分中国狂潮，章太炎在《正学报缘起》中称："南海梁鼎芬、吴王仁俊、侯官陈衍、秀水朱克柔、余杭章炳麟有忧之，于是重趼奔走，不期同时相见于武昌。武昌，天下中枢也，其地为衢国，声闻四达，于中古则称周南，惟苍姬之王，尝斡运之以为风始。冀就其疆域，求所以正心术、止流说者，使人人知古今之故，得以涵泳圣涯，化其颛蒙而成其恳侧，于事为便。惟夫上说下教，古者职之掸人，而今为报章之属。"④文中所谓武昌为两湖之交通中枢，正是两江总督张之洞及其幕府的扎根之地。在章太炎等人看来，中国诸多问题皆由"学不正"而致，"今为是报，益使孤陋者不囿于见闻以阻新政，而颖异之士，亦由是可以无遁于邪也"⑤。总之，国学人物章太炎主持的《正学报》办报旨趣在于"新政"，也即试图从

---

① 汤志钧. 章太炎政论选集[M]. 北京：中华书局，1977：60.
② 汤志钧. 章太炎政论选集[M]. 北京：中华书局，1977：60-61.
③ 汤志钧. 章太炎政论选集[M]. 北京：中华书局，1977：62.
④ 汤志钧. 章太炎政论选集[M]. 北京：中华书局，1977：58.
⑤ 汤志钧. 章太炎政论选集[M]. 北京：中华书局，1977：60.

政统方面对晚清政治进行学理探讨的同时,尤其强调维新舆论的引导作用。章太炎与张之洞,皆属国故派重要人物。针对张之洞著《劝学篇》有所谓"忠爱"之议,作为幕宾的章太炎发表议论却称:"忠爱则易耳,其俟诸革命以后。"①张之洞、章太炎的分歧由此可见。道不同,不相为谋,道统上的歧见,促使近代著名报人章太炎离开张之洞幕府。可见,面对中西文化会通语境中的政治变革,作为西学第一人的严复与作为国学精英的章太炎出于谋生的需要,可能一时迎合或批判某个幕主的言论立场,但在道统这一根本学理上他们仍然坚持自己的主张。具有良知的知识分子赖以安身立命的学理最终决定了他们与幕府等利益集团关系上的离合。

甲午战争后的中国面临政治舆论转向,舆论精英多相机而动,类似章太炎等奔走于幕府间并在言论阵地上颇有影响的国学人物尚有很多,诸如前文述及的宋恕。就学缘关系而言,宋恕与章太炎同师俞樾,②属江浙文化精英。1897 年宋恕在林乐知寓所结识蔡尔康,蔡尔康遂将宋恕上李鸿章书,交《万国公报》③发表。再加上印行《六斋卑议》,宋恕由此声名大振。1899 年 9 月 23 日宋恕致信梁启超,称自己早些时候怀疑康有为与清流人物张之洞、黄体芳相互勾结,说:"余杭经学文章,今日江浙实无其敌,君于不通已极之岸贾,尚以大度登其大谬之《驳〈辟韩〉》,而不肯登余杭之作,仆时则益疑君非正人。"④余杭指章太炎,前文述及《辟韩》是严复所作,《驳〈辟韩〉》可能是张之洞授意屠仁守所为。作为舆论精英的宋恕在维新运动中基本支持幕主李鸿章,其反对张之洞及其幕府是顺理成章的。鉴于康有为、梁启超等组织的强学会拒绝李鸿章却接受张之洞的资助,再加上对康有为倡导今文经学的不满,宋恕遂拒绝加入强学会。而与

① 章太炎. 艾如张、董逃歌序[M]//章太炎全集:太炎文录初编卷二. 上海:上海人民出版社,2014:247.
② 宋恕. 宋恕集[M]. 北京:中华书局,1993:1095.
③ 上合肥傅相书[J]. 万国公报,1897(光绪二十三年)(101).
④ 宋恕. 宋恕集[M]. 北京:中华书局,1993:602.

宋恕同门的章太炎,因对康有为所谓"孔子改制"的今文经学做法颇有意见,且被康门弟子殴打并逐出时务报报馆,后又被张之洞亲信梁鼎芬之流赶出幕府。同病相怜的师兄弟遂共编《经世报》,欲与《时务报》一逐高低。宋恕亦注意结交李鸿章军政利益集团中一些舆论精英,他写信给李鸿章所代表的北洋派系中的重要骨干及《国闻报》创始人王修植,鼓励他要"明佛道"并倡导变法,以便在维新舆论媒介建构中拧成一股绳,形成合力。

总体而言,作为幕府等军政利益集团代表的舆论精英在维新变革的社会舆论动员中积极利用报刊等陈说自己的高见。有留学经历的幕宾多以西方当下的政治制度为借鉴,而有国学背景的幕宾多以本土历史经验为参照。无论是李鸿章幕府的代表严复、宋恕、王修植,还是张之洞幕府的代表章太炎、汪康年、叶瀚,他们的论说在舆论中的价值取向,都有意或无意地促进了甲午战争后政治舆论的转向。

四、结语

幕府是古代中国官僚制度的补充,多与中央集权相呼应,从某种意义上来说,两者有此消彼长的关系,幕府常为专制政权弱化下社会秩序的维系与运转提供支持。幕府肇始于战国,两汉至五代召幕兴盛。宋代以后各朝,加强了中央集权的统治,幕府式微。明清之际,中央政权在统治秩序上失范,幕府势力复兴。晚清李鸿章、张之洞幕府属军政利益集团,众多知识分子投身其间。随着政局的变迁,处在权力场域中的知识分子与李鸿章、张之洞的联系也或强或弱。

甲午战争前后,中国政治舆论发生转向。舆论精英不仅仅参与维新舆论的媒介建构,亦参与维新变法运动。其时,救亡图存的历史使命是传播者发表政治言论的出发点。中国文化精英被迫审视中国在世界版图中的地位,认识到大国地位及形象的取得还须参与世界意义上的民族竞争,社会舆论发生转向。即中国首先要面对世界,在世界格局变迁的政治语境中进行自我身份的定位。就价值观而言,一直与天朝大国相匹配的政统、道统意识也要自我反省。中华民族自我反省意识所能达到的历史高度,往往与时代精英及舆论精英的变革思维所达到的深度基本一致。他们在政统、道统上的抉择本身足以表明媒介意义上的舆论精英面对保国、保种、保教等既有的救世框架的反思,也表明了他们面对西方政统的冲击,试图从舆论动员层面对变革本土的道统做努力。此时,中国社会舆论呈现多样化,已不仅仅是包括幕主、幕宾在内的舆论精英全权掌控舆论的时代。近代意义上的报刊使得普通知识分子亦广泛参与社会矛盾评判并形成舆论。出身幕府的诸多舆论精英的作用在于舆论引导中常根据本军政利益集团核心人物的意见,实现媒介沟通与协调社会各种关系的功能。

晚清幕府在社会舆论中的价值取向,亦与幕主、幕宾的学养大体一致。幕宾占领言论阵地,从事舆论的媒介建构,或以近代意义上的报刊这一新媒介为言论工具,表达自己对政局的独立评判;或是幕主给他们的职业定位即从事信息传播,诸如张之洞对幕宾章太炎就是这样的职业定位。而汪康年任《时务报》经理的同时,仍在张之洞幕府代表的军政利益集团中兼职。维新运动期间,居两湖地区的张之洞借《时务报》对维新舆论予以遥控。后光绪下令改《时务报》为官报,张之洞终于站出来维护汪康年,可见张之洞幕府在晚清社会舆论中扮演的角色。相比较而言,以业余兼职者的身份从事报业的幕宾,这些与幕主张之洞、李鸿章等人有诸多分歧的知识分子,传承中国文人"立言"的传统,投身舆论场域,利用报刊发表对时局的高见,与受幕主指派而成职业化报人的幕宾显然不同。后者作为舆论精英,显然要为本幕府说话,即在舆论场域中是本幕府的喉舌。

探究甲午战争后的中国历史可见,晚清幕府在某种程度上满足了幕宾谋生的经济利益诉求,但这并不代表幕宾与幕主始终在政统、道统上保持一致。作为舆论精英的知识分子在面临政治与学理抉择两难时，学术良知往往决定他们放弃因谋生需要而投靠某个利益集团的逐利动机，从而坚持学术个性上的自我。他们常以办报为职业，传承中国文人论政的基本言路；他们与幕府的离合关系也最终取决于各自的学术立场。时过境迁，幕府早已成历史陈迹，幕宾谋生的经济利益诉求亦不复存在，但在中西文化会通的语境中面对社会转型期不同的利益集团，中国知识分子如何利用传媒协调社会变革中政统、道统的内在紧张关系，这一课题仍值得探索。

（本文首发于《厦门大学学报》2010 年第 1 期，

人大复印资料《新闻与传播》2010 年第 7 期全文转载）

抗战语境中舆论场域重组
及其历史省思

战争语境中传媒生态涉及报刊等传媒及政治舆论动员。战时军队与报刊实际上是枪杆子与笔杆子的关系。枪杆子开疆辟土,而笔杆子往往就战争的合法性或正当性进行道义上的呼应。战争的道义性常与传媒议程设置有内在联系;战争往往对报刊等传播格局的时空分布有影响,尤以抗战及其舆论场域重组为代表。

一、抗战背景下舆论场域重组

就近代中国而言,战争构成的历史记忆可分为对内、对外两部分。在对外历史记忆中,两次鸦片战争涉及英国、英法联军等,八国联军侵华涉及欧美世界列强,而抗战及其历史记忆主要涉及日本。日本侵华给中华民族带来巨大的历史创伤,形成了地域空间意义上的国统区、沦陷区、抗日根据地等,且皆有各自的媒介系统。

其一,抗战与沦陷区、国统区及抗日根据地之舆论场域及其政治认同之间,存在着互动关联性。战争常对包括官僚体制在内的社会结构产生严重冲击,往往造成人口大迁移等。抗战造成的跨区域流亡生活亦关系流亡知识分子社会身份的重新确认。面对国土沦陷,山河破碎,流亡知识分子家国命运的惆怅油然而生,报刊往往成为其情绪倾诉乃至学人报国的平台。全面抗战前夕,风雨如晦。国民党以党治党、以党治国的政治体制面对挑战,抗战建国成为舆论共识,此中新闻界发挥了重要作用。1936

年 5 月 8 日,马星野在第五届新闻学研讨会的演讲中称,要做好军事动员、经济动员与意见动员。较前两者,国内意见动员特别是宣传实在薄弱,他强调战时宣传最好由记者承担。由于前线与后方的存在,战时新闻分为战地新闻与战事新闻等,战事新闻要战地记者承担。实际上,记者、报人在战时舆论动员中发挥了主力作用。1937 年至 1945 年,长达 8 年的中国全面抗战,其时新闻事业及政治宣传与抗战密切相关,史称"抗战新闻学",涉及舆论动员。1937 年邵力子著《十年来的中国新闻事业》,称过去 10 年,中国新闻界中有共同意向,即"民族至上"的认识。"九·一八"事变之后,对于国难的看法,新闻界虽有相异之处,但其目的总是求国难的排除与民族的自由生存。简言之,"今日中国新闻界的观念,已经坚固地成为民族的、国家的了"。可见,战时宣传涉及民族、国家及其学理框架的重新解读。

全面抗日战争爆发后,中国政治格局在地理空间上发生巨变。作为政治事件的抗战可谓改变了传媒生态,包括传媒格局空间意义的改变。中国出现了沦陷区、国统区与抗日根据地等生态迥异的舆论场域。侵华日军速战速决,国民党军队可谓节节败退,中国大陆报刊传媒也在地理空间上发生大迁移。诸如《大公报》本部在天津,随着京津等地为日本所控制,《大公报》有了上海版、汉口版、重庆版,乃至桂林版,一度流浪香港,有了香港版;国民党的政治喉舌《中央日报》也如此。大多数报刊由追求进步而随着国军的撤退而撤退,早先的《申报》流浪轨迹亦如此。比照 1931 年 9 月 1 日《申报》就其 60 周年的纪念日发表宣言称"科学为人类寻幸福之锁钥",此后《申报》当尽力宣扬"以科学新知识介绍于国人,鼓励研究兴趣,以促其进步,更鼓吹建设,务使中国进入近世科学世界之领域,建设一崭新之社会与国家"。其时《申报》大体上在国家与社会关系的框架内探讨社会问题的解决及社会秩序的稳定等,强调从舆论层面对政府及国民负责任。全面抗战早期,《申报》经历与国军共进退的历程,随着战事的推移它有了汉口版;随着战局的发展,又有了香港版。迁入香港后,《申报》遭遇了困境,1939年7月14日香港版停刊。1938年10月,《申报》在沦陷的上海复刊,由美商代理人阿乐满(N.F.Allman)出面执掌。沦陷区上海的《申报》与《新闻报》一样,后沦落为著名的汉奸报纸,原因多重,不乏日本对华宣传的影响。

其二,日本对华宣传策略与沦陷区报刊的政治认同关系密切。所谓沦陷区,涉及日本对华和平渗透式的政治宣传乃至军事征服。伪满洲国可谓沦陷区的代表,1932年3月9日,末代皇帝溥仪在日本支持下建立傀儡政权,其政治宣传有"大东亚共荣圈"之语境。早在1931年3月,日本陆军步兵大佐板垣征四郎在日本陆军步兵学校作文《从军事上所见到的满蒙》,文中称:"满蒙对帝国的国防和国民的经济生活有很深的特殊关系……日本帝国的使命在于维持东洋的永久和平以贡献于世界和平,解决满蒙问题是以实现日本帝国使命的远大理想这个大信念为根据的,明治天皇的圣意也就在于此。"东北的资源很是丰富,有着提供战备物资的条件,是日本帝国"自给自足所绝对必要的地区"①。溥仪"执政"第三天就颁布了所谓经过"内阁会议"通过的《处理满蒙问题方针纲要》,称:"由于满蒙的现状可以脱离中国本部政权而独立。"就军事维稳而言,"应增加帝国陆军驻满洲的兵力……也应进行必要的海军设施"②。1932年7月25日,伪满洲国协和会成立,溥仪任名誉总裁,日本关东军总司令任名誉顾问。该协会在关东军的指导下,与伪满洲国互为表里,在反共的同时也反对三民主义,名义上也反对自由主义与封建主义,主张"民族协和"与"王道乐土"。随着历史变迁,协和会一度伪装成民意组织,试图在所谓宣德达情、民

---

① 复旦大学历史系日本史组.日本帝国主义对外侵略史料选编(1931～1945)[M].上海:上海人民出版社,1975:3-9.

② 复旦大学历史系日本史组.日本帝国主义对外侵略史料选编(1931～1945)[M].上海:上海人民出版社,1975:64.

意沟通上有所作为,旨在论证日本控制下"大东亚共荣圈"的正当性。

随着日本对华战略意图谋划成熟,日本的陆军省新闻组重新定义战争及国防等概念,为其对华军事侵略奠定合法性、正当性的学理基础。首先是重新定义战争,日本陆军省新闻组称战争是创造之父、文化之母。与此对应的是陆军省新闻组重新解读"国防",称"国防"就是"国家生存发展的基本活力的作用。从而,国防政策的重点,必须放在组织、经营国家和社会,把国家的全部活力发扬到最大的限度"。新闻组称:"在对外方面,如果不把国家的全部活力综合统制起来,岂但不能进行武力战,而且整个国家也只能变成国际竞争中的落伍者。"日本陆军省新闻组分析称第一次世界大战后,"世界各国虽然作(做)了很大的努力,但是世界的非常时期仍然命中注定地出现了。又以满洲事变与退出国联为转折点,这个非常时期是对皇国荣誉的考验"。日本陆军省新闻组强调要扩充思想战体系,"然而在我国的有识之士中,颇有人对思想意识问题没有充分认识,这是很遗憾的事。我国上下为了苏联的有组织的赤化宣传工作而多么痛苦烦恼。通过满洲事变,因为宣传机构的不完备,尝到了多么深刻的痛苦经验。并在目前的经济贸易战中,由于外国的宣传战,皇国处于多么不利的地位。想到这些,知道无论平时战时,思想战体系的扩充都是紧急的任务,已无议论的余地。要点在于迅速谋其实现"①。

日本军部还强调枪杆子与笔杆子结合,即军部要加强舆论控制。1935 年 9 月 18 日,日本海军法务部以"思想"卷 56 号保存题名为"当前陆军的非常时期政策"的文件,该文件称军部要确保实行国策的领导权,"军部本身就是日本改造过程中的政治势力",由此,军部要"确立国民大众的动员组织",尤强调"要利用新闻事业",称把大众迅速组织起来,必须首先

① 复旦大学历史系日本史组. 日本帝国主义对外侵略史料选编(1931~1945)[M]. 上海:上海人民出版社,1975:122 - 124,126.

鼓动起汹涌澎湃的国民运动,使改造国家成为国民的自发信念。其根本
方法就是利用新闻事业,"我国原有各政党是具有新闻力量的,满洲事变
以来,军部也曾利用新闻鼓动而得到成功,如这些眼前的明显事实所表示
的,军部必须有计划地有成效地利用报刊新闻的宣传鼓动功能"。如何利
用? 创办有力的报刊,"作为统一舆论的理论斗争机关,作为新人才的动
员机关,作为军部的思想宣传机关"。经过必要的准备,在资金可能时,就
自己办起足以压倒其时《中央公论》《改造》等刊物的言论机关。利用原有
新闻报刊的方式很多,"例如松冈洋右、如中野正刚、如各种改造势力的言
论,如军部有关者的时局意见,等等,其主张与倾向不一定严格求其完全
与军部相同。应当努力使全国报纸每天大量刊载特种记事,在全体国民
面前造成一种改造的大势。军部今后对于消息供应应作一番努力"①。

抗战爆发后,日本意在华北、华中、华南地区扶持傀儡政权,日本当政
者对国民党精英实行又拉又打的政策。1939 年 5 月,国民政府中所谓"民
主派"代表汪精卫投入日本殖民者的怀抱,1940 年 3 月,在南京建立了汪伪
政权,4 月 23 日还毫无廉耻地举行了"庆祝还都"典礼,并重启"国民政府"。
汪伪政权在文教事业方面推行日化政策,1942 年 1 月 16 日还出台了所谓
的"全国新国民运动推进计划",其中涉及宣传计划及政治口号,"厉行新国
民运动""实行大东亚"为统一的标语与横额。在教育与宣传领域,汪伪政权
推行"以三民主义、大亚洲主义、领袖言论、新国民运动纲要为公民教育主要
内容"②,旨在树立"亲日共荣"政治舆论之用心,可见一斑。

在日军、伪军所谓"中日亲善"语境中的"共存共荣""大东亚新秩序"
等欺骗性政治宣传之下,伪国民政府统治上海、南京等地。尽管如此,上

---

① 复旦大学历史系日本史组.日本帝国主义对外侵略史料选编(1931~1945)[M].上海:上海
人民出版社,1975:129、130.

② 汪伪国民政府训令(1943 年 2 月 20 日)[M]//中央档案馆,中国第二历史档案馆,吉林省社
会科学院.日本帝国主义侵华档案资料选编·汪伪政权.北京:中华书局,1994:857.

海公共租界及法租界中相对独立、自由的新闻职业主义精神仍存续了一段时间,原以亲日报刊为重要论争对象的英美等在华报刊仍可刊行;打着外商招牌的抗敌报照旧出版。这两者皆不接受日军的新闻检查,但随着日军侵华势力的深入,驻沪日军开始对其采取收买或打压措施。

其三,国统区、敌后抗日根据地等舆论场域的意识与抗日宣传有着内在关联。国统区及敌后抗日根据地舆论场域的形成,基本可追溯到大革命时期。抗日战争导致中国新闻事业格局的零碎化并向大西南、香港等地迁移,逐步成就了桂林、昆明、重庆等抗战文化城。

抗战语境下国民党或共产党的宣传系统包含多个层面,涉及政治元首的顶层设计,涉及宣传部,也涉及党报或政论的性质,其背后更涉及传媒与行政官僚体系。1939 年 1 月 21—30 日,国民党第五届第五次中央全会在重庆召开,蒋介石致开幕词并作了《唤醒党魂,发扬党德,巩固党基》的报告。在开幕词中,蒋介石将抗战期间在广州失守武汉退出以前视为第一期,此后为第二期,主要任务是继往开来,"发挥我们抗战的力量,以达到抗战胜利与建国成功的目的"。蒋介石称国军未退出武汉以前,"他(日本)的杂志报章上就竭立(力)鼓吹中止战争,或设法停战,一面用种种狡计诡谋想诱我入彀,欺骗世界,图取便宜。但是不久他又图穷匕现,拿出他所谓'兴亚院''东亚协同体'一套狠毒计划来"。蒋介石认为,"敌人想要以不东不西的模拟文化来消灭我们民族精神,他在许多沦陷区内已经受了不少失败的教训"。蒋介石等强调"抗战建国"的舆论动员。29 日,中央执行委员会第五次全体会议通过《对于党务报告之决议案》,强调抗战以来,国民革命即已转入第二时期。前一期革命在消灭军阀之势力而奠定国家之统一,第二期革命则在打倒日本帝国主义之侵略,争取国家民族之自由平等。决议案强调,国民党今后应力求在乡村社会力量之发展,"过去本党组织仅偏重城市而忽视乡村,致广大之农民群众易为异说所乘。今后亟应以乡村为发展组织与宣传之主要对象"。为了加强对基层掌控,国民政府于是年 9 月公布了《县各级组织纲要》,推行新县制,搞"一县一报",党国体系之下县报大体属国民党政治喉舌《民国日报》的地方翻版,谈不上创意。

抗战也涉及国民精神动员,奉所谓国防最高委员会之旨趣,1939 年 3 月 12 日,立法委员会颁布《国民精神总动员实施办法》《国民精神总动员会组织大纲》。次年,颁行修订版。精神动员强调三民主义,国家至上、民族至上。前者针对共产主义,后者强调抗战建国。

抗日根据地的舆论动员另有一番景象。一方面,因共产党的战略部署围绕农村包围城市的革命道路展开,一些红色报刊甚至进入乡村地区,这与报刊在都市的情况判然有别。另一方面,革命根据地及后来的抗日根据地的报刊多受国民党限制乃至日军的封锁,常处困境。西安事变的和平解决意味着国共第二次合作开始,但共产党领导的武装力量向国民政府争取装备多被搪塞。抗日根据地主要依靠自力更生的大生产运动等来解决问题,其政治动员相当出色,诸如大生产运动中涌现了像劳模吴有满之类的典型报道。这从其时《解放日报》等报刊的诸多文章中可见一斑。更重要的是,整风运动中,毛泽东等中国共产党领袖完成了对《解放日报》等报刊的党性改造。就学理意义而言,改造实际上是按照列宁所谓党报的组织性、战斗性等方式进行的:党报的负责人列席党的高层决策会议,而报刊的重要编辑会议要接受党的领导。改造后的《解放日报》字里行间都要渗透党性,反映党的意图与意志。党报实际上变成了党组织开展活动的平台,而党员的重要任务之一就是学习党报,这使得中国共产党的行政系统借党报贯彻"从群众中来,到群众中去"的政治路线,从而较为彻底地完成了对官僚主义、宗法帮派主义的改造。抗日根据地由此也变成了民族解放的战场,并构建了相应的舆论场域。

总之,抗战语境下,传媒格局实际分成三大舆论场域。相应的舆论空间及其场域对应着相应的历史记忆。历史时间上的序列可称为历时性,历史空间上的横截面可视为同一时间内不同空间的表述。就共时性的不同区域空间而言，国统区、抗日根据地、沦陷区分属三个不同的历史空间，并且具体地落实在中国的大西南、西北及中国中东部，因为重大政治事件及其舆论动员在具体的地理空间上展开，所以舆论动员有在地化的趋向。作为政治事件的抗日及其舆论场域的形成亦如此。

二、舆论场域重组的历史省思

考察抗战语境中诸多政治事件并分析其背后民族主义的社会语境，涉及战争与媒介的关联，也涉及研究者当下的时空及其在历史上的投影。传媒以什么样的姿态或方式参与政治议题并设置议程，在政治动员中无疑十分关键。"毫无疑问，现代国家在中国产生是革命与变革的结果，并受到了外部世界种种力量的影响。事实上，中国现代国家形成的关键，便在于借助于外部势力用以获得物质及社会主导地位的各种手段，来抵御外部势力的统治。"①抵御工具包括军队与传媒。比照救亡图存压力下的中国近代史学，尤其是抗战语境下舆论场域的重组，我们当有深刻的印象。

抗战时期舆论场域变动不居，但抗日建国、民族复兴等是报刊传媒的主要议题，也是舆论共识。而舆论共识的达成有个历史过程，面对抗战建国，国共两党都有自己的想法，舆论交锋反映分歧，而共识也往往是交锋的另一个产品。无论是国民党领导的国统区，还是共产党领导的抗日根据地，都面临着抗战建国的诸多问题，这也是涉及中华民族复兴的政治主题。由此而论，报刊传媒鼓吹的"抗战建国"有全国乃至世界的视野，也涉及国共两党各自的政党文化。

---

① 孔飞力. 中国现代国家的起源[M]. 陈兼，陈之宏，译. 北京：生活·读书·新知三联书店，2013：1.

舆论共识还涉及传播内容及其载体的流变。面对救亡图存语境中断裂式的民族心理创伤及其焦虑,报刊往往会在相应的时空突然转变话语方向。转变过程中的诸多时代性概念会面临取舍的问题,诸如何种概念当使用,何种概念当坚持,等等。诸如国民革命中宣传的军政、训政与宪政的舆论动员,而抗战语境中共产党对国民党元首蒋介石的政治宣传,经历了"反蒋抗日"到"逼蒋抗日",再到"联蒋抗日",等等。这些概念或口号乃至文本的宣传,涉及国共关系、涉及蒋介石对红军的"围剿"及红军的"反围剿"等,也涉及西安事变的爆发及其和平解决。不同的历史主题涉及不同的历史记忆,主导性的政治概念往往包含政治价值趋向,这些概念在报刊文本的诸多时评语境中得以生发,而连贯性的意义往往既是信仰的价值基础,又是行动的指南。近代意义上的抗战建国或民族复兴等诸如此类的舆论主题的变化,呈现出舆论议程变迁的历史轨迹。

由此而论,其时政论性质的报刊上诸多口号的出台,不仅仅是报人的个人行为,也与国民党或共产党领导人的顶层设计密切相关,而政治领袖的口号的提出仍属于精英思想或精英性的话语概念,表达了领袖们的个人创见,至于是否符合组织传播的利益所在,则要经过宣传部门或宣传人物的把关才能出台,其中尤以"抗战建国"的政治宣传为代表。"抗战建国"是近代社会变迁的重要历史主题。抗战建国的问题,舆论界早在"九一八"事变之后就有所讨论。抗战的历史语境既关涉中华民族的生死存亡,又涉及社会重建、国家重建中的民族复兴之路。面对抗战涉及的救亡图存,讨论民族国家重建是十分必要的,国民党多从民族复兴层面去宣传,而共产党多从民族解放层面进行舆论动员。抗战中,家国情怀与社会重建、国家重建的舆论议题的先后重叠,家、国关系重构的民族复兴,意味着中华民族出路的探讨。在抗战的民族生死存亡之际,民族共同体的意识显然得到了高度的张扬。

(本文首发于《史学月刊》2015 年第 10 期)

传统报业盈利路径及其
当下融媒境遇

"媒介融合"在关系到传媒本身新陈代谢的同时,也涉及媒介、媒介组织、媒介约束规范等组成的动态的社会系统。把握传媒融合概念的关键是掌握媒介技术。传媒系统由于媒介融合及传媒的新陈代谢等,所涉市场份额发生巨变。从市场来看,当下互联网等传媒逐步扭亏为盈,而报刊传媒则呈现出由盛转衰的态势,一盈一亏是否与媒介融合有所关联? 当下,报刊由盈利趋向亏损,其原因何在? 要说清这些问题,须分析历史语境中报刊盈利之原委及其现实之困境。

一、传统报业生产及其盈利的学理探讨

报刊具有商品性与工具性,这一说法往往被视作定论。但报刊作为商品与蛋糕作为商品有何异同? 市场语境中报人或记者是如何生产价值、剩余价值,从而获取工资并支付生产利润的? 对此,至今仍无令人信服的结论。笔者不揣浅陋,参照亚当·斯密(下简称为"斯密")的经济理论及现代的文化生产等学理,对此作些探索。

(一)斯密古典政治经济学命题及其对报刊盈利的启示

被誉为经济学之父的斯密有关财富的道德评价及古典经济学分析被

近代国人严复等认为揭示了西方富强的秘密,此属斯密名题。① 斯密经济学命题的核心就是社会分工与市场规模的形成等关系。他认为市场调节属无形的手,会调适(促进或限制)社会生产,由此,他强调自由贸易的价值。斯密作为古典经济学的创始人,其学理仍是我们分析商品、资本等市场行为的起跑线。而传媒经济属国民经济的一部分,我们在探讨近代国民财富产生的原因时,显然离不开对报刊盈利的分析。至于斯密为什么没有将以报刊为核心的传媒经济纳入他的经济学分析范畴,或因当时经济学本身正处于开创阶段而难以顾及,又或有其他原因,这已成历史之谜。

斯密将商品的价值分为使用价值与交换价值。他认为"劳动是衡量一切商品交换价值的真实尺度"②,但"一切商品的价值,通常不是按劳动估定的"③。在讨论商品价格的组成部分时,斯密以谷物、面粉和亚麻为例进行分析。为了使我们在对传媒经济进行分析时有所参照,这里征引斯密对面粉价格的探讨,"就面粉价格而言,我们必须在谷物价格上,加上面粉厂主的利润及其雇工的工资;就面包价格说,我们须加上面包师的利润及其雇工的工资。但由农家那里运谷物到面粉厂,由面粉厂运面粉到面包师,又需若干劳动;垫付这种劳动的工资,又需若干资本。这种劳动的工资和这种资本的利润,亦须加在这两种物品的价格内"④。

---

① 严复将其专著 *An Inquiry into the Nature and Causes of the Wealth of Nations*(《国民财富的性质和原因的研究》)翻译成《原富》就说明了这一点。笔者研读有关亚当·斯密的译著,仍以严复翻译及按语为佳,故本书仍以严复译著为重要征引材料。关于 *An Inquiry into the Nature and Causes of the Wealth of Nations* 一书,国内有多个流传颇广的译名,如《国富论》《国民财富的性质和原因的研究》等。
② 斯密.国民财富的性质和原因的研究[M].郭大力,王亚南,译.北京:商务印书馆,1974:14.
③ 斯密.国民财富的性质和原因的研究[M].郭大力,王亚南,译.北京:商务印书馆,1974:27.
④ 斯密.国民财富的性质和原因的研究[M].郭大力,王亚南,译.北京:商务印书馆,1974:25.

以斯密的面包分析为参照,可比较作为商品的面包与报纸两者在价值及价格上的异同。面包定价包括:面粉与水等的价格,主要是面粉;机器及厂房的损耗;工人劳动,这里斯密着力探讨的是工人的劳动分为生产工资及其剩余利润。相比较而言,报纸的价格显然分为纸张与资讯文本等内容生产的价格。新闻资讯等生产包括记者、编辑乃至社长或总编的劳动。新闻资讯等内容生产的效益也包含生产工资与利润。就一般意义而言,报纸显然区别于面包。经过标准化生产后,每个面包包含生产资料的构成及其与劳动力相结合的部分形成价值。除生产资料外,每个面包生产所付出的劳动力及其机械力大致相等,即从第一个面包到第一万个面包皆如此。报纸不同,市场意义上的报纸属于商品。一方面,报纸的生命力在媒介内容而非纸张本身,即读者阅读报纸是看内容而非看纸张本身,可以说内容阅读是最值钱的东西。另一方面,报纸生产的标准化涉及机械化复印或复制。即报纸生产越多,每份报纸的价格实际上只是略大于纸张的价格。随着复制数量的增多,新闻等资讯内容生产的成本愈发被稀释,零售的每张报纸成本愈发接近纸张价格。除了商品生产过程外,分析报纸成本的构成因素也会涉及销售过程。

(二)斯密命题与报刊盈利分析的学理参照

斯密创立的成体系的古典经济学实践基础来自英伦三岛的工业化进程,而且他仍坚持农业才是财富增加的源头。英国本土虽小,毕竟是世界工业化的样板。故斯密的动力学说往往被学界誉为斯密型动力(即劳动的区域分工和通过市场的绝对优势)。[①] 斯密型动力同样适合于报业分析。论及劳动分工的理论,斯密称:"劳动生产力上最大的增进,以及运用

---

① 王国斌.转变的中国:历史变迁与欧洲经验的局限[M].李伯重,连玲玲,译.南京:江苏人民出版社,2010:29.

劳动时所表现出的更大的熟练、技巧和判断力,似乎都是分工的结果。"①
在斯密看来,"由于我们所需要的相互帮忙,大部分是通过契约、交换和买
卖取得的,所以当初产生分工的也正是人类要求互相交换这个倾向。"②
而分工受到市场范围的限制,这一点斯密有专门的论述。

以斯密的社会分工论为参照,报刊作为资讯交换的载体,显然属于社
会分工的重要结果。报刊承载的使命与行政力量或利益集团的作用相
关,更有市场选择的因素。所谓报纸的利润来自广告而非新闻,此点因
时、因地而异。就报纸印刷的数量及内容定位来看,近代西方大致上有大
众意义上的便士报,诸如英国的《太阳报》等,以及发行数量甚少但内容严
肃的《泰晤士报》《金融时报》等。后者广告甚少,即使有,也常是价格昂贵
的汽车等一些奢侈品广告。这些广告可谓少而精,报社从中获利不菲。
有学者分析英国报业称:"通俗报纸所面临的问题是其不同寻常的生存起
点,其收入的 2/3 左右来自发行收入;而严肃报纸近 3/4 的收入来自广
告。"③由此,对中国近代报业的盈利分析,大抵可通过斯密的经济学进行
阐释。在近代社会,专业化的分工带来规模效益,专业化的访员(后曰记
者)或编辑,显然比一身兼访员及编辑的从业者更容易了解专业的趋势。
新闻编辑部分工之细化在诸如《申报》《新闻报》《时报》等近代报社大楼的
设计或文档记录中多有体现。广告部与新闻采访部的分工在一些报社得
到严格执行,有的报社甚至设计成新闻部、广告部分两个门进出,意使新
闻少受广告的影响。就媒介经济而言,近代报刊分工中广告与新闻采访
部门大多互不干涉。除避免报业的商业性影响,或旨在彰显报纸新闻报

① 斯密.国民财富的性质和原因的研究[M].郭大力,王亚南,译.北京:商务印书馆,1974:
   14.
② 斯密.国民财富的性质和原因的研究[M].郭大力,王亚南,译.北京:商务印书馆,1974:
   5.
③ 默多克,戈尔丁.大众传播的政治经济学[M]//巴雷特,纽博尔德.媒介研究的进路.汪
   凯,刘晓红,译.北京:新华出版社,2004:249.

道或评论的客观公正外,分工协作还有利于业务人员进行专业化操作,从而提高生产效率。斯密对分工有利于提高生产效率也作了深刻的论述,效率提升的一个重要前提就是推行标准化的生产。1908 年,福特引进汽车生产流水线,拓展了规模效益,这就是福特模式。标准化生产模式亦可运用于分析近代中国报业。诸如史量才等试图将《申报》等报纸建成托拉斯企业,其意图便带有实行标准化生产的意味。在分析史量才主持下《申报》发出种种正义声音的同时,我们要看到《申报》的企业化及其市场意图。实际上,探究《申报》的企业宏图,可从横向的传媒并购分析,也可从纵向的印刷、出版、发行等环节分析。

传统报刊是如何盈利的? 从传媒经济学角度看,报刊是将受众二度贩卖给广告商而盈利的。就商品销售而言,一份报纸与一个面包的销售方式并没有太多的差别。而就消费者而言,一个面包被消费者吃完了,其本身就作为食物被营养系统分解吸收了;所谓报纸被受众消费的过程,实际上就是受众的阅读过程,阅读完,报纸作为实体依然存在,还可以完整地传给下一个消费者,其商品核心的构成是新闻。就消费的实用性而言,新闻具有新鲜性的特征,新闻一旦变成旧闻,新闻纸的价值就大打折扣了。旧报纸继续存续的价值往往在于它是时代的记录者,属于一种历史的见证。

广告商购买的受众注意力在传媒盈利中意味着什么? 达拉斯·斯迈密认为:用经济学的术语来说,"受众商品是一种被用于广告商品销售的不耐用的生产资料。受众商品为买他们的广告商所做的工作就是学会购买商品,并相应地花掉他们的收入。受众有时是购买任何分类的商品(飞机制造商一般出售他们的飞机运输,牛奶工业出售各种品牌的牛奶),但大多数情况下是特殊'品牌'的消费商品。"简言之,"他们的劳动创造了对广告商品的需求——垄断资本主义广告商的目的。受众也许会抵抗,但广告商的预期目标已经充分实现,结果渗透在需求控制的体系中"①。将受众视作报业及广告商获利的商品,笔者不能完全认同。就新闻纸的商品性质而论,广告是报纸的重要组成部分。一方面,与新闻、时评相比,广告带来的盈利往往决定整个报业的盈利多少。另一方面,报纸的品牌主要取决于新闻、时评,而非广告。就报业经营方式及其性质而言,新闻、时评与广告各司其职,标准化生产的报纸中,新闻、时评与广告等应该在整份报纸有相应的篇幅或版面。但多数报纸广告在业务好时,常挤占新闻或时评的版面,甚至因此扩版。简言之,报业的商业属性当从报纸产品本身去分析,而非局限于探究报纸以资讯内容换取受众注意力从而发展注意力经济。自斯密的《国民财富的性质和原因的研究》发表以后,古典经济学体系得以确立,世人对商品的认识多与劳动相联系,这是有科学根据的。若劳动是衡量一切商品交换价值的真实尺度这一结论成立,从经济学层面考察,广告属于注意力经济,受众观看广告内容后是否购买商品则是另一回事。一些重要的广告涉及化妆品等奢侈品或高档生活用品,这类广告推销的不仅是商品本身,更是一种生活方式。这种生活方式的普及有助于形成社会风气,从而利于商品推销。报纸登载的广告与传统的登门促销员相比,效果有其优越性。商品促销员的经济地位往往处在劳工阶层,他们在推销价格不菲的新产品时意味着也在推销一种新的生活方式,而这种类型的推销员虽然十分熟悉昂贵的商品其及功能,但他们往往在日常生活中消费不起自己推销的商品,这就会造成巨大的心理落差,而报纸登广告就不存在这些问题。所以广告不仅仅涉及市场效益,也涉及人文意义上心理成本的付出。

　　以上分析是答案的一部分。有些报刊并无广告或其他隐形资助,主

---

① 斯迈密.论受众商品及其劳动[M]//巴雷特,纽博尔德.媒介研究的进路.汪凯,刘晓红,译.北京:新华出版社,2004:273.

要依靠贩卖包括新闻在内的资讯及其时评实现盈利。这里报刊作为商品,与面包、蛋糕等并无太多的差别。一方面,报刊的清样由于凝聚了新闻采访,作为把关人编辑的挑选、加工及总编辑的最后审稿等劳动程序,有巨大的人力、物力投入。另一方面,报刊具有高复制的特性,可以认为,复制数量越多,每张报纸的成本越低。按照无穷大的接近性原则,最后一张被复制的报纸成本可能无限地接近油墨与纸张的价格。

二、当下媒介融合未能改变传统报业盈利方式

看报刊能否盈利,须考察其销售。报刊作为商品,实际上卖的是媒介知名度,知名度一旦形成,广告商就可能不再仅仅关注其发行数,因为报刊有较高的知名度乃至有自己的媒介品牌就意味着广告投放能产生广泛而深入的社会影响。报纸作为商品,其品牌价值符合一般性原则,即商品品牌的法则。品牌显然是商品质量的重要保证,面对五花八门的商品,顾客一一分辨需要消耗大量时间,所以顾客常将购买目标锁定于某品牌,从而有效节约其挑选及购买商品的时间损耗。报刊可以塑造知名度等特征决定了它是一种特殊的商品,这种商品涉及公共性。作为新闻纸的报刊对受众而言,其商品价值在于上面刊载的新闻乃至时评等,但报刊可刊载的新闻在数量上也是有限度的。伴随着工业化进程,近代报业逐步进入同城竞争的廉价时代。都市报的受众之所以选择这一份报纸,并不完全是因为该报纸每天有什么独家新闻,而往往是因为他们更喜欢这家报纸的办报风格。就报纸本身而言,坚持自身独有的新闻报道及评论风格,就会形成品牌。品牌意味着知名度,而知名度意味着报纸良好的声誉,也意味着有着数量众多的潜在受众。已形成媒介品牌的报刊关注的对象容易成为社会热点或焦点。知名度较高的报刊拥有较多的受众,刊发的广告亦如此,这正是广告商所渴望的。

对受众或广告商而言,报刊作为商品,其真正的价值或生命力就是媒介品牌,同时,品牌报刊往往与标准化生产密切关联。传媒内容的标准化生产涉及业务上采写编评等流水线作业,而报纸大体上有相对固定的版面与专栏,也是标准化形式。即每天新闻人物或事件不等,但版面或专栏固定那么多。这就涉及内容选择。所谓标准化生产在这种意义上指新闻、时评等的比例分配。总之,媒介品牌与标准化的业务及其内容生产,是构成报刊商品价值及其使用价值的重要基石。

从价值及剩余价值来看,媒介生产与其他工业品生产一样,可谓社会关系的再生产。但媒介改变了人际交流的方式,往往使得现实交往与拟态交往融为一体。表面上看,报纸的新闻、社论、副刊及广告等四大模块及其运营、销售等都属于社会化大生产及社会分工的产物,而流水线生产的标准化往往是社会分工及其技术革新的结果,当然技术革新与社会分工又往往密切勾连。从信息化及信息产业的层面来看,信息产业从属工业化,包括新闻生产制作在内的媒介产业当然也离不开技术的支撑。在这种意义上,新闻的标准化与传播技术密切关联。新闻报道中导语及"五个 W",即何时(when)、何地(where)、何人(who)、何事(what)、何因(why)是新闻报道中标准化的样品,而前二者无疑涉及时空的揭示,何人、何事则属于通常意义上的人事分析,而何因则属于解释特定时空中人事变动的原委。总之,新闻主体首先是信息,此为不因人的意志为转移的客观存在;其次是新闻报道,涉及新闻呈现等,关联文本及体裁,既涉及信息及其要素等客观成分,也涉及报道者价值取向等主观成分,是主客观的结合体。而历史上新闻报道与包括战争等在内的电报传播消息等倒金字塔型结构密切相关。

回顾历史可见,作为技术支撑的电报业与社会资讯的标准化生产密切相关。从信息的角度看新闻生产,劳动者无疑就是加工信息产品所付出的劳动时间,这种时间分析同样适用于斯密的劳动价值论。但随着媒介化社会的到来,媒介融合成为当下媒介生态的重要特点。特别是互联网的进入,传媒经济分析呈现新特点,报纸资讯通过复制、黏贴或简单的编辑加工成为网页的重要内容,反之亦然。这就是报网融合,但报网融合大多意味着新闻资讯的共享,而未涉及投放广告的共享。后者涉及各自的利益主体,当下的媒介融合未能解决这一利益抉择的难题。而报刊的新闻栏目乃至整份报纸上网或在线推出,使得纸质版逐步丧失自己的媒介优势,虽然盈利模式未变,随着纸质读者的减少,广告商亦随之将注意力转向互联网。但与互联网鱼龙混杂相比,纸质传媒的权威性或公信力仍是其继续存在的理由或价值。由此而论,运用斯密的经济理论分析融媒时代传统报业盈利,仍有学理上的正当性。

（本文首发于《江淮论坛》2015年第6期）

下编

"通中外"语境下报刊经典个案解读

晚清域外报刊与无政府主义学理的媒介镜像

—— 以《天义》及《新世纪》为中心

国家与社会的关系可以有高度的同构性，这往往导致两者在功能上重合度亦高；国家与社会的关系可以是强国家、弱社会，或弱国家、强社会。近代中国经历了时空裂变，国家、社会如此，而呈现国家、社会裂变镜像的传媒事业亦如此。救亡图存压力下的国家与社会关系发生了变化，报刊作为呈现时代变迁镜像的载体，其政治舆论聚焦于国家、社会强弱问题的探讨。

相比较而言，社会存在的价值首先涉及人们的生存状态，故社会面对的首要问题是经济。国家的核心是政权，而探讨政权的政治舆论在学理上强调社会规范及秩序的运作。至于近代国家、社会何者强势，往往涉及保障政治秩序的军事或媒介建构。

近代探讨社会问题有多种理论，其中"原始社会主义"语境下无政府主义侧重关注社会基层。面对清末新政，中国早期带有资产阶级革命色彩的学者探讨社会问题主要依据社会学理论、无政府主义理论这两种学理。社会学理论强调社会改良，主要包含社会有机体论、社会进化论。无政府主义理论亦包含现实社会中的阶级斗争学说，及未来实现大同社会的建设哲学。前者强调以革命的手段推翻旧社会，从而建立新社会；后者以经改造的"原始社会主义"理论为代表，强调弱国家、强社会，由日本"原始社会主义"派生而来的无政府主义甚至要求取消政府乃至于政权，这对中国革命者很有影响。

无政府主义与马克思主义有一定的关联,改革开放之初的中国学术界对此尤为关注,出了史话、史稿、史论等方面的著作。[①] 但这些研究多从政治意识形态角度切入。有些论文侧重"五四"前后的中国无政府主义探讨,[②]部分论文尚有阶级斗争分析框架的痕迹,且内容重复、雷同甚多。而葛懋春、蒋俊、李兴芝则在 1984 年编辑出版了《无政府主义思想资料选》,为研究奠定了史料基础。还有论文对无政府主义思潮的代表人物如刘师培、刘师复等进行研究。随着改革开放的推进,无政府主义研究的政治色彩逐步淡化。近年来,无政府主义研究取得了一些新成果,尤以韩国人曹世铉所著《清末民初无政府派的文化思想》为代表,他从文化思想的层面进行分析,以 1907 年 6 月 10 日创刊的《天义》报为中心探讨"天义派"以国学批专制文化,以 1907 年 6 月 22 日创刊的《新世纪》为中心剖析"新世纪派"以科学反对传统文化。高瑞泉主编的《中国近代社会思潮》(华东师范大学出版社,1996 年)亦有专文探讨近代的无政府主义思潮,但文章论题涉及范围太广,非专著不能涵括,作为论文也只能点到为止。总体而言,从国家与社会的关系上把握无政府主义学理,在学人关系网络中分析报刊呈现无政府主义学理的形态及特点的论著鲜见。

本文旨在探讨西学东渐背景下进化思潮、国粹及无政府主义思潮与清末报刊的关系,探讨日本无政府主义氛围中的《天义》及法国大革命氛围中的《新世纪》面对近代国家与社会关系的重建过程,在政治秩序重建、社会经济生产两者中是偏向国家还是偏向社会? 笔者意在结合学人之间

---

① 徐善广,柳剑平. 中国无政府主义史[M]. 武汉:湖北人民出版社,1984;刘其发. 近代中国空想社会主义史论[M]. 北京:华夏出版社,1986;林森木、田夫. 无政府主义史话[M]. 广州:广东人民出版社,1981.

② 于清河. "五四"时期马克思主义反对无政府主义的斗争[J]. 理论与实践 1980(2 期),汤庭芬. 五四时期无政府主义的派别及其分化[J]. 华中师范学院学报 1981(3 期),郑继恒. 浅论五四时期中国的无政府主义思潮[J]. 云南师范大学学报 1990(1 期),曹世铉. 清末民初无政府派的文化思想[M]. 北京:社会科学文献出版社,1999.

的政治关系网络,分析域外中文报刊《天义》《新世纪》的政治舆论的价值取向。

一、进化论、互助论与晚清无政府主义报刊

中国近代报刊始终处在本土、欧美及日本政治氛围的影响中,中国政治制度变革的特殊性决定了近代报刊宣传内容的特殊性。就政治流派而言,域外无政府主义主要分为"天义派""新世纪派",两者对严复译介的进化论皆有所讨论。严复译介的进化论是社会学理论的一部分,政治上趋向改良。而互助论是日本"原始社会主义"理论中无政府主义的核心概念。原始社会主义大多主张暴力革命。与此同时,克鲁泡特金的互助论不但对留法"新世纪派"的无政府主义思潮有影响,对留日"天义派"的无政府主义情结也进行了深刻的塑造。

(一)"天义派"与进化论、互助论

作为近代革命者阵营内的"天义派""新世纪派",其无政府主义学理依据虽有不同,而将无政府主义与进化论、互助论相联系的解读方法却高度一致。刘师培作为"天义派"的代表人物,其对近代社会理念的建构,是这方面的范例。

刘师培治学侧重经世致用,颇注意现实政治变革中的学理论证。1905 年,清政府推行的新政进入高潮,表现在多个方面,君主立宪是重要内容。制度变革需要学理设计,严复等介绍西方的政治体制并着力西方政治学说的本土化,而刘师培则依据中国的本土文献,比照严复译著《社会通诠》等介绍的西方政治理论,并结合国粹进行阐释,试图促使中国传统学术近代化。1905 年 5 月 23 日—1906 年 1 月 14 日,他在《国粹学报》第 4、6、8、11、12 期上发表《古政原始论》,无形中推进中国传统政治理论

的近代转型。

刘师培著《古政原始论》，分国土、氏族、君长、宗法、田制、阶级、职官、刑法、学校、礼俗、古乐、财政、兵制等十三个"原始论"，刘师培称："盖欲考古政，厥有三端"，即书籍、文字、器物等。"近代以来社会之学大明，察来彰往皆有定例可循，则考迹皇古岂迂诞之辞所能拟哉！此《古政原始》所由作也"。①

刘师培受严复译《社会通诠》关于近代中国"七分宗法、三分军国"的社会定位影响，意在用进化论思想解读中国传统的政治制度及理念。就社会等级而言，中国传统政治权力的关键人物是"君长"。刘师培在"君长原始论"中称："君长之制固始于洪荒之世乎？特英甄克斯《社会通诠》有言，图腾社会有巫无囚。"在刘师培看来，"洪荒之政治皆神权之政治也"。就中国而言，"洪荒以降，易巫为酋"。"禹合诸侯于会稽，戮防风氏，而诸侯各国始知天子之尊，酋长之制遂易为封建之制矣"。在"宗法原始"中称："洪荒之世父权与君权相同。所谓有父子然后有君臣也。盖父子之伦既立，而宗法以成。"刘师培宗法制度论的基本学理源自严复译著《社会通诠》，"宗法成立分为二期。一为种人之宗法，乃游牧时代之制度也。一为族人之宗法，乃耕稼时代之制度也。比照《社会通诠》："蛮夷之社会，自能牧畜，而转为宗法之社会。种人之社会，自能耕稼，而转为族人之宗法。"②英文原著为"that the domestication of animals converts the savage pack into the patriarchal tribe and that he adoption of agriculture broke up the tribe in clans"比勘中国历史，刘师培对严译甄克思的理论作了本土化的解读："种人宗法以神灵首出之一人为一种人民之祖，谓人民咸出于一源。征之古籍得二证焉。一为五帝三王咸祖皇帝。一为婚姻之礼娶

① 刘师培.刘师培论学杂稿(清儒得失论等)[M].北京：中国人民大学出版社，2004：155－156.
② 刘师培.刘师培论学杂稿(清儒得失论等)[M].北京：中国人民大学出版社，1999：166.

女异邦。及人口滋蕃,而谱系之学亦日显,由是种人之中各推其祖之所自出,而氏族以分,致种人之宗法易为族人之宗法。"① 由此可见,刘师培是用本土文献印证严译《社会通诠》所谓的社会进化阶梯,并对"宗法"提出了自己的解读。

刘师培称:"宗法起源起于祭祀。"他征引中国文献资料对"宗法"训诂:"帝王为一国主祭之人,故帝王亦称为宗,中宗之类是也。又由宗法之义引申之,凡族人为主祭之人统辖者,亦莫不称之为宗,此宗法之名所由立也。"他的结论是:"宗法者,世袭制度之起原也,亦阶级制度之权舆也。"② 刘师培依据严复译介的进化论并结合中国古典文献进行阐发,意在说明近代中国仍处宗法社会。"若于政府尚存之日,则维新不如守旧,立宪不如专制"。③ 此为治学重经世致用的刘师培立意所在。

近代救亡图存压力下,刘师培、严复等学人为近代社会定位进行学理探索,从而为未来变革提供国情及学理参照。

刘师培的宗法制度理论,其学理论证涉及国学因素及严复译著中的进化史观,即他在进行"社会主义"学理论述时,仍念念不忘国粹。

就国学方面的学术交流而言,早期投身革命后变节的刘师培与章太炎引为同道,二人在政治上也有牵扯。1903 年,章太炎与刘师培会晤于上海,就国粹问题多有切磋。就政治身份而言,刘师培于 1904 年加入以章太炎、陶成章为核心的光复会,后来成为光复会骨干,并易名"光汉"。与此同时,刘师培对域外新学也很重视。1906 年,刘师培应陈独秀等人之邀,携其妻何震赴安徽芜湖任皖江中学、安徽公学、赭山学堂等校教职,开展反清宣传活动。次年 2 月 13 日,刘师培听从马君武建议,应章太炎

---

① 刘师培 . 刘师培论学杂稿(清儒得失论等)[M]. 北京:中国人民大学出版社,1999:161,162,165,166,166.
② 刘师培 . 刘师培论学杂稿(清儒得失论等)[M]. 北京:中国人民大学出版社,1999:167.
③ 资料来源:刘师培 . 论新政为病民之根[J]. 天义,8-10 合刊.

等人的邀请,同时也由于清政府对安徽公学的严密监视,遂同何震、姻弟汪公权并苏曼殊一起,东渡日本。① 到日本后,刘师培参与《民报》编撰工作。②

1907年6月,刘师培夫妇开始接受盛行于日本的社会主义、无政府主义等思潮的影响,并以何震名义出版《天义》报。③ 是年9月25日,《民报》第15号刊载的《〈天义〉报广告》云:"本报之宗旨,在于破坏固有之社会,颠覆现今一切之政府,抵抗一切之强权,以实行人类完全之平等。于男女平等精理,言之尤详",④表现出浓厚的无政府主义色彩。论及创刊旨趣,刘妻何震曾发表演说,称:"吾于一切学术,均甚怀疑,惟迷信无政府主义,故创办《天义》报。"⑤1907年6月10日,《天义》报创刊号称其"以破坏固有之社会,实行人类之平等为宗旨,于提倡女界革命外,兼提倡种族、政治、经济诸革命,故名曰'天义'报"。⑥

1907年6月中旬,刘师培、张继等在东京创办"社会主义讲习会"。讲习会以宣传"无政府主义""社会主义"思想为主,⑦张继为核心人物之一。谈及刘师培、张继等于日本参与"原始社会主义"组织,陶铸在《无政府主义思想对同盟会的影响》一文中称:"我和他们参加了日本原始社会主义者幸德秋水为首组织的座谈会。这时日本社会主义的党虽还未正式成立,但已有了雏形的组织。座谈会主要是宣传马克思主义,经常以旅行玩山游水为名,到东京郊外一些地方秘密开会。日本人参加的有:幸德秋水、堺利彦、北辉次郎、和田三郎、宫崎民藏(宫崎寅藏滔天之兄)和菅野子

①　万仕国.刘师培年谱[M].扬州:广陵书社,2003:86-97.
②　冯自由.记刘光汉变节始末[M].革命逸史第二集,北京:中华书局,1981:213.
③　万仕国.刘师培年谱[M].扬州:广陵书社,2003:105.
④　万仕国.刘师培年谱[M].扬州:广陵书社,2003:118.
⑤　杨天石."社会主义讲习会"资料[M].中国哲学,第1辑,北京:生活·读书·新知三联书店,1978:384.
⑥　万仕国.刘师培年谱[M].扬州:广陵书社,2003:107.
⑦　万仕国.刘师培年谱[M].扬州:广陵书社,2003:107-108.

（女），此外还有我不知其姓名的。中国有张溥泉、刘申叔、何殷震（即何震）汪公权和我数人。"①实际上，19 世纪末 20 世纪初，日本已有社会主义运动。1898 年 10 月，幸德秋水等成立"社会主义研究会"，宣传傅立叶、蒲鲁东、马克思等的思想。1901 年 5 月，他们筹建了"社会民主党"。1903 年，幸德秋水撰《社会主义真髓》，成为日本社会主义启蒙书籍。是年 11 月，幸德秋水、堺利彦组建"平民社"，刊行《平民新闻》。是年刊载《共产党宣言》译文、《告俄国社会民主党书》，并与俄国社会主义运动相呼应。后引起政府注意，遂被查禁。1905 年，幸德秋水因参与社会主义运动，被捕入狱近半年。他在狱中阅读了大量克鲁泡特金的著作。释放后，幸德秋水流亡海外，在旧金山考察美国的社会组织结构，坚定了无政府主义信念。1906 年 6 月 23 日，始回日本。日本的社会阶层发生变动，社会冲突加剧。1906 年，日本产业工人达 60 万人，后工人运动高涨，1907 年，《平民新闻》始复刊。是年 4 月，幸德秋水在《平民新闻》上刊文倡导日本革命者与中国革命家、东洋社会党联合。在幸德秋水的感召下，章太炎发起"亚洲和亲会"，自任会长并撰《亚洲和亲会约章》，刘师培等参与其事。与此同时，日本社会主义思想开始分裂，片山潜等主张改良，幸德秋水侧重社会贫富悬殊下的伦理探索，不再寄希望于议会政治，转向无政府主义运动，主张采取行动。从陶铸记载的人物名单来看，幸德秋水、堺利彦等基本上是日本社会主义运动中主张无政府主义的激进派人物。

在日本"原始社会主义"的影响下，中国的无政府主义迅速发展。1907 年 6 月 25 日，《天义》报出版了第 2 号，刊载《社会主义讲习所广告》。7 月 25 日，《天义》第 4 卷出版。刘师培的《无政府主义之平等观》《西汉社会主义发达考》开始在该刊连载。②

---

① 杨天石."社会主义讲习会"资料[J].中国哲学(1),379-380.
② 万仕国.刘师培年谱[M].扬州：广陵书社,2003：108-109.

以刘师培、何震、张继等为核心的《天义》报,不但欣赏严复译介的天演进化论,而且推崇克鲁泡特金的互助论,并将两者比照。1907年,刘师培在《天义》报上发表《克鲁泡特金学术述□》,对斯宾塞、赫胥黎的进化论进行评价:"扰乱平和,蔑视公理,均赫胥黎诸氏'惟争乃存'一语有以误之也。'惟争乃存',故以能竞争为强,若明于苦氏互助之说,则竞争者恒败劣,互助者始生存,而强权可以渐弭矣。"①他认为互助论可弥补进化论的缺陷。

刘师培将克鲁泡特金的学说归为互助论与无政府主义,他称前者为"互相扶助论",后者为"无中心论"。"无中心论"奠定了以刘师培为代表的"天义派"的"人类均力论"的学理基础。在"人类均力论"中,刘师培抨击孟子的"劳心者治人,劳力者治于人"的思想,认为其"于人类平等之旨,大相背驰,其说更出许行下矣"。他非常认同战国的许行的学说,说"许行之说,虽未圆满,然其倡并耕之说,则固中国第一人也"。② 可见,刘师培的无政府主义思想是建构在中西文化交融之上的。《天义》报在刘师培等倡导下,也多以西学反证国学。

刘师培将中国的老子思想与西方的无政府主义比附,在《天义》第5卷上发表《中国无政府主义发明家老子像》。在他看来,老子是中国无政府主义的始祖,而鲍敬言、许行等是无政府主义的中坚人物。他对鲍敬言的"无君论"称赞有加:"中国政由君出,既言无君,即系废灭人治,与无政府之说同。至于废道德而弃法制,非军备而贱财货,尤属清源之论。盖彼义欲使众民平等,共享完全之自由,故立其说,较老庄为尤显。"③

以刘师培为代表的"天义派"译介克鲁泡特金著述《无政府主义之哲理同理想》,有按语称:"苦氏学说,其最精者为互助""苦氏此篇之旨,以为

① 资料来源:天义 . 第13,14卷合刊,1907-12-30。
② 资料来源:申叔 . 人类均力论[N].〈天义〉第3卷,1907-7-10。
③ 资料来源:申叔 . 鲍生学术发微[N].〈天义〉第8,9,10卷合刊,1907-10-30。

仰观太空,俯察物众,近取诸身,远取诸物,均由各体结合,以成自然之调和。彼此调和,斯成秩序。援引各例以证人类之互融;复援引历史,以为人类社会生活在国家生活之先。今日以来,自由结社之风遍于世界,由是而进,即能以社会代国家,而其要归之旨,则在于实行互相扶助"。① "天义派"在国家与社会的框架内,分析社会取代国家的可能性,认为互助是无政府主义的关键。鼓吹互助论成为《天义》报旨趣所在。

作为无政府主义的喉舌,《天义》常关注中国留日无政府主义者的活动,并积极予以报道。例如,1907 年 9 月 22 日,"社会主义讲习会"第三次开会,《天义》报道了刘师培在会上探讨中国财产制度变迁的讲演:"财产私有起于游牧耕稼时代,中国三代时,有土地国有制,有家族共产制,即井田宗法是也,后世亦有行国家社会主义者。至于今日,则纯为财产私有制,非实行共产制度不足矫贫富不均之弊。"②共产制度的基础是互助。

更为引人注目的是《天义》介绍了马克思及《共产党宣言》。1908 年,《天义》第 16—19 卷合刊发表了民鸣译《共产党宣言》的一部分。译文前有刘师培所作序。③ 何震在《共产党宣言》"论妇女问题"中作按语,称:"马氏等所主共产说,虽与无政府共产主义不同,而此所言则甚当。彼等之意以为资本私有制度消灭,则一切私娼之制自不复存,而此制之废,必俟经济革命以后,可谓探源之论矣。"④

因日本幸德秋水等倡导的政治运动引发日本警方高度关注,1908 年 3 月 20 日,社会主义讲习会改名"齐民社"后第一次举行集会,刘师培、章太炎、宫崎民藏等发表演说。4 月 6 日,为了推进无政府主义,跨越语言交流上的隔膜,世界语讲习会在刘师培住宅首次开班。参加者有刘师培

① 资料来源:天义第 16,17,18,19 卷合刊。
② 杨天石. "社会主义讲习会"第三次开会记[M]. "社会主义讲习会"资料,中国哲学,第 1 辑:391.
③ 万仕国. 刘师培年谱[M]. 扬州:广陵书社,2003:148.
④ 杨天石. "社会主义讲习会"资料[J]. 中国哲学,(1):406.

夫妇、张继、苏曼殊、景梅九等 20 多名中国留学生。4 月 12 日,齐民社第二次集会,刘师培、汪公权、潘怪汉、大杉荣等到会演说。4 月 26 日,齐民社第三次集会。4 月 28 日,刘师培等在东京出版《衡报》第 1 号(创刊号)。《衡报》实继《天义》之衣钵,为无政府主义之喉舌,为躲避日本警方的干涉,托名澳门出版。刘师培作《发刊词》,定《衡报》宗旨为:(1)颠覆人治,提倡共产;(2)提倡非军备主义及总同盟罢工;(3)记录民生疾苦;(4)联络世界劳动团体及直接行动派之民党。5 月 8 日,《衡报》第 2 号出版。10 日,齐民社第四次集会。6 月 14 日,齐民社举行第六次集会。①会议如此频繁,可见刘师培等的主观能动性及民间无政府主义情绪的高涨。

刘师培、章太炎等同仁频繁聚会,重要目的是利用日本"原始社会主义"思潮中的无政府主义,为原光复会高张理论旗帜,反对孙中山的三民主义。冯自由《记刘光汉变节始末》云:"光汉夫妇时与章太炎、苏曼殊同居,渐与日本社会党之急激派北辉次郎、和田三郎等游,遂心醉社会主义。寻发刊——《天义报月刊》,极力鼓吹社会主义学说,是为我国人发刊社会主义机关报之嚆矢。"②刘师培等试图用无政府主义与孙中山的革命学说对抗。面对近代救亡图存压力下的国家与社会力量的重建,作为近代资产阶级革命的领导者孙中山,主张实行"社会主义",即社会革命与政治革命要毕其功于一役,而不能走欧美资本主义的老路。所谓"社会革命"当然是相对社会点滴意义上的渐进改良而言的,所谓"政治革命"当然要批判君主专制。

当日本社会主义运动内部发生所谓激进派、保守派分裂,并就议会制争锋的时候,中国的舆论精英亦发生阵营分裂。若中国革命成功,孙中

---

① 万仕国. 刘师培年谱[M]. 扬州:广陵书社,2003:149,150,153,154,157.
② 冯自由. 革命逸史第二集[M]. 北京:中华书局,1981:214.

山、章太炎与刘师培对其后的政治道路选择看法颇不同。日本的无政府
主义显然被刘师培等视作同孙中山等论争的理论资源。

(二)"新世纪派"与进化论、互助论

从中国无政府主义流派来看,留日无政府主义者大多参加了东京的社
会主义讲习会,高峰时达百余人,少亦有数十人,重要骨干来自江浙等地,与
光复会有或多或少的联系。社会主义讲习会活跃期间,正值孙中山离开东
京,而同盟会领导核心也迁往南洋。刘师培、何震、章太炎等利用《天义》及
《衡报》鼓吹无政府主义思潮,在很大程度上接管了留日学生界的舆论阵地,
实际上对孙中山鼓吹的以三民主义为核心的革命思潮起了消解作用。

就无政府主义思潮而言,从互助论中采撷批判专制政权的思想,并结
合中国国情在学理上论述无政府主义,在留学生中影响颇大。主导这些
思潮的舆论精英纷纷办起自己的刊物,1907 年 6 月 22 日,张静江、吴稚
晖、李石曾等于巴黎创办《新世纪》,后出版《新世纪丛书》第 1 集。《新世
纪丛书》第 1 集第 5 册刊载译著《世界七个无政府主义家》,包括高得文
(Godwin)、蒲鲁东(Proudhon)、梯于格(Tucher)、道司道(特尔斯泰,Tol-
stoj)、司梯尔(Stirner)、巴枯尔(Bakounine)、克鲁泡特金(Kroputkine)等
的简介、主要代表作及其论点。[①] 不仅如此,《新世纪》第 9、10 号还发表
"真"译的《巴枯宁学说》,第 12—17 期又发表"真"译的《克若泡特金学说》
等。《新世纪》对法国大革命的政治风潮及俄国的虚无党也有连续译介,
第 53 号刊载有"真"译的《万国革命之风潮》,同期连载《法国无政府党之
一段历史》等。总体而言,中国留法的无政府主义者以《新世纪》为中心,
大力宣传俄国虚无党在世界范围内的活动以及克鲁泡特金、巴枯宁的思
想,倡导互助论。

---

① 胡绳武.新世纪[M]//丁守和.辛亥革命时期期刊介绍.北京:人民出版社,1982:359-360.

以《新世纪》编撰人员为核心的留法无政府主义者,对中国本土革命也极其关注,《新世纪》第53号即刊载"汉口革命党麦西君来稿"(《中国风潮》),第54号刊载《满洲政府之无赖可怜》《革命学之精言》等,第56号的"本周世界纪念日"上刊有"十五日:一千九百七年秋瑾受死刑,是为中国女革命党受断头刑之始"。从其言论立场可见,《新世纪》是孙中山宣传革命的重要助手。

无论是"天义派""新世纪派",还是孙中山等,都对互助论感兴趣,并试图以之弥补进化论蕴含的生存竞争学说之不足。戊戌变法后,革命取代改良,改良的重要学理是进化论,而孙中山革命理论的基础是互助论。主张无政府主义的文化精英对《天演论》所阐释的进化与伦理的关系全面反思。针对进化论蕴含的弱肉强食式的生存斗争学说,《新世纪》鼓吹克鲁泡特金的互助论,尤以李石曾最为突出。正如蔡元培在《五十年来中国之哲学》中指出的:"《天演论》出版后,'物竞''争存'等语,宣传一时,很引起一种'有强权无公理'的主张。同时有一种根据进化论,而纠正强权论的学说,从法国方面输进来,这是高阳李煜瀛(李石曾)发起的。"①李石曾在《东方杂志》第16卷第5至10号上连载克鲁泡特金的《互助论》,李在译者序中称:"进化论学说初创于法之陆谟克,大成于英之达尔文。陆氏言境遇与遗传,达氏言物竞与天择,至达氏进化学说乃定。"论及进化论与互助论的关系,李称:"后人过信竞争。达氏亦未及自料。赫胥黎智尔辈于传达进化学说大有功。至于误点则不能谓无过。逮俄之学者开斯来柯伯坚Kropotkine(亦作克洛泡得金)继起,乃明进化不独有竞争为之一因。而互助尤其大者。"《新世纪》对中国进化论传播及其思想上的歧见亦很重视。相比较而言,严复宣传天演进化论,国粹派核心人物章太炎另起炉灶,提出"俱分进化论"。章太炎曾为克鲁泡特金等无政府主义著作的中

① 蔡元培.中国伦理学史[M].北京:东方出版社,1996:126-127.

文译本作序,其著作《五无论》就是无政府主义的代表作,这对《新世纪》有一定影响。1907 年,"民"(褚民谊)在《新世纪》刊发《金钱》,称:"读俱分进化论,不禁废书而叹曰,世界社会,果终于双方并进,永无众生平等世界极乐之日乎? ……善不进,恶不满",其因在于"为金钱所迷,不得不如是耳"①,他将章太炎的善、恶、苦、乐皆进化的终极根源,归结为金钱对人心的蛊惑。可见,晚清国粹派与无政府主义思潮有着不解之缘,对"天义派"内部同仁的政治影响亦很清楚。

　　国粹派及留日无政府主义代表人物章太炎探讨了道德重建与革命的关系,而进化与革命的关系也是"新世纪派"探讨的一个重要理论问题。1907 年,《新世纪》发表署名"真"(吴稚晖)②的《进化与革命》,对严复及其社会进化论极尽讽刺之能事,称"近数十年中国人之思想,因内力外力而变迁者,约可列为十派"。"新世纪派"对"变法维新派"评述称:"此类复杂更甚,然其思想、目的、手段亦无不同。……时人目为新学巨子者,有如马良、严复之徒……皆此类也。吾举此类,必有人疵其过于不伦不类,诬妄已极。盖此中之人,甚多思想至高明、言论极精当者。然此乃留声机器,不啻若自其口出,实无所动于其中。观于此类人,常迎合于不新不旧,其真思想可知。于进化之事业,若有意,若无意,其真目的可知。其行动,无

----

① 张枬,王忍之. 辛亥革命前十年间时论选集(第二卷·下册)[M]. 北京:生活·读书·新知三联书店,1960:986.

② 从张枬、王忍之编《辛亥革命前十年间时论选集(第二卷·下册)》所选编《新世纪》1907 年被其他刊物转载的 12 篇文章来看,署名为"真"的共有 4 篇。"真"发表的文章标题皆与"革命"有关:《祖宗革命》《驳新世纪丛书"革命"附答》《三纲革命》《进化与革命》。署名为"民"(褚民谊)的共有 4 篇,未署名的有 2 篇,署名"千夜"(褚民谊)的 1 篇,署名"真民"的 1 篇。其中《驳新世纪丛书"革命"附答》一文之后附录《革命》(录自《新世纪丛书》第 1 辑)作者为"真民(李石曾)"。从《革命》一文来看,文章采取正面立论,然后有"难者"或"非难者"提出驳论作者再作"答"这种形式。《驳新世纪丛书"革命"附答》的表达形式是,文章采取"原论"(一两句话总括)"驳论"(稍作简单论述)"答"(详尽地逐个论证、剖析)三种形式依次展开,再从文章的话语表达、语言的内在逻辑性(论点的展开方式、论证的广度和深度)以及思想内容来分析,《驳新世纪丛书"革命"附答》的作者与《革命》的作者唱的是双簧戏,"真"与"真民"分别是吴稚晖、李石曾两人的笔名。

所谓平和,无所谓急激,其真手段可知。"在吴稚晖看来,维新派的改良措施、目的、手段等,与激烈的革命相差甚远。因此,吴稚晖代表《新世纪》对维新派的评价是"谓己则曰妖言惑众"。吴稚晖不点名地批评严复:"吾知人所最不满意者,莫如位置某巨子。然某巨子之所学,发表于十年内者,积之在三十年前。何以前二十年中,做八股,吃大烟,种种腐败,既无异于恒人,且其充教习,当总办,言论风采,随在与时为俯仰。迨《强学报》《时务报》出现,康有为以流氓无赖之气息,稍以诡奇之议论震动天下,于是某巨子始以为是无足道,而申酉之间遂与王修植、夏曾佑之徒,别树一帜于津门。在当时以理想论,自为大进化,而其地位实居于被动。此其故,因所积之学,不免为留声机器派,并未能尽其所学,造成自己心量,故蜡管虽较多,亦奚以为。"①"新世纪派"批判严复及其进化论的重要原因,是作为革命者学理的互助论,与维新派严复等所持进化论显然存在学理分歧。

吴稚晖等代表的《新世纪》试图将"进化"与"天演"区别开来,意在和严复的"天演哲学"进行辩论。首先,吴认为:"进化之速力、强力之度数,不以过去者为权衡,而与同时者为比较"。这是因为"进化"是相对于共时性而言,所以在"速力、强力"上就可呈现为激烈的革命形式。反过来,"天演"主要相对于历时性而言,"天演则不然,以猿与猿较,于是有较善较不善之猿之分焉"。因此,"天演进化论"语境下的社会变革无疑是渐进性改良,这是吴稚晖等"新世纪派"所不能认同的。吴稚晖阐明进化是永恒的,"进化者,前进而不止,更化而无穷之谓也。无一事一物不进者,此天演之自然。苟其不进,或进而缓者,于人则谓之病,与事则谓之弊。夫病与弊皆人所欲革之者,革病与弊无他,即所谓革命也"。进化与革命的关系是"革命即革去阻进化者也,故革命亦即求进化而已",可见,"进化与革命二

① 张枬、王忍之.辛亥革命前十年间时论选集(第二卷·下册)[M].北京:生活·读书·新知三联书店,1960:1045,1046-1047,1049,1048-1049.

者之密切相关,二者乃互助而非背驰。今有释进化为善,革命为恶者,是于进化与革命二者之性质未曾深求也"。故由进化规律可知革命的正义性,"地、生物、人、社会之进化,皆相因而来。若欲止一进化,则必先止以上之进化,此力所不能,故知进化必不能止,遂知革命不能免矣,因革命即求进化者也"①。进化与革命是什么关系?"新世纪派"核心人物吴稚晖称,"进化与革命表证(征)之一:文字进化与文字革命";"进化与革命表证(征)之二:支那近年政治社会、思想之进化与革命"②。

"新世纪派"批评严复的天演进化论绝非历史的偶然。严复的社会进化思想源于英国社会改良者斯宾塞、边沁等人表的功利主义学说,随着近代中国由戊戌变法的改良走向暴力革命,严复受到吴稚晖、李石曾与褚民谊等源于法国无政府主义思潮的批判,这反映了中国社会主流思潮的变化,也折射出世界范围内以英国为代表的改良主义与法国革命哲学中无政府主义在近代中国舆论精英思想上的交锋。英国是改良主义的温床,法国是革命思潮的故乡。英、法两国文化传统渊源及政治制度的差异明显,两者的新制度建构历程,与改良或革命传统有着内在关联。这对留英、留法的晚清知识分子有着深刻的影响。严复与"新世纪派"的分歧,实际上是受英、法两国不同的学术传统影响的中国舆论精英思想上的交锋。后《新世纪》发表大量时政文章,论述革命与互助论的关系,有针对严复翻译进化论之用意。"新世纪派"大力宣传克鲁泡特金等人的著作,鼓吹互助论,倡导革命成功后消解政权,推行无政府主义。

对国人而言,域外无政府主义无疑属新思想。新思想昭示着近代社会变革的可能性。进化论、互助论被社会变革思潮不断地建构,这与近代

---

① 张枬,王忍之. 辛亥革命前十年间时论选集:第二卷·下册[M]. 北京:生活·新知·读书三联书店,1960:1041.

② 张枬,王忍之. 辛亥革命前十年间时论选集:第二卷·下册[M]. 北京:生活·新知·读书三联书店,1960:1042,1044.

政治变革的阵痛密不可分。报刊传媒利用进化论、互助论结合时代变迁不断地诠释,反映了报刊传播的西方学理与中国近代政治变革寻求理论支撑的历史变局。

二、《天义》与《新世纪》留日、留法者的政治舆论呼应

近代中国政治变革离不开舆论引领,而政治舆论不仅意味着民意,还涉及民族主义情绪。其时,包含互助论、进化论在内的多种舆论显然存在主流与支流的关系,亦有竞争之意。大体而言,报刊鼓吹的互助论只是众多舆论中的一种而已,无政府主义舆论是与"原始社会主义"思潮相对而言的。在地理空间上,承载政治舆论的报刊也有本土与域外之分。就东京的《天义》报与巴黎的《新世纪》而言,两者在无政府主义的政治舆论建构上遥相呼应。例如,1908年12月5日,远在法国的《新世纪》(第57号)刊载《日本无政府党之开场击鼓》,对日本无政府主义者的赤色事件有深刻的描绘。《天义》报与《新世纪》皆主张无政府主义,认为革命成功后,国家及政府都无须存在,那么体现民族烙印的语言文字还有存在的必要吗?《新世纪》与《天义》报在主张世界语的问题上是一致的。1907年7月27日《新世纪》第6号发表了"醒"的《万国新语》,称:"欲求万国弭兵,必先使万国新语通行各国,盖万国新语,实求世界和平之先导也,亦即大同主义实行之张本也。"为此,《新世纪》又在第35、36号发表《万国新语之进步》《续万国新语之进步》。而1907年12月30日《天义》第13、14卷刊载的《"社会主义讲习会"记事》中就有"提议教授世界新语事"①。新的政治建构下的社会形态需要新的话语表达,在"天义派"和"新世纪派"看来,世界语为无政府社会的话语沟通奠定了语言基础。

———————

① 杨天石."社会主义讲习会"资料[J]. 中国哲学(1):395.

　　总体而言,留法或留日的无政府主义者利用手中的媒介资源,鼓吹各自的无政府主义的学理依据。两者又有联系,如刘师培、张继发起社会主义讲习会,第一次于清风亭开会,幸德秋水以大阪平民新闻社之记者及日本有名之无政府主义社会党员身份演讲,其演说词曾作《天义》附张,后巴黎的《新世纪》第25、26号(1907年12月7日、14日)予以刊载,主旨申述"社会主义中一部分之无政府主义"①。幸德秋水派的重要成员白柳秀湖翻译意大利马刺跌士达(Malatesta,今译马拉斯泰搭)的《无政府主义》,1908年1月,张继从日文本转译成一卷,章太炎作序。张继因参加幸德秋水等领导的社会主义讲习"金曜会"②第廿次大会,成为日警追捕对象,被迫流亡伦敦、巴黎。他很快与李石曾、吴稚晖、张静江、褚民谊等打成一片,参与《新世纪》编撰。1908年,张继致信继《天义》停刊后续办《衡报》的刘师培,称:"中国革命党生活程度太高,即如吾辈,亦纯蹈中等社会之恶习,较之欧洲革命党,实有愧色。欧洲富豪之生活,本非吾辈所取,至于革命党生活,则深可钦佩。彼党所居,均在工人萃居之所,如巴黎、伦敦之东境,均属工人住宅,即日本人所言之贫民窟也。"③又称"《天义》总需接续出版,因东方吾党之机关,除日人所刊《平民新闻》外,唯有此报……出版后乞寄《新世纪》社,此间同志定将新出报章陆续寄至《天义》社,爱尔卫《社会之战斗》系专提倡非军备主义者,已寄上矣"④。张继的信后刊载于《衡报》第4号(1908年5月28日)。《衡报》第10号(1908年8月8日)亦刊载《张继君来稿》,称:"弟今仍居鹰山共产村,大约情形,已刊《新世纪》报。"⑤可见,此时张继已为《新世纪》报的一成员,在政治派系上,是名副其实的"新世纪派"。

---

① 杨天石."社会主义讲习会"资料[J].中国哲学(1):1979:385.
② "金曜会"即每月第二个星期五聚会,"金曜日"即日语"星期五"。
③ 杨天石."社会主义讲习会"资料(续)[J].中国哲学(9):499.
④ 杨天石."社会主义讲习会"资料[J].中国哲学(9):503-504.
⑤ 杨天石."社会主义讲习会"资料(续)[J],中国哲学(9):505.

　　留法吴稚晖等主持的《新世纪》，与留日刘师培夫妇主持的《天义》报常相呼应，如吴稚晖因"苏报案"而与章太炎抵牾，刘师培夫妇后也与章太炎产生纠葛。正是利用章太炎、吴稚晖等旧有的恩怨，刘师培之妻何震遂将揭露章太炎投靠两江总督端方的所谓种种劣迹的信件，刊于《新世纪》。在解释西方无政府主义与国粹的关系上，《新世纪》与《天义》报则颇多分歧。《新世纪》多用西方新学的人文精神批判国粹的文化传统。1907 年"民"在《新世纪》第 24、26 号发表《好古》《好古之成见》，次年第 28 号发表《续好古之成见》，批判国粹派人物一度推崇的"西学中源说"，认为"新理—新学之出现，必有其所以为新理之据，所以为新学之实适于时而宜于行也"，"非必求合于古人之所言，而后可以流行也"①。在《新世纪》看来，"近数年来，中国之号称识者，动则称扬国粹，环海内外，新刊之报章书籍，或曰保存国粹，或曰发扬国粹，甚者则曰国粹之不讲，则中国其真不可救药。……吾敢一言以断之曰，是受历史之毒"②。从其话语表述不难看出，其矛头指向 1905 年初在上海发起的国学保存会。国学保存会的喉舌《国粹学报》于 1905 年 2 月 23 日刊行。刘师培、章太炎等是国粹派的灵魂人物。针对《新世纪》的发难，章太炎致吴稚晖信中称："足下恶言国粹者，利人之愚。利人之愚者，将以掩己之失。（如以讲国粹属张之洞，讲吏治属曾国藩。此纯属门外语。张之洞以前，达官之讲国粹者多矣，张之洞提倡国粹，亦非甚力；但今之大吏，半起白徒，故名独归于张之洞耳！曾国藩惟稍善行军，岂尝讲求吏治?）"比照《新世纪》批点"古义实学派"，称："此类在今日，如自命维新之张之洞等，甚而至于革命党中，亦有如某君某君者，其言论虽若有进，实则思想、目的、手段，常不离此派，即如主张存古

① "民"：好古[N]. 新世纪(24)，1907 - 11 - 30.
② "反"：国粹之处分[N]. 新世纪(44)，1908 - 04 - 25.

及保国粹之类皆是也。"①论及"吏治民生派",《新世纪》称:"此即魏源之徒为之代表,而曾国藩乃此中翘楚。今日存国中,稍执权势者,如冯煦等,乙类之张之洞等,皆隐隐自以为丙类。"章太炎认为论者为吴稚晖。② 吴稚晖的观点偏颇是明显的,但张之洞钟情于国粹是事实,章太炎本人进入其幕府就是注脚。章太炎与吴稚晖在报刊上刊发书信有辩论性质,争论的焦点是"苏报案"中吴稚晖是否出卖章太炎及邹容,导致二人入狱,进而涉及对方为人、治学,即有关文人风骨的道德、文章的评论。

"新世纪派"利用《新世纪》抨击章太炎等国粹派有其政治目的,其中包含"新世纪派"在政治言论上支持孙中山为首的同盟会,反对原属光复会骨干的章太炎、刘师培等。同盟会与光复会之争,属革命党内讧。同为无政府主义者,"新世纪派"致力于传播西方科学为核心的新学,并将其与无政府思想结合起来。相比之下,章太炎、刘师培等虽也常译介无政府主义,但更多的是将无政府主义与中国宗法制度结合起来,注意农耕社会的背景。由此而言,"天义派"与"新世纪派"之争亦属革命党内部政治学理之争。章太炎认为,"吾所谓革命者,非革命也,曰光复也,光复中国之种族也,光复中国之州郡也,光复中国之政权也。以此光复之实而被以革命之名"③。比照他们早年发起光复会,可见他们所谓"革命"之旨归。章太炎、刘师培后虽加入同盟会,但光复会并没有取消。旧学新潮,成员之间抵牾是显然的。

① 张枬,王忍之.真:进化与革命[M]//辛亥革命前十年间时论选集:第二卷,下册.北京:生活·新知·读书三联书店,1960:1041.
② 吴稚晖反驳章太炎"苏报案"的议论,但并没有反驳章太炎信中提及的有关国粹派之所指,可见章太炎认为署名为"真"的《进化与革命》一文乃吴稚晖所作。吴稚晖在复信中也没有否认。
③ 朱维铮,姜义华编注.章太炎选集(注释本)[M].上海:上海人民出版社,1981:292.

三、学人纠葛与《天义》《新世纪》的舆论纷争

《天义》《新世纪》在政治舆论上的呼应及分歧,是中国革命内部派系离合的产物。近代报刊在舆论竞争中显然扮演了重要角色。善于利用报刊及媒介网络进行舆论动员的利益集团,在政治利益攫取中往往表现得更为主动、活跃。以孙中山为核心的同盟会创办《民报》,鼓吹三民主义;以章太炎为代表的原光复会会员,虽然名义上也加入了同盟会,但侧重利用报刊鼓吹排满,是光复而非完全意义上的"革命"。就鼓吹革命的刊物而言,有宣传种族革命涉及排满的,也有鼓吹革命并不排满的。诸如此类,语多分歧。总体上看,《天义》《新世纪》以无政府主义喉舌角色在报界出现,编撰者多为革命阵营中精研国学或西学新知的舆论精英。

革命派宣传三民主义的旗帜是《民报》,孙中山在《民报》发刊词中提出:"余维欧美之进化,凡以三大主义:曰民族,曰民权,曰民生。……是三大主义皆基本于民,递嬗变易而欧美之人种胥治化焉。其他施维于小己大群之间,而成为故说者,皆此三者之充满发挥而旁及者耳。"在宣传方式上以政治灌输为主。在孙中山看来,国人之所以沉梦不起,"惟夫一群之中,有少数最良之心理,能策其群而进之,使最宜之治法,适应于吾群,吾群之进步,适应于世界,此先知先觉之天职,而吾'民报'所为作也"[①]。其首任主编是张继。章太炎 1906 年出狱后前往日本,7 月 7 日由孙中山主持加入同盟会,继任《民报》主编,并参加"天义派"为核心的社会主义研习会,成为无政府主义的重要骨干,章太炎主持的《民报》很快与《新世纪》发生摩擦。

《新世纪》核心人物吴稚晖与《民报》主编章太炎的恩怨,由来已久。

---

① 孙中山. 民报·发刊词[M]//张枏,王忍之. 辛亥革命前十年间时论选集:第二卷(下册).
北京:生活·新知·读书三联书店,1960:81,82.

吴稚晖等连续在《新世纪》发文影射章太炎等国粹派,是革命阵营内讧的表现。这当中的恩怨可以追溯到"苏报案"。章太炎作邹容传记,①叙及他与邹容交往的经过,指斥吴稚晖(吴眺)在"苏报案"发后告密,"会清政府遣江苏候补道俞明震穷治爱国学社昌言革命事,明震故爱眺,召眺往,出总督札曰:余奉命治公等,公与余昵,余不忍,愿条数人姓名以告,令余得复命制府。'眺即出《革命军》及《斥康有为》上之曰:'为首逆者,此二人也。'遽归,告其徒曰:'天去其疾矣,尔曹静待之。'"②章太炎因"苏报案"被捕。邹容亦自行投狱,后病亡。出狱后,章太炎对吴稚晖卖友行径始终不能忘怀,在继续指挥《民报》批判清政府专制的同时,对吴稚晖及《新世纪》也没有什么好感。两者终以舆论分野面貌出现。

1908 年 2 月 25 日出版的《民报》第 19 号,刊载吴稚晖与章太炎往来的书信。吴稚晖原信称:"枚叔先生执事:去年恒来巴黎,见君所作《慰丹传》登诸第十号《革命评论》者。中间以恒旧名,叙述恒与俞君相晤事。满纸孔子若曰、孟子以为,作优孟之声口。文品如斯,恒乃大奇。"信中"慰丹"指邹容,"俞君"指俞明震。章太炎在同期《民报》上刊文反驳,称:"稚晖足下:吴眺、吴朏、吴敬恒,皆足下也。昨得手书,以《革命评论》所述足下与俞明震交涉事来相诘问。""足下献策事,则□□口言之。□□语不知得自传闻,抑亲闻诸俞明震者。"章太炎称其对吴氏批判并非意气之争,"仆于康、梁诸立宪党,诋諆未尝过甚。今于无政府党如足下者,摘发奸回,如彼其至。盖主义之是非,与心术之是非,二者不可同论。且以败群之羊,不可不摈,普天同志,犹未分明,故不得不明著表旗以示天下。岂以个人之私怨而诬足下哉!"可见章太炎认为吴稚晖这样的人品不配讲无政府主义之学理。章太炎称吴稚晖"从康长素讲变法不成,进而讲革命。从

① 该文最初发表于日本宫崎滔天等编的《革命评论》第 10 号(1907 年 3 月出版)。
② 朱维铮,姜义华编注. 章太炎选集:注释本[M]. 上海:上海人民出版社,1981:435 .

□□□讲革命不成,进而讲无政府"。①

后《民报》《新世纪》成为双方论辩的工具。1908 年 7 月 10 日《民报》第 22 号刊章太炎复吴稚晖信,称:"前得手书,造次作复。今见足下复以此函登诸《新世纪》中,故复详疏本末以报。""足下以直供《苏报》主笔让仆,抑足下入狱省视时,已自述行期,仓猝(促)告别,既为逋逃之人,无从捕录,又何隐焉。"1908 年 8 月 13 日,章太炎致吴稚晖信中除重申其在"苏报案"中招邹容入狱之理由外,评价吴氏称:"足下谓仆以一切秽词泄野蛮之怨恨,仆见足下所作《新世纪》,以秽词排斥异己者,南山之竹,不可罄书。"②面对章太炎主持《民报》一面宣传国粹,一面忙于与吴稚晖等的《新世纪》就"苏报案"恩怨、无政府主义等理论是非,孙中山等颇不满。这其中既有两者对中国社会变革主张与思想策略之不同,亦有原光复会与同盟会固有分歧重现等因素。面对矛盾冲突,章太炎、陶成章定重组光复会,拟到南洋筹款,而孙中山则将美洲和南洋同盟会分会改造成中华革命党。因各自组织的需要,孙中山与章太炎为在华侨中筹款及思想动员等事,终致水火不容。而双方此前就革命舆论之母《民报》问题已闹得不可开交。《新世纪》《天义》参与其中,革命及其舆论动员呈现的镜像更加复杂,其中涉及国家、社会重建中的价值取向及政治利益抉择。

四、对域外无政府主义报刊学理及其媒介镜像的反思

在国家与社会关系的处理中,传媒扮演了重要角色。尤其是清末新政时期,以报刊为核心的近代传媒事业迅猛发展,为林林总总的政治舆论起了推波助澜的作用。这其中包含无政府主义等。无论是《天义》还是

---

① 朱维铮,姜义华编注. 章太炎选集:注释本[M]. 上海:上海人民出版社,1981:442,442,443,443.
② 章太炎. 章太炎书信集[M]. 石家庄:河北人民出版社,2003:222,224,227.

《新世纪》，其宣传的无政府主义皆有革命语境。所谓革命，既指思想上的革命意识，也指行动上的革命及其氛围。在近代中国，当革命变成政治意识形态时则涉及革命舆论的建构，这又关涉革命话语对革命舆论的表述。随着政治思潮的演进，革命派对媒介的认知和运用，总体上较维新派成熟，但宣传方式又未必比维新派高明。而对"革命"话语的表述，则非为革命者专有，维新代表者严复、梁启超等皆对"革命"有所解读，在革命或改良的政治变革道路选择中，他们强调政治维新。相比较而言，无政府主义者章太炎则主张"以革政挽革命"。而由维新走向革命过程中经历的学理变迁，特别是无政府主义思想的传播，尤值得学人重视与反思。

晚清无政府主义主要源于域外的原始社会主义理论，域外无政府主义也分为多个流派。从地域角度来看，晚清无政府主义可分为留日的"天义派"和留法的"新世纪派"。这两派无政府主义所依据的学理虽有所不同，但将各自的无政府主义与"天演"哲学互相诠释却是一致的，对严译进化论皆有涉及。严复等人对欧美学问赞叹有加。随着国内主张改良与革命的分歧日炽，留英的严复与留法的吴稚晖等人在进化学理上亦有歧见，这与英国的文化氛围倾向于改良而法国倾向于革命密不可分。留学者在进化学理上的矛盾与纠葛，反映出经列强的战争威逼与西方文化的冲击后，中国学习西方的时间次序造成学理认知上的纠结。其时，中国是先学欧美、再学日本，这也与中国先遭欧美、再遭日本打击有关。当然，日本的互助论主要精髓源于欧美，商务印书馆关于"修生"的图书目录有《自助论》，该书称："著者为英人斯迈尔斯，日本大儒中村正直译之，以振起其国民之志气，使日本青年人人有自立、自重之心，遂养成其俭朴勤苦耐劳之特性，识者谓功不在吉田、西乡下，信矣。今译为汉文，以饷吾国青年。"①由此可见互助论传播的本土语境。就传播的地理空间而言，对华社会通

① 周振鹤. 晚清营业书目[M]. 上海：上海书店出版社，2005：274.

讯系统传播互助论的空间次序,其媒介镜像的呈现在某种程度上带有国别的色彩。对国人而言,就有了西学中国化的过程。

从《天义》《新世纪》所依据的西方理念来看,《天义》从日文翻译转载了诸多的马克思、巴枯宁的思想。在宣传"原始社会主义"及互助论上,《天义》与《新世纪》并无多大差别。但日本之所以引进西方的无政府主义,有其本土的问题意识,并非为中国学习日本而作。相比较而言,法国《新世纪》的无政府主义大本营就在欧洲,这在地理空间上要比日本《天义》有优势。当然,空间的距离近并不意味着就能抓住思想精髓,但巴黎乃至整个法国爆发大革命,多次革命运动在实践上试图解决政府与社会关系的定位,而报刊舆论表述人们对时政的种种不满与非议,无疑为现实生活中无政府主义状态找到了学理上的同构度。由此而言,《天义》《新世纪》鼓吹无政府主义都有西方理论作为参照,但"新世纪派"的无政府主义理论更有原汁原味的风格,其时法国革命色彩也为《新世纪》的革命办刊方向提供了实践观照,只不过是《新世纪》的主要功绩在于吴稚晖等拿无政府主义理论与孙中山的革命实践接轨,而刘师培、何震等"天义派"则倾向于将国粹与互助论相糅合。《天义》与《新世纪》的沟通涉及早期革命者内部的沟通,分歧也属内部政治谱系在政治利益上的角逐。

总之,面对清末新政,中国海外革命党有自己对国家重建、社会重构的学理探讨。他们面对的既有改良取向的社会学理论,又有革命哲学"原始社会主义"理论。早期社会学重要的理论是社会进化论。"原始社会主义"后发生分化,部分革命者对政府表露的强权悲观、失望,无政府主义是其中重要的政治取向,其核心人物克鲁泡特金主张互助论。无论是日本无政府主义语境中的《天义》还是法国大革命氛围中的《新世纪》,两者在国家与社会关系的重建中都强调要重视社会、重视社会基础力量,特别是民众贫困生活的改变。与此对应的是要弱化政府,乃至于取消政府或政权,搞无政府主义。在国家与社会关系的重建中是强调加强国家政权,还是强调重视社会,作为中国无政府主义喉舌的《天义》《新世纪》显然强调后者。在社会重建的学理架构中,两者都探讨了改良哲学中的进化论及无政府主义学理中的互助论,即两者的革命话语中充斥了对未来中国历史趋向的学理想象,只不过学理想象再度在报刊呈现中充满了日本、法国、俄国等异域的革命氛围。

(本文首发于《安徽大学学报·哲学社会科学版》2010 年第 1 期)

两湖留日学生刊物与政治舆论动员中的地缘倾向

近代报刊与政治统治的正当性、合法性关系密切。报刊可从意识形态上巩固政权,也可以论证政治统治的非法性,进而颠覆政权。近代报刊对革命主张的认同,与地域空间上的政治观念认同这两者之间有内在的一致性。辛亥革命以武昌首义而告成功,个中原委,从思想舆论而言,与两湖留日学生接触日本的政治思潮,并借助报刊对国内进行宣传密不可分。由此考察区域意义上两湖留日学生刊物有特别的意义。近代中国存在多个文化区域,近代的中国地理有多种划分方法,一种是以行政单元来划分,如两广、直隶、陕甘等;①另一种是按传统的文化区域来划分,如岭南、湖湘、浙江与江南(江苏与安徽)②、关中等。正如梁启超指出:"以我国幅员之广漠,民族之复杂,气候兼寒温热三带,地形兼山谷平原海滨三界,任举一省,皆足当欧洲一国或二三国。一省之中,而自然界之形与气之区以别者且无量也。气候山川之特征,影响住民之性质,性质累代之蓄积发挥,衍为遗传,此特征又影响对外之交通及其他一切物质上的生活。物质上生活,还间接影响于习惯与思想。"③而信息传播舆论动员因环境差异,其传播效果也不同。

两湖地区的文化核心在湖湘地区。近代长沙、武汉三镇往往是新思

---

① 梁启超.梁启超全集:第7册[M].北京:北京出版社,1999:4258.梁启超在《近代学风之地理分布》(1924年)中认为"以行政区域分节,在理论上本极不适当"。
② 梁启超.梁启超全集:第7册[M].北京:北京出版社,1999:4269.梁启超称:"浙江与江南同为近代文化中心点。"
③ 梁启超.梁启超全集:第7册[M].北京:北京出版社,1999:4259.

想荟萃及发散的集中地。长沙因为有四通八达的交通网络、知识分子聚会的文化娱乐场所、岳麓书院及时务学堂等教育机构以及反应迅疾的社会通讯系统，其往往是新思想传播的策源地。"湖南地处僻远，故乾嘉时，朴学之风号大盛于吴、皖，而三湘七泽间寂焉少闻。曾相国、郭侍郎治三礼，时复参以宋儒，家法未纯。止邹叔绩尚称粗识经义。待湘绮老人出，杂采古今，徒以声音训故不若惠、戴之精，又不屑依附常州末光，乃独树一帜。"①湘绮老人即王运，为湖南朴学代表人物。王运早年入曾国藩幕府，后在成都长沙、衡阳等地讲学，培养了大批文化精英与舆论领袖，诸如廖平、宋育仁、杨锐、刘光弟、刘揆一、齐白石等。1895—1902 年，名士杨度曾师从王运治经史。近代两湖文化区域的特色与岳麓书院育才相关，与时务学堂亦颇有关联。时务学堂为湖南巡抚陈宝箴于 1897 年创办。梁启超在时务学堂任总教习时，杨毓麟与唐才常等任教授。②梁启超鼓吹"天演"新学，与卫道者王先谦等发生抵牾，与杨度亦有论辩，1898 年杨度在日记中称："过璧垣，问省中知名者，曰梁卓如，康长素弟子也，主讲时务学堂。正欲康氏之学，乃往访之。与论《春秋》，能知圣人之非宋儒，其学盖私受于廖平而不曰王门者，欲为立名地耳。"可见双方多属师承分野，宗派意识也属情理之中。双方围绕《春秋》《孟子》展开论辩，杨度称："论辩甚多，词气壮厉，卓如初犹肆辩，后乃遁词。然而其人年少才美，乃以《春秋》骗钱，可惜！可惜！昏暮方去。"③戊戌政变后，"学堂解散，梁遁日本，笃生几及于难，避乡数月乃免"④。杨毓麟于 1902 年春东渡扶桑。而杨度后也求学日本，于 1903 年与梁启超在日本定交并引为知音。近代舆论精英的流动导致政治文化迁移与融合，也导致改良或革命舆论在某个文

① 支成伟 . 清代朴学大师列传[M]. 长沙:岳麓书社,1998:140.
② 冯自由 . 革命逸史:第二册[M]. 北京:中华书局,1981:116.
③ 杨度 . 杨度日记[M]. 北京:新华出版社,2001:78.
④ 冯自由 . 革命逸史:第二册[M]. 北京:中华书局,1981:116.

化区域得以加强或削弱。梁启超也称戊戌变法及义和团运动后,"清政府政治一日一日的(地)混乱,权威一日一日的(地)失坠。因亡命客及留学生陡增的结果,新思想运动的中心,移到日本东京,而上海为之转输"①。以日本为中转站,各种思潮经由留学生报刊向国内发散。

一、清末新政语境下湖南留日学生刊物《游学译编》的行省意识及革命趋向

清末留日学生以江浙及广东等地为多,而较为发达的京津等地青年知识分子留学日本的也不少。1898 年,张之洞在《劝学篇》中称:"出洋一年,胜于读西书五年。"②在张之洞看来,"至游学之国,西洋不如东洋,一路近省费,可多遣;一去华近,易考察;一东文近于中文,易通晓;一西书甚繁,凡西学不切要者,东人已删节而酌改之。中东情势风俗相近,易仿行,事半功倍,无过于此"③。张之洞的观点基本上为清政府所接受,后有癸卯学制并分省向海外派遣留学生。这从清政府的留学谕旨可以看得出来,而张之洞派遣学生也多以留日为主。

(一)《游学译编》的行省意识

留日学生多在同乡会的基础上创办刊物,作为发表政论的平台。这些刊物的发刊词有较为浓厚的地方观念。1902 年 11 月 14 日(十月十五日),湖南留日学生同乡会主持的《游学译编》在日本东京创刊。编辑有湘籍留学生杨度、杨毓麟、陈天华、黄兴、周家树、陈润霖、周宏业、曾鲲化、张

---

① 梁启超.中国近三百年学术史[M].北京:东方出版社,1996:36.
② 张之洞.劝学篇·劝学篇书后[M].武汉:湖北人民出版社,2002.
③ 张之洞.劝学篇·劝学篇书后[M].武汉:湖北人民出版社,2002.

孝准等。① 这些学生大多有在长沙求实书院求学、入日本弘文书院师范速成班的经历。黄兴与杨毓麟、刘揆一、陈天华等最为相得,酝酿发起创办《游学译编》②,主编为杨毓麟,但其核心人物为杨度。杨度颇受庚子事变的刺激,面对巨额赔款及新政,1902 年 3 月 4 日(正月二十五日),他访王运,"问王霸之别及今日夷务应付之方",对其师的答复"意不以为然,而惮于驳难"③。4 月 19 日,杨度再访王运,告以"当往日本求学术异同"④。是年 5 月,杨度等抵日本东京,入弘文书院。"光绪二十八年,日本始以代兴教育自任。其明年,支部、外部合力创设弘文书院于东京,专教支那游学人士,以高等师范学校校长嘉纳治五郎主之。中设教育一科,又分为速成、永久两门。而各省所派速成师范学生,惟湖南十人先至,入院最早。江苏、四川、广东、浙江之自备资斧来学者,以其时各本省皆尚无官派者可附,则皆附属于湖南。"⑤杨度与嘉纳治五郎就教育问题进行会谈。杨度称:"贵国今日之精神,能否适合于敝国今日之用,尚是一大问题。然而新闻纸之为此言者,则殊未可解也。未知先生之意,为与之相同乎? 为与之反对乎? 愿明以教我。"嘉纳氏曰:"敝国报馆主笔,名手仅有三人,今皆未常出稿,其余率皆浅识,未知世界之大势。此等识论不独报馆为然,敝国士大夫亦尝有为予言者,以为代支那兴教育,将来必有复仇之事。"⑥从中可知报刊舆论对中日关系之影响。这亦可见湖南留学生势力之盛。杨度

---

① 任达. 新政革命与日本—中国,1998—1912[M]. 李仲贤,译. 南京:江苏人民出版社,1998:53. 中日甲午战争之后,清王朝开始向日本学习。1896 年总理衙门派了 13 名年龄在 18 至 32 岁的学生到日本学习。按中国驻日公使裕庚的事前安排,日本文部大臣西园寺公望(1849—1940)把教育他们的职责,交付给能干的嘉纳治五郎(1860—1938)。嘉纳治五郎创设弘(宏)文书院,接受张之洞派遣的两湖书院学生黄兴等就读。后杨毓麟、杨度、陈天华、陈润霖也曾在此就读。
② 冯自由. 革命逸史:第二册[M]. 北京:中华书局,1981:116.
③ 刘晴波. 杨度集[M]. 长沙:湖南人民出版社,1986.
④ 刘晴波. 杨度集[M]. 长沙:湖南人民出版社,1986.
⑤ 刘晴波. 杨度集[M]. 长沙:湖南人民出版社,1986.
⑥ 刘晴波. 杨度集[M]. 长沙:湖南人民出版社,1986.

与嘉纳治五郎会谈内容后定名为《支那教育广告》,《游学译编》第三册刊有相关内容。该册刊载《记嘉纳校长演说》,称光绪二十八年十二月十二日午后七时至八时,弘文学院校长嘉纳治五郎集广东、浙江、江苏速成师范卒业生演说中国教育,在校诸生皆列席,湖南留学生因得旁听,遂撮要而记之。可见《游学译编》对嘉纳氏的关注。这些与该刊灵魂性人物杨度行迹密切相关。

《游学译编》主要依托湖南编译社。该社在《游学译编》第三、四册刊有广告,称:"同社诸人,留学此邦,粗得窥见其文明要素于万一,而材力绵薄,思想又复幼稚。求所以适用于我国学界者,殊未得其执衷之说,但念浏览东籍,左右采获,以反哺母国。或使究心经世之士,泛观而自择焉。时或为有助辞偏(褊)狭之处,然彼国之纵言极论,轻侮老大之帝国者,尚或十倍于此。但择取其可言者,以生吾人之愧耻之心。与其讳莫如深,包羞含疾,毋宁暴而扬之,足以激发志气,昭镜国耻,此所以稍尽周厉恤纬之心,亦以置身盲风晦雨之途,愧无以担当之责务,姑以是策自励焉。"其后有"湖南编译社名誉赞成员衔名及捐数"。第四册刊有"湖南编译社已译待印书目",包括英国人斯宾塞的《教育学》、密尔的《自由之理》等,但大体上以日文书为主。

建立在湖南地方意识基础上的同乡会刊物,与湖南的关系密不可分,意在通过翻译以求救国良方。在《游学译编》第一册,杨度发表了《〈游学译编〉叙》,称:"今日外人之诃问,不曰老大帝国,则曰幼稚时代我国之人,闻而恶之。呜呼!此无足怪也,过渡时代之现象则然也。"又称:"同人之译是编也,将以为扶植老大、培植幼稚之助也。"《〈游学译编〉叙》特别申述了"游学""不游学"的差别:"游学与不游学者,日以学术相责望,而同进一尺,斯国民增一尺之涨力矣。"《游学译编》正如刊名所揭示的,以译著书刊时论为主。其办时论之志趣在于"吾不暇问今日之中国于时论之价值为何如,吾特以中国之价值,必由我国民自评之而自定之"。杨度在《〈游学译编〉叙》中称其办刊要杂采书报。"非仅以读书知古,读报知今,欲使阅者收两者之益也,抑以现在之书即为过去之报,现在之报又为将来之书,去者不知其所穷,来者不知其所极,无往而非历史,即无往而非新闻,未可区别也。夫过渡时代之事实固如此也。"讨论了书与报的差别,强调在历史与新闻之间取材。杨度作"叙",涉及学术、教育、军事、实业、理财、内政、外交、历史、地理、时论、新闻、小说等栏目,并有专题讨论。《〈游学译编〉叙》阐明了翻译的重要性,自称"其创事之初,想约以数事,曰不著论说。非仅以己言不若人言之足以相警,既非报纸,无取多言也;抑以今日言之而为新论,明日言之而为常谈,一稿未终,旋将自笑。且论说必取材于他书,是于译述无异也,如之何其不迳译也。夫过渡时代之言论固如此也"。《游学译编》以"杂采书报""不著论说""不美装潢"为办刊旨趣。《游学译编》重内容,而不重形式,即"不美装潢""非仅以成本轻、邮寄便、购求广、见闻扩固也"。

《游学译编》具有浓厚的湖湘同乡会色彩。1902年《游学译编》第二册刊有"本社同人"的告示:"本编初次开办,专以输入文明,增益民智,本无意推广销路,希图利益,且本社同人大都湘籍,眷怀宗国之外,而于桑梓尤注意焉。"是册刊登的《游学译编简章》第一条规定:"本编以扩充本国见闻、增益国民智识为主。"是册刊有《游学译编第二期译员表》,其中"教育"为善化黄轸(即黄兴),"历史"为长沙杨毓麟,后皆成为著名的革命者。这些编译人员有浓厚的行省意识及同乡情缘。主编杨毓麟于1902年4月抵日本东京,曾入弘文书院。1902年冬,杨毓麟以"湖南之湖南人"名义发表《新湖南》,抨击了清王朝的言禁制度,称:"翻《大清律》一书,无一毫集会自由之权,无一毫出版自由之权。"[①]作者又抨击康有为保皇之说,有革命之志,强调湖南脱离清政府之统治,称:"湖南者,吾湖南人之湖南

---

① 饶怀民.杨毓麟集[M].长沙:岳麓书社,2001.

也。……作《新湖南》,用遍告湖南中等社会,以耻旧湖南人之甘于为奴者,以谂旧湖南人之不愿为奴者,以待十八省之同褫奴服,而还我主人翁之位置者。"①杨毓麟以中等阶层的知识分子自居,称:"诸君在于湖南之位置,实下等社会之所托命而上等社会之替人也。提掣下等社会以矫正上等社会者,惟诸君之责;破坏上等社会以卵翼下等社会者,亦为诸君之责。"②《游学译编》第九册刊有《新湖南》的售书广告,称:"是书论湖南之形式及湖南人之特质,发挥民族主义,寓地方独立之意",已印数千册发行,后索者尤多,以成本价出售。《游学译编》表现了浓厚的湖南乡土意识,其第三册刊有《致湖南士绅诸公书》,第四册刊有《致湖南青年劝游学外洋书》,第六册(光绪二十九年三月十五日发行)刊有《湖南同乡会调查大坂博览会人类馆台湾女子事件》(主要是女子裹小脚侮辱华人事件)等。是册刊有《劝同乡父老遣子弟航洋游学书》,称:"中国奴亡,西人利用其愚而永受奴祸;中国不奴亡,他省不奴而湖南独奴是湖南人自奴自愚,以永受其奴祸。"唯一的出路就是留学海外。第七册(光绪二十九年四月十五日发行)"实业"专栏刊有《呜呼湖南实业界》。第九册(光绪二十九年六月十五日发行)专件栏刊有《与某君论湖南矿务总局招海外商人承翰矿务事》。第十册刊有《湖南同乡留学日本题名》。这些说明了《游学译编》的地缘倾向。

(二)《游学译编》的革命趋向

因1903年的"苏报案"及是年6月清政府下令镇压拒俄运动,《游学译编》对清政府态度发生巨变。其时留日学生达3 000余人,报刊的言论有相当大的影响力。在《游学译编》上发表革命言论者尤以黄兴、杨毓麟

---

① 饶怀民. 杨毓麟集[M]. 长沙:岳麓书社,2001.
② 饶怀民. 杨毓麟集[M]. 长沙:岳麓书社,2001.

为代表。曾任《游学译编》"教育"栏译员的黄兴在该刊第二至四册上连载日本人山田邦彦的《学校行政法论》。与此同时,他在日本东京组织拒俄义勇队。5月31日,回国发动革命。是年7月的《游学译编》第九册"外交"专栏刊有主笔杨毓麟的《满洲问题》(封面目录为《满册问题》,可能为躲避检查,有意为之,正文第39页上题名为《满洲问题》),讨论庚子事变后俄国分三期从东三省撤兵的问题。文章抨击清政府羸弱,"满政府外交界之现象,惟抑俄人之鼻息之不遑,其必终出于让步,可知也"。《游学译编》以揭发外交黑幕的姿态大声疾呼:"吾国民于此问题不可不知,其真相不可不思,其究竟不可不处之以冲突网罗之决心,不可不应付之以实行民族建国主义之手段。同胞乎,国民乎,请与诸君熟观外交之黑幕而详察之。"后来杨氏更有洋洋洒洒的《续满洲问题》在《游学译编》第十一、十二册上连载,其考订之精深,令人惊叹。

《游学译编》革命倾向还表现在其对纪年的态度。第十册无时间标注,这与往期判然有别。而本册目录下更无光绪多少年之字眼。这些表明它办刊价值取向的改变。第十一册目录下时间标注为癸卯八月十五日发行,同期刊有"看十月出版"书刊广告,称《光复篇》为"空前奇书,汉种必读"。其中第五章为"满洲盗国记",其排满光复汉族的思想可见一斑。是册刊有《猛回头》再版广告,称:"是书以弹词写述异族欺凌之惨剧,唤醒国民之迷梦,提倡独立精神,一字一泪、一语一血,诚普渡世人之宝筏也。"可见,此时《游学译编》倾向民族革命,基本上转为革命性刊物。

二、《湖北学生界》的行省意识与中国革命思潮的取向

湖南同乡会的《游学译编》特别重视刊载译著,此为后来者所仿效。①

① 如《湖北学生界》第二期(光绪二十九年二月朔日发行)以"湖北学生界社"名义刊有《本社同人译成近刊书目》,书目多为日本的教科书等方面的译著。

湖南、湖北比邻,属广义上的两湖地区,湖南留日同乡会舆论领先,湖北学生界也不落后。湖北留日学生以 1903 年为众,《湖北学生界》第四期发表的《湖北同乡会报告》称:"近数月来,湖北留学生自费来东者,络绎不绝,现剧增至五十余人(官费资助生除外),其中并有破家荡产而来者。噫,留学诚盛事哉! 想鄂中志士,欲来未来者,当更十百倍于此数也。"湖北留日学生的舆论阵地以 1903 年 1 月 29 日在东京创刊的《湖北学生界》为代表。该刊第一期刊载有《湖北学生界开办章程》,第一条"宗旨"称:"输入东西之学说,唤起国民之精神。"取名缘由为"本报由湖北留学日本同人创办,故名曰'湖北学生界'"。《湖北学生界》的发起成员多为湖广总督张之洞在湖北等地倡导新政而派往日本学习的军校生,主要由张继煦、但焘、刘成禺、屈德泽、范鸿泰、权量、蓝天蔚、李步青、陈文哲、张孝移、金华祝、程明超等人编撰,主编为著名的革命者刘成禺。而辛亥年爆发武昌起义多与这些留日学生的早期政治动员密切相关。

(一)《湖北学生界》的行省意识及其"业报"与"学报"之间的办报趋向

《湖北学生界》以东京为开办处,以湖北省城武汉为总发行所。据《湖北学生界开办章程》介绍,其开办系"由湖北游学同人集资百份,先行开办,以日币十元为一份(一人任多份者听)作为基本金并每月酌出维持费"。《湖北学生界》筹办是按照股份制来运作的,职员并无薪俸,其开办章程第五条规定:本社设撰译庶务各项,职员均由社员更迭选任,皆不给资,按年送本报一份以作酬劳。《湖北学生界》还声称自己为了"开通风气起见,定价格外从廉"。《湖北学生界》刊载内容及体裁甚为广泛,设有论说、学说、教育、经济、农学、工学、商学、军事、理科、历史、地理、小说、时评、词薮(有"楚言集"等地域特色的专栏)、杂俎、外事、国闻、留学记录等栏目。其中"国闻"相当于新闻专栏,主要是中国时政报道。《湖北学生界》刊有"留学记录",发表在第一期的《湖北同乡会章程》称:"留学同人各有输入文明、匡扶宗国之责任,今先组织四种机关,以达本会之目的。"主要包括杂志部、编辑部、教育部、调查部等。第一期还刊有"本社名誉赞成员题名",主要是捐款人员的名单及其捐款数额。这些内容呈现出明显的地缘倾向。

《湖北学生界》的地方意识在张继煦的《叙论》中得以体现,作者历时性地从地理空间上探讨"楚"的地位,称:"锁国时代之楚与开通时代之楚异,通商伊始之楚与门户洞口之楚异。"①而从全国范围来看,"吾楚为九省总汇之通衢,江汉殷轸,商贾辐辏,白皙人种联翩并集,以交易额计之,则长江商埠除上海外,无一能凌驾汉口者,岂非其位置之善,为腹地所罕有哉?"面对区域意义上的"楚"与整体意义上中国之关系,"吾楚之影响全局者,若斯其大也"。发刊词不仅从地理空间上解读了刊物的志趣,也阐释了办刊与开民智的关系。尤其在楚与整体意义的中国关系中定位报刊在思想启蒙运动中的责任,认为欲在竞争中立住脚,须养成国民之资格,而养成国民之资格,"不可不睿国民之知识",在开民智方面,"东西各国所恃以发达个人之特质者,学校、报纸几有功力平均,缺一不可之势。以吾中国现势衡之,报纸尤要哉"。发刊词在开民智的语境中论及报纸的功用:报纸"无老无少,无贵无贱,无贫无富,皆可从事于此。阅报多一人,则多一人之热度,而国家多一抵御外侮之人矣。世界开化最胜者,莫若美,其人口七千六百五十余万,阅报者至千五百十万人,平均计之,六人中必有阅报者一人。以此比例,吾楚三千五百余万之民族,应有阅报者五百八十余万。虽然幼稚时代之现象又乌能遽语乎此也,吾独异夫一省之大而报馆无一二焉。辍学之士,皆待饷于千里之外,此则勺水不足以止渴,西江之水不足救涸辙之鲋。岂惟吾楚之进化凝滞,譬诸饮食吸纳之机关,有物横鲠其中,全体皆受影响,其关系岂微也哉?此同人等之所深忧大惧,

---

① 张继煦. 叙论[J]. 湖北学生界,1903(29).

不恤以区区所见所闻,而一涂国人之耳目也"①。在《湖北学生界》的编辑人员看来,中国教育不兴,道路不通,报纸不多,社会各界对各国发展情形不了解,对本国的严峻局面不清楚,这是不足为怪的。该报对其在开启民智中扮演的角色颇有认识的深度,对自己开启之功颇为自豪。除大量介绍西方的自然科学外,《湖北学生界》也侧重介绍历史地理,乃至世界政治格局。其"时评"专栏,第一期探讨"世界政策",从日本的《太阳报》摘录日本人的原著等。"杂俎"栏目侧重科技发明或新生事物的介绍,如第一期该专栏设置"谈奇",其中介绍"衣囊电话器之发明""巴黎无线电信新闻"等。《湖北学生界》第二期刊载了《湖北学生界简章》,除在"门类"中介绍该刊的栏目设置以外,还登载"刊例""特色"及"售法"。其"办报特色"定位为:"本报为吾国一大杂志,搜罗宏富,各种齐备。或考诸泰西哲人著述或本于日东名家讲授精义明言,弥漫、磅礴、渊雅、壮快、宏阔万里。读者虽未游学海外,恍如遍履东西,亲获讲学之妙,非若专事直译损人脑筋可比。""本报为吾国国民说法,一篇一章一行一句,无不补国人公德之缺点,启世界民族之思想,科学益其智识,理论辟其精神,事实助其感情,文词增其美德,实足养成中国将来之国民。"当时留日学生刊物皆有行省意识及全国目光。在定位上,《湖北学生界》创刊号申明:不尚空谈,不责精深,专为社会说法,专就目前说法,陈病症而兼及方法,婉劝而戒嘲骂。可见其"业报"的价值取向。而"简章"亦称:"吾国向来各杂志,非偏于理论,即偏于科学,本报物质文明与精神文明两两输入,实有业报兼学报之资格。"游走在"业报"与"学报"之间,正是《湖北学生界》的办报趋向。

(二)《湖北学生界》的精英立场及其革命趋向

以"业报"兼"学报"为标的的《湖北学生界》侧重从学生立场出发刊布

---

① 张继煦. 叙论[J]. 湖北学生界,1903(29).

言论。如 1903 年第二期的"论说"刊载李书城的《学生之竞争》,称:"挟持政柄者,大率皆顽钝腐败之魁杰也。"在世界竞争风潮最剧烈之时代,是不能指望他们担负社会职责的。他主张将中国社会分为三个阶层,而"下等社会之中,识字者盖寡……且蛮野横悍",与世界上文明国民相竞争,必然要失败。"学生介于上等社会、下等社会之中间,为过渡最不可少之人。"学生对"上等社会所负之责任重也",同时学生对下等社会而言是其指向针也。因此,"二十世纪之中国,学生之中国也。其兴也惟学生兴之,其亡也惟学生亡之"。《湖北学生界》刊布后,言辞逐步激烈,引起较大的舆论反响。自第三期,刊载的文字甚少,作者署名仅署"生生生"之类的别号,此系作者考虑个人安危而为。救亡图存不仅意味着求生,更有救世之旨归。《湖北学生界》第三期刊载在"论说"栏中的《论中国国民之前途及国民应尽之责任》,称:"夫立国于地球之上者,无国民则亡,有国民则强,此固历史上之明证也。"本期"教育"专栏讨论"国民教育","军事"专栏探讨"军国民思想普及论","地理"专栏探讨"地理与国民性格之关系"。第四期刊载《学生军缘起》《学生军规则》,即 4 月 3 日留日学生在东京组织拒俄义勇队等学生军运动之序幕。

自刘成禺、李书城等参与主持编撰,该刊遂倾向于民主革命。面对日益高涨的拒俄运动及排满的民族主义舆论,《湖北学生界》第五期末尾刊有"本报发行所"的广告,始用黄帝纪元,标示"黄帝纪元四千三百九十四年五月朔日发行",以黄帝纪元显然有别于光绪年号,此可见《湖北学生界》对清政府的态度。该期《湖北学生界》有《湖北学生界特别大广告》,称:"本社同人,负笈海外,殷夏祖国,特出丛报,饷我同胞。数月以来,颇邀奖誉,销数至七千份以上。自惭寡陋,弗宁厥心,惟此拳拳,欲振吾种,当为海内所共谅耳。兹因暑假期内,社员大半回国,是以出版稍缓,延期之咎,夫复何辞?同人忧虑学殖太浅,余阴有限。难以维持盛举,以负同胞希望。用特致函欧美。招回湖北留学美国英提颇敦大学文科神科及法国尔里留纯大学法科卒业博士诸君,专门担任。组织命也。一切改良,冀放一线大光彩,于我亚东大陆。本社员暂驰负荷,亦得籍此时光,稍增实学。冀他日报效祖国,戮力疆场,不至于无学贻羞。至诸博士,系情桑梓,慨膺斯任。所学既出于独立、民主之母国,其立论必有高出前数期万万者。愿我同志拭目以观。"六月第六期易名为《汉声》,公开宣称,"今之时代共和立宪几遍全球,专制国之国民触之立败,盖亦天然之真理","我国民宜速持定主义,破坏倒灭满清之政府,而自建政府"。随着种族革命的呼声高涨,《湖北学生界》做出积极应对,第十一册宣布易名,并发表"旧学。《湖北学生界》改名《汉声》(闰月增刊)"的广告,称:"本社当笔人归自北美,不暇抽思作文,特取宋明以来雄文编成一卷,饷我同胞,发其种族观念,仿文选例,区别文体,为二十一类,其中有当笔人环游欧西,抄诸意大利藏书楼者,故如明太祖驱胡檄等皆中国所罕见,特为付梓,以公诸世,现已出书,想为海内所欢迎,已定购《湖北学术界》闰月分(份)者,即以此书奉上。"意以明太祖驱胡檄之事,彰现排满思想。

总之,分析两湖留日学生刊物,可见近代革命在地理空间上有重要表现,地缘关系扮演了重要角色。中国地方行省办的报刊以及日本留学生在域外办的中国行省报刊,都印证了这一点,这决定中国近代报刊既有同乡意识,也有全国目光。

三、两湖留日学生刊物相互支援与革命舆论的地缘特色

探讨近代报刊对改良或革命舆论的建构等政治舆论动员的关系,必然涉及近代社会变革。近代中国在西方的冲击下,国家与社会呈现分离的趋势。而前近代中国处于家国同构的状态,这从"修身、齐家、治国、平天下"的思想理念中即可窥见一斑。传统社会关系涉及血缘、地缘,等等。近代战乱频仍导致区域意义上的舆论精英游走各地,信息传播路径由此

而改变。当思想家在把握政治机遇或遭受压力时,跨区域的行迹则属情理之中的事,诸如梁启超由上海走向长沙、又由长沙到北京、戊戌变法失败后被迫流亡海外等。而梁启超们又如何改变传播路径,从而使得改良思潮的中心区域在地理空间上发生位置的迁移,这正是要研究的问题。留日学生杨度、黄兴等作为《游学译编》的编辑,其政治生涯亦有类似的际遇。同乡地缘关系即空间关系的重要表现。

(一)以乡土命名的留日学生刊物彼此关联

考察近代以报刊为核心的传媒系统,一方面要注意其与所在的区域文化诸如湖湘文化、江浙文化、岭南文化等的联系,另一方面必须超越区域局限,分析近代重大历史事件对不同区域性报刊的影响有何异同,区域性报刊在社会舆论及民意塑造中扮演了什么样的角色等。以乡土命名的留日学生刊物有着密切的关联,从而形成了一个跨区域的舆论传播共同体。例如《游学译编》第五册刊有《直说》出版消息、《浙江潮》第二期要目预告、《湖北学生界》第一期目录。除与《游学译编》关系尤其密切外,《湖北学生界》亦与江浙留日学生刊物相呼应。《湖北学生界》第一期即刊有《游学译编》第四册目录预告;第二期刊尾刊有《浙江潮》广告并附有目录及其办刊"特色"、连载《游学译编》第四册目录预告;《湖北学生界》第三期刊尾刊载《直说》第二期目录、《游学译编》第五册目录、《浙江潮》第二期目录;第四期刊有《江苏》广白,包括第一期概目及门类,等等。这些说明留日学生刊物之间相互往来并形成传播网络,也从侧面反映诸多乡土色彩的刊物在日本东京、横滨等异域的相互支援。

湖南留学生的舆论多得湖北留学生的呼应。《湖北学生界》刊行以后,《游学译编》第四册即刊载了《湖北学生界》广告,包括门类(即第一期的专栏设置)刊例及特色等。而《湖北学生界》刊行之初即与《游学译编》相呼应,其第一期即刊载湖南《游学译编》第四册目录预告,同时介绍了湖南编译社发行、上海广智书局代售的日本文学界人士有贺长雄编《国家学》、日本浮田和民讲述《史学原论》、日本中野礼次郎的《十九世纪欧洲教育之大势》等书籍。《湖北学生界》第一期末尾更刊载了发起人为黄兴、杨毓麟等人的《湖南编译社叙》及《湖南编译社招股启》《湖南编译社总章》《湖南编译局编辑部章程》《湖南编译社总社及分社章程》《湖南编译社集股简章》等内容。《游学译编》第十册刊有"《湖北学生界》第六期内部组织一切改良,新定嘉名《汉声》"的公告。可见,《湖北学生界》与《游学译编》同声相应,呈现出明显的地域特色,这也和两湖地区留学人员往来密切不无关系。

(二)两湖留学生刊物创办者的地缘倾向

湖南学人多受湖湘文化的影响。《游学译编》主编杨毓麟在 1902 年冬撰有《新湖南》,并以"湖南之湖南人"笔名在东京刊行。他在《绪言》中称:"太平洋客著《新广东》,三户之愤民,读而韪之。有顷,见康氏所为《辩革命书》,反复而读之,忧沉沉而袭心。"①太平洋客即康门弟子欧榘甲。可见,《新湖南》有与康有为商兑之意。杨氏称:"湖南者,吾湖南人之湖南也。铁血相见,不难不竦,此吾湖南人对于湖南之公责也。抑亦吾湖南人对于汉种之公责也。作《新湖南》,用遍告湖南中等社会,以耻旧湖南人之甘于为奴者,以谂旧湖南人之不愿为奴者,以待十八行省之同襢奴服,而还我主人翁之位置者。"②"今日吾辈之所研究者,在存中国,在存湖南以存中国,苟有不必排满而得存湖南者,吾辈不必排满可也;苟有其不出于排满而必不得存湖南者,吾辈又奚为隐忍苟活坐视其亡也?"③《新湖南》影响广泛,冯自由称《新湖南》"鼓吹湘省脱离满清独立之说甚力,与粤人

---

① 饶怀民.杨毓麟集[M].长沙:岳麓书社,2001:29.
② 饶怀民.杨毓麟集[M].长沙:岳麓书社,2001:32.
③ 饶怀民.杨毓麟集[M].长沙:岳麓书社,2001:68.

欧榘甲著之《新广东》同风行于世"①。《新湖南》也一度与《警世钟》《猛回头》等成为两湖地区的启蒙读物。

《游学译编》核心人物杨度于 1902 年 10 月中旬回国。11 月 30 日前后杨度途经上海,撰有《为〈游学译编〉立案事上袁树勋禀》。时袁树勋以二品顶戴身份任江南分巡苏松太兵备道。杨度称:"窃举等以一国风气之开,系乎教育;教育之道,必能和中外之学,审人己之宜,非广译书籍,以备参考,不能期于完备。是以纠合同志,创设游学译编社于日本东京,翻译和洋书籍,如政治、经济、法律、教育、陆军、工业、商务、历史、地理各种有用之学,汇译成编,月出一册,售之内地"论及传播效果,杨度称:"如能推广,或增加册数,或以一门所译已成完书提出单行,或另编一书附于本社印发皆期以流布内地,供学者之考求。"②比照《游学译编》第一册刊有《本编代派所》,从中可见其地理覆盖面的广泛,其中上海总代派处为广智书局,北京为长沙周寓,而福建、四川、广东、江苏、湖北、湖南皆有代派,其中湖南代派为官报局及时务汇编社。但其时上海盗印风行,杨度等"特恐坊贾射利,任意翻刻,夕斗错遗漏,至滋遗误","请求在官府立案,示禁翻刻"③,《游学译编》第三册果然刊载了袁树勋于光绪二十八年十一月初一日发布的告示,基本上同意了杨度的请求。由此可见,早期的《游学译编》为中国大陆公开发行,不大可能存在革命观念。苏报案发生以后,情况有所变化。《游学译编》灵魂性人物杨度于 1903 年 10 月 4 日在《新民丛报》第三十八、三十九合刊号上刊发《湖南少年歌》。杨度与梁启超等惺惺相惜的学人关系,在刊物上亦有反映,《游学译编》第五册(光绪二十九年二月十五日出版发行)曾刊布《新民丛报》第二十六号目录。梁启超在《饮冰室诗话》中称:"湘潭杨皙子度,王壬秋先生大弟子也。昔卢斯福演说,谓

① 冯自由.革命逸史:第二册[M].北京:中华书局,1981:116.
② 刘晴波.杨度集[M].长沙:湖南人民出版社,1986:90.
③ 刘晴波.杨度集[M].长沙:湖南人民出版社,1986:90.

欲见纯粹之亚美利加人,请视格兰德;吾谓欲见纯粹湖南人,请视杨晳子。顷晳子以新作《湖南少年歌》见示,亟录之,以证余言之当否也。"杨度在文章中称:"我本湖南人,唱作湖南歌。湖南少年好身手,时危却奈湖南何?"[①]他列数屈原、宋玉、贾谊、周敦颐、王夫之等湖南人或在湖南任事者,特别提到面对太平天国运动,曾国藩、罗泽南、江忠源、彭玉麟、王运、胡林翼等湖南人的诸多言行事迹,"只今海内水陆军,无营无队无湘人。独从中国四民外,结此军人社会群"。在他看来,"中国如今是希腊,湖南当作斯巴达,中国将为德意志,湖南当作普鲁士。诸君诸君慎如此,莫言事急空流涕。若道中华国果亡,除非湖南人尽死。"[②]

相比之下,《湖北学生界》则属鄂籍留日学生所办,第一期的发刊词呈现了刊物的湖北行省意识及全国目光:"吾楚为全国中心点,为他人演剧之舞台,已若是矣;由中心点而旁引于众方面,则吾全国焉往而不为他人之舞台也。"在救亡图存的历史使命下,"吾国最重最要之地,必为竞争最剧最烈之所,吾滋惧焉,惧吾楚之为各国饵也"。《湖北学生界》还重视湖北省情的认识与调查,该刊第一期即刊载《湖北调查部纪事叙例》,论及调查的重要性,该文称:"各国人之于其国也,无一事不有调查会,或政府提倡之,或人民自组织之。"该《纪事叙例》表明了湖北留日学生的行省意识,"湖北者,湖北学生演其输入文明之舞台也。湖北调查部者,测量此舞台而辨其所以利用之方针也";"吾辈既为湖北人,则以湖北人谋湖北"。以湖北等地名来命名日本土地上的中国留学生刊物,其背后有同乡会地缘上的黏合性,而报刊而言,及时、准确地传播信息无疑是它的生命力,但在与中国隔海相望的日本,想往国内及时准确地传播信息,这无疑是很难做到的。这些地缘意义上的中国行省在日本留学生中被凝练成刊物的传播

---

① 刘晴波. 杨度集[M]. 长沙:湖南人民出版社,1986:90.
② 刘晴波. 杨度集[M]. 长沙:湖南人民出版社,1986:90.

符号,在更大程度上是中国地方的知识分子流亡于异国他乡时媒介建构的结果。虽然这种媒介建构的中华复兴之路在这些学生中不断以本省社会调查的方式加以强化,但这种强化只是媒介化社会塑造与真实社会图景无形的重叠方式,它告诉受众,富强之梦并非完全凭空想象,而是立足于家底子的开掘。留日学生界在异国饱受外界刺激,其报国信念越发强烈,爱国情绪日益高涨。同样,由于身在东京、横滨等地,他们目睹了日本的强国之路,对于祖国处在清政府统治下的政治腐败尤其切齿痛恨,因此普遍产生了革命倾向。

(三)留日学生刊物的地缘特色与政治舆论建构

从地理空间上来看,日本是诸多中国留学生的聚集地。就时间而言,1901 年 5 月,秦力山等人在东京创办《国民报》,鼓吹革命;但 1902 年梁启超等人在横滨分别创办《新民丛报》和《新小说》,大体上还是宣传改良思想。1903 年前后,留日中国学生掀起了办刊热潮。日本的中国留学生界开始出现改良与革命思想对峙的状态。时值日俄摩擦日炽,两者矛盾涉及中国东北问题,这些刊物大多参与拒俄运动舆论宣传,这从其刊发言论中可见一斑。就空间意识来看,其时留日学生报刊大多强调行省观念,《游学译编》及《湖北学生界》为其前驱。这与留学生同乡会组织的乡土情结密不可分。作为行省意识浓厚的刊物,来自中国各省的留学生强调本省社会调查,侧重省情认识。

同样,由于身在东京、横滨等地,留学生目睹了日本的强国之路,对清政府统治下政治腐败、暮气沉沉的现状十分不满,颇有革命倾向。随着国内社会各界对政治改良道路的失望,这些刊物关注的是救亡图存压力下近代中国社会的出路。这种以行省故乡的名义追求祖国富强的宏观视野,因救亡图存而被迫向殖民者寻求富强之途径的中国留学生有更深刻的民族情感体验。从精神空间而言,他们与祖国是零距离的,只是在转载消息时,他们多从日本的《太阳报》上摘录,可能因远离本土,敏感的政治新闻也常在留学生刊物上得以呈现。

以局部事实想象中国大陆整体,并以选择性的事实传播民族主义仇恨,这是大多数留日学生报刊的共同点。以地方主义为标示的这些刊物绝非留学生民族情感空虚时的顾影自怜或孤芳自赏,而是通过上海、长沙、武汉等地向全国大量传播民族意识。留日同乡会筹办的这些行省刊物将深切的民族痛楚感撒向神州大地的各个角落,播撒下一颗颗酝酿革命情绪的种子。留日报刊对政治建构及革命话语呈现的媒介镜像,特别是其中传播的政治想象与排满革命等民族主义情绪,其后果波及辛亥革命。

(本文首发于《广西师范大学学报》2012 年第 5 期)

《民报》阵营分野与辛亥革命
前后政治舆论的媒介镜像

清末孙中山等人常自谓其领导的是"平民政治革命",旨在推翻君主专制。平民革命必须要超越地缘的限制,而出现的诸多以行省命名的留学生刊物,多由宗法影响下的同乡会组织控制。就政治派系而言,有兴中会、华兴会、光复会等,这些革命团体亦多地缘色彩。而近代留学刊物的地方意识与全国视野有一定矛盾,筹办全国口径的革命喉舌迫在眉睫。就革命派而言,以同盟会、光复会为代表。以孙中山为核心的同盟会,提出"三民主义",革命包含民族、民权、民生等方面;以章太炎为代表的光复会,鼓吹汉人对清政权是光复而非革命。就鼓吹革命的报刊而言,有宣传种族革命的,涉及排满问题,也有鼓吹革命并不排满的。诸如此类,语多分歧。"近时杂志之作者亦夥矣。姱词以为美,嚣听而无所终,摘埴索途,不获则反复其词而自惑。"①正是在这众声喧哗中,《民报》于 1905 年 11 月 26 日创刊,充当鼓吹革命舆论的喉舌。

目前《民报》研究集中在其与《新民丛报》关于"三民主义"的论战②及《民报》对革命派政治舆论宣传的贡献上③。有论著探讨《民报》与国际政

---

① 孙中山.《民报》发刊词[N]. 民报(第一号),1905 - 11 - 26.

② 主要论点见:朱法源. 同盟会的革命理论——《民报》个案研究[J]. 台北"中研院"近代史研究所,专刊(50).1985;赵梦涵、李天安,郭德宏. 辛亥革命前资产阶级革命派与改良派论战的再评价[J]. 山东大学学报,1988(1).

③ 《民报》与政治人物的关系,代表性论文有:饶怀民. 试论民报时期汪精卫的民族主义思想[J]. 华中师范大学学报,1981(3);黄顺力. 孙中山与章太炎民族主义思想之比较[J]. 厦门大学学报,2001(3)。《民报》与辛亥革命的关系,主要见:林家有. 论中国资产阶级革命派的民族主义宣传及其对辛亥革命的影响[J]. 中山大学学报,1981(3);杨定名. 论资产阶级革命派的"革命排满"口号[J]. 兰州大学学报,1982(2).

治运动的关系,①也有论著涉及《民报》被查禁,但主要利用日本的一些关键性档案文献并结合章太炎个人的政治激进举动进行解读②。而作为革命喉舌的代名词,《民报》的政治意义不言而喻,其历史命运值得反思。当下我们对此问题进行探讨除了要发掘史料之外,更要从研读框架上有所突破。

实际上,包括辛亥革命在内的近代意义上的革命,不仅具有政治行动的意义,也包含政治制度变革及其舆论变迁,后者涉及政治合法性的论证。革命不仅仅是观念的问题,而且涉及政治话语及其表述,其中尤以《民报》对革命话语进行迂回宣传等表述策略为代表。由此而言,《民报》鼓吹的"三民主义"对近代政治变革有建构性作用。而《民报》被查禁既是传媒事件,更是政治事件。围绕事件还可以分析局内人、局外人对《民报》及其被查禁的看法。将查禁作为事件而非结果来探讨,可以分析政治社团与革命话语宣传的作用,诸如在"传媒—政治"的框架里分析革命者的势力在查禁事件中如何表现,清政府的政治势力是如何通过外交策略向日本官方施加影响的,而日本警方对清政府层面的外交策略又是如何回应或调适的,等等。而革命者如何将《民报》被禁这一传媒事件有意识地放在政治事件的框架内进行思考,值得关注。

一、汪精卫、胡汉民与《民报》办报旨趣

《民报》的前身是在日本刊行的《二十世纪之支那》,原拟作同盟会的会刊,但第二号刊有蔡序东所作的《日本政客之经营中国谈》,揭露日本政

---

① 主要观点参见:彭树智. 民报与印度的独立运动[J]. 南亚研究,1982(1);林承节. 民报和二十世纪初亚洲各国革命[J]. 史学月刊,1994(1).

② 唐振常.《民报》"封禁"事件诸问题[G]//纪念辛亥革命七十周年学术讨论会论文集(下). 北京:中华书局,1983.

府觊觎中国东北领土的野心，日本内务大臣命警署予以查禁。《民报》是革命派宣传"三民主义"的旗帜，孙中山亲自参与筹办。1905 年 9 月 30日，孙中山复陈楚楠函称："弟现与同志在东京创办一杂志，名曰《民报》，不日可以出版，自当请足下为星洲之总理也。"①孙中山复鲁塞尔函称《民报》的意思是"人民"而且"它只出中文版"。② 孙中山在《民报》发刊词中提出："余维欧美之进化，凡以三大主义：曰民族，曰民权，曰民生。"③《民报》"以张继长于日语，能对日人交涉，故用其名为发行人，张始终未尝问《民报》编辑事"④。实际上该报编辑为胡汉民。张继主持期间，该报基本反映了孙中山办报旨趣。《民报》第一号刊载四人图画，即"世界第一民族主义大伟人黄帝""世界第一民权主义大家卢梭""世界第一共和国建设者华盛顿""世界第一平等博爱主义大家墨翟"。这些图画基本上是根据孙中山"三民主义"主张所筛选的，有中西交融互释之意。图画另称黄帝为"中国民族开国之始祖"，可见孙中山对包含满汉在内的民族主义的态度。"人民"是三民主义的概念基石，在孙中山看来，国人所以沉梦不起，"惟夫一群之中，有少数最良之心理，能策其群而进之，使最宜之治法，适应于吾群，吾群之进步，适应于世界，此先知先觉之天职，而吾《民报》所为作也"⑤。曼华（即汤增璧，后文有考析）后来回忆《民报》的办报旨趣"三民主义"称："《民报》最初之撰稿者，如胡（展堂）、汪（季新）、朱（执信）、宋（遯

① 广东省社会科学院历史研究室，中国社会科学院近代史研究所中华民国史研究室，中山大学历史系孙中山研究室.孙中山全集：第一卷[M].北京：中华书局，1982：286.
② 广东省社会科学院历史研究室，中国社会科学院近代史研究所中华民国史研究室，中山大学历史系孙中山研究室.孙中山全集：第一卷[M].北京：中华书局，1982：323.
③ 孙中山.《民报》发刊词[N].民报（第一号），1905-11-26.另按《民报》原件为"第 X 号"学界也常用"第 X 期"标示，文中"号""期"同义.
④ 胡汉民自传[M].台北：传记文学出版社，1969：17.
⑤ 孙中山.《民报》发刊词[N].民报（第一号），1905-11-26.

初)诸氏,为文立论,探奥撅微,莫不以阐发此三大主义为任。"①《民报》第一号附有《本社章程》,称:"本杂志之主义如下:颠覆现今之恶劣政府;建设共和政体;维持世界之真正平和;土地国有;主张中国、日本两国之国民的连合;要求世界列国赞成中国之革新事业。"②胡汉民在第三号《民报》刊发《〈民报〉之六大主义》,称:"本社近得问者诸君函,举问所标六主义之概。关于此节既不能繁称以答,而本报自始期以来,所发阐者,拘于篇幅,未尽厥恉。盖一主义之函,累年月而莫殚,而意有所注,则词亦有所倾,其为详略,殆非偶然。本社因诸君之问,急期相与了解,爰属记者为文说明之,义取解释,语其详,则俟他篇也。"③可见,胡汉民是以《民报》编辑部的身份在阐释《民报》简章。胡汉民运作下的《民报》对"主张中国、日本两国之国民的连合"有具体的论述:"此犹前条之意义,而特揭之者,以中日两国国际问题犹未解决也。日本所筹以对待中国者,其全体之意思不可具晓,而以吾人所知,则有二派:其一曰侵掠主义;其二曰吸收主义……中国人士对待日本者,亦向分排日、亲日两派。排日非大势所宜,我之不能排日,犹日之不能排我;而亲日者徒企人之我保,而无实力以盾其后,亦非吾人所取也。吾人所谓两国国民的结合,则为两方之交谊。为中国者,讲求实力,以保其对等之资格,使交际间自无所屈辱;而日本,亦当泯厥雄心,推诚相与。"④针对"主张中国、日本两国之国民的连合",主编张继后来回忆称这是办报策略。胡氏自己亦称:"孙逸仙先生之叙《民报》也,曰:非常革新之学说,输灌于人心,而化为常识,则其去实行也近。然则能诵《民报》,知《民报》之主义,则革命可能。然哉! 然哉!"⑤

① 曼华. 同盟会时代《民报》始末记[M]//中国史学会. 辛亥革命:二. 上海:上海人民出版社, 1981:439.
② 参见《民报》第一号.
③ 参见《民报》第三号.
④ 参见《民报》第三号.
⑤ 参见《民报》第三号.

　　前文述及《民报》第一任编辑者兼发行人是张继，实际操持者为胡汉民，共编撰五期。而孙中山通过《民报》宣传了政治革命，同时培植了许多政治人才，诸如胡汉民、汪精卫等。1903年，胡汉民以学习师范教育为由至日本，①次年，汪精卫官费留学日本②。后胡汉民抗议清驻日公使蔡钧的迫害而归国。1904年，胡汉民以学习法政名义再度前往日本留学。汪精卫在自述中亦称："乙巳年，我二十二岁，孙先生到东京，我和朱执信等几个人前去见面，加入了中国同盟会。"③汪精卫自称此为他加入革命之始。他们正因为在该报发表文章，鼓吹政治革命及民族主义的合法性而被孙中山发现并予以重用。其时，孙中山为全党之总理，胡汉民任秘书，掌秘密文件，汪精卫为评议部长。④ 胡汉民后来称："余与精卫以职责所在，日与先生亲，亦日与各革命同志计划革命一切问题。"⑤"《民报》之序文，为先生口授而余笔之。"⑥汪精卫的《驳革命可以瓜分说》："先生（指孙中山）乃口授精卫为文驳之。"⑦孙中山在日期间，"是时先生恒使余与精卫为之执笔。"吴稚晖后来论及孙中山与汪精卫、胡汉民的关系称："学生无先生不醒，先生无胡汪不胜。"⑧

　　《民报》与梁启超、严复等维新人物论辩及其与《新民丛报》论争的过程中，实际上一直保持着两种基调，即早期舆论精英汪精卫代表的政治激烈情绪与胡汉民代表的政治和缓论调。可以说张继主持期间，孙中山在

① 参见《胡汉民自传》。
② 汪精卫称：及至二十岁，居然得着机会，考取了留学日本法政速成科的官费生。到了东京，速成科毕业后，自费入专门科。自费的钱，是从译书来的。只是那时的译书，只为得钱，如《法规大全》等，纯是雇佣式的工作……"参见：汪精卫．自述[J]//东方杂志，1934，31(1).
③ 胡汉民．胡汉民自传[M].台北：传记文学出版社，1969：17.
④ 胡汉民．胡汉民自传[M].台北：传记文学出版社，1969：16.
⑤ 胡汉民．胡汉民自传[M].台北：传记文学出版社，1969：16.
⑥ 胡汉民．胡汉民自传[M].台北：传记文学出版社，1969：18.
⑦ 胡汉民．胡汉民自传[M].台北：传记文学出版社，1969：18.
⑧ 曹亚伯．武昌革命真史：前编[M].北京：中华书局，1930：115. 转引自饶怀民．辛亥革命与清末民初社会[M].北京：中华书局，2006：142.

《民报》鼓吹民族主义的代言人基本上为汪精卫、胡汉民。《民报》办报旨趣有意在激进与和缓的基调间游移。汪精卫、胡汉民代表了《民报》在民族主义上激进与和缓的两种取向,实际上汪精卫、胡汉民经常唱双簧戏,两者以"民意"合作写文章,可见两人并无原则性分歧。在激进与和缓之间迂回也是《民报》的办报策略,汪、胡对待《社会通诠》的态度是经典的案例。① 从表象上来看,《民报》走的是中庸路径,属于在激进与和缓之间的折中,也是两者的协调。正因如此,《民报》办得非常成功。《民报》为革命舆论的酝酿做了许多基础性的工作,也为孙中山发现与培养胡汉民等有思想的政治精英提供了重要的平台。

继张继在名义上主持、胡汉民实际运作后,章太炎接任《民报》主编。章太炎主持下的《民报》与《新民丛报》的论战日趋激烈。

汪精卫在《民报》上对《新民丛报》及梁启超等展开凌厉攻势,特别是他在《民报》上刊发的《民族的国民》,引述他听闻的孙中山的言论,以反驳康、梁等言论,引起孙中山的高度关注。1905 年秋,孙中山特别约见未曾谋面的汪精卫,表达了自己对汪精卫突出的宣传才干的欣赏。1907 年 2 月,日本有驱逐孙中山离日之举动,但对中国政局的变动很难把握,又恐将来孙中山为首的革命党会掌握政权,故给予孙中山一定的资助。而孙中山行前因接受日本捐款而引发党内纠纷。

二、《民报》被查禁与近代外交变局

因章太炎的国学声望及其在苏报案中的英烈气概,章太炎主持《民报》后,"革命之说益昌,入会之士益众,声势遂日张"②。与此同时,《民

---

① 笔者将另文探讨。
② 李希泌.章太炎先生讲演录[M].章氏国学讲习会排印本,转引自姜义华.章炳麟评传[M].南京:南京大学出版社,2002:99.

报》自身"报事益展,销行至万千余份"①。章太炎对孙中山收巨款而《民报》获资甚少的事颇为愤怒。1907 年 3 月,《民报》刊行第十二号,孙中山携汪精卫、胡汉民等离日前往南洋。后胡汉民、孙中山一度在新加坡筹办《中兴日报》。1907 年 4 月 25 日,《民报》增刊《天讨》出版。《民报》第二十三号刊载《代派中兴日报广告》称:"此报由侨居南洋志士所创设,专为发挥民族、民权二大主义,而民生主义亦间及之,议论精辟,与中国日报相伯仲。本社特绍介于学界。"可见,此时章太炎主持的《民报》与同以三民主义为旨趣的《中兴日报》尚有呼应之处。《民报》等反清声势引发清政府与日本政府的交涉,时值日本在中国东北领土上有所企图,遂迎合清政府查禁《民报》。

(一)《民报》遭查禁的导火索与革命暗杀风潮

民报社被查封有多重原因,章太炎等办报者、日本警方、清政府的相关交涉人员等各有说法,这反映了其背后错综复杂的社会关系及政治力量的较量。而《民报》革命情绪的张扬大体上与主持者的办报风格一致。《民报》第一至五号的编辑兼发行人为张继,《民报》第六至十八、二十至二十四号基本上被以章太炎为首的光复会会员把持,老同盟会会员汪精卫、胡汉民、宋教仁没有文章,而孙中山的助手朱执信也仅仅刊文两篇。第二十号可视作《民报》历史的分水岭,其中十九号主持人为张继,见十八号《民报》的"本社谨白":"本社总编辑人章君炳麟因脑病忽作,不能用心,顷已辞职,今仍请张君继接续主持。"张继在鼓吹无政府主义上与章太炎、刘师培、何震等同调,政见上也与章太炎属同道者。1907 年,张继曾与章太炎联手倒孙,要求罢免孙中山同盟会总理之职。而第十九号《民报》有《本

---

① 民报广告[J]. 复报(第四号),1906(9). 转引自姜义华. 章炳麟评传[M]. 南京:南京大学出版社,2002:100.

社特别广告(一)》称："本报编辑人员张继君以要事已离东京,自二十期改请陶成章君当编辑之任务。"可见陶成章主持其事,而陶与章不仅有同属江浙学人之谊,且在政治命途上属生死之交。对于这几号《民报》编辑人员的更替,该期《民报》有《本社特别广告(三)》称："本报经理人数月以来屡有更易。"这同时意味《民报》在急剧的变动之中,但幕后的灵魂性人物非章太炎莫属。第二十号前后几期发表改版特别广告,称要刊发历史类文章,意在倡导排满的民族主义。《民报》第二十号言辞尤其激烈,并要求着手进行改革。改革内容首先是发行所迁址,其次以《本社特别广告(三)》形式称："本社自二十期改订篇次,专以历史事实为根据,以发挥民族主义,期于激动感情,不入空漠。海内外志士如有谙于明末佚事及清代掌故者,务祈据实直陈,发为篇章,寄交本社,又宋季杂史遗集下及诗歌小说之属,亦望惠借原书或将原书钞录,寄交本社以资采辑。汉族幸甚。"①可见"发挥民族主义"以汉族为立足点。这后来成为日本查禁《民报》的重要借口。该期《民报》首刊思古性质的文章《论满洲当明末时代于中国为敌国》,其排满的历史论证路径可见一斑。于此同时,《民报》加强对清政府新政举措的攻击,以"宪敌"在"时评"专栏发表《请看立宪党之真相》②。而"时评"专栏刊载《侦探与革命党》,以转载的形式迂回宣传:"上海某报纪事云:某大军机,日前接到东洋密探警报,现有多数革命党人,来京探听政府举动消息,并图谋不轨。约共二三百名。其著名党人,业经查知姓氏籍贯者,男五十五名,女二名,谨开单呈鉴,密饬严拿等情。某大军机接到此项报告,当即发交民政部、北洋大臣,一体查拿。"③其后,《民报》照录清政府所列党人名单。其中不乏著名的革命人物如黄兴、冯自由、陶成章等。公布这些名单无疑是要当事者知情,从而变相保护了革命党人。

---

① 参见《民报》第二十号,第 27 至 28 页。
② 参见《民报》第二十号,第 27 至 28 页。
③ 参见《民报》第二十号,第 27 至 28 页。

　　与此同时,主笔章太炎也处在危险当中,《民报》第二十一号以刊载"特别广告"的形式刊发《章炳麟白》称:"仆于阳历五月二十四日,赴云南独立大会,时本社人员亦俱往赴。仆归后,即不见印章一方,篆书章炳麟印。知是侦探乘间窃去。以后得仆书者,当亲视笔迹,方可作准。其印章'章'字上书阙者,可信为真。完具者即非真印也。"更有甚者,章太炎称:"再近有人散布匿名揭帖,伪造仆与锡良之电报。又有人冒名作信,在上海《钟州日报》登《炳麟启事》一则。其散布匿名揭帖者,查得是山西宁武府人,其冒名告白,尚待调查。合并声明。"该期稿件还有署名"无首"的《帝王暗杀之时代》,来稿刊发了《山西宣告讨满洲檄》。彰显革命、排满文字之旨趣,不言而喻。与往期相比,《民报》第二十二号尤属不正常。共刊文 15 篇,"病中"将《民报》托付给陶成章的章太炎竟刊文 10 篇。可见,《民报》的灵魂人物章太炎的革命者形象的自我塑造愈发鲜明,革命情绪日益高涨。"脑病中益发革命"的章太炎重返《民报》第二十三、二十四号主编岗位。与《民报》第二十二号相比,章太炎重返后,《民报》的革命情绪整体上有所缓和,但个别文章所传播的革命声音尤其响亮。结果是在1908 年 10 月 19 日,日本警方以第二十四号(日本明治四十一年十月十日发行)《民报》刊载的《本社简章》①及《革命之心理》等文"败坏风俗,扰乱秩序,激扬暗杀,破坏治安"为由,将该期全部扣押。

　　实际上,查封《民报》与日本对华策略的变动密切相关。日本内务大臣曾就查禁《民报》发布命令。② 警视总监龟井英三郎致函章太炎称:"《民报》第二十四号,因违反《新闻纸案例》第三十三条而经告发,内务大臣特根据该条例第二十三条之规定,命令:停止其销售发行,临时予以押收,并勒令今后不得刊载与《革命之心理》《本社简章》同一主旨之

---

① 前文述及《本社简章》在《民报》第二号已刊发,后多次在《民报》上连载。
② 原为日文,参见:《民报》二十四号停止情形报告[J]. 近代史资料,1962(1). 后有译文,笔者依据原稿及译文做适当处理。

文稿。"由此可见,日本警方只是将《民报》第二十四号查禁,并指责《革命之心理》本社简章等文的内容存在问题。1921 年 10 月 21 日,内务省警保局申送外务省政务局的乙秘第 1041 号文件称:"由前清国革命党章炳麟经营之杂志《民报》第二十七号①违反《新闻纸案例》第三十三条,根据上月(引者按:系本月之误)十九日之告发,内务大臣已命令停止出售。除将该期刊物扣压外,并命令以后不准再刊登与《革命之心理》本社简章等主旨相同之记载。所辖警察署将此一命令传达章炳麟后,章又提出如别纸所记之书面一份(引者按:该书面之所记绝非事实)。现将上述情况呈报,谨供参考。"②后章太炎至警厅,称:"我言革命,我革中国之命,非贵国之命。我之文字,即鼓动人,扇惑中国人,非扇惑日本人,鼓动中国人,非鼓动日本人。于贵国之秩序何与? 与贵国之治安何与?""言论自由,出版自由,文明国法律皆然,贵国亦然,我何罪?"面对责问,"厅长无言"。③ 这显示日本警方有理亏之处。日本查禁《民报》实为何意? 查《民报》第二十四号,刊有伯夔的《革命之心理》,称其要为"吾党"约法:"有破坏、无建设,则可也。有感通、无奉戴,则可也。未出陷阱,不可思华屋也。勉为先锋,不可居领袖也。"④作者伯夔即汤增璧,字公介,江西人,早年留学日本早稻田大学。1905 年,汤增璧经黄兴、宋教仁两人介绍,加入中国

---

① 引者(唐振常)按:应为第二十四号。日本外务省档案记载,均作第二十七号,何故? 据日本京都大学人文科学研究所 1972 年 2 月出版的小野川秀编《民报索引》下册所载《民报解题》称:第二十七号是把第二十四号中章炳麟的《代议然否论》和汤增璧的《革命之心理》两篇文章抽印发行的。发行日期也使用和第二十四号相同的年月即明治四十一年(1908 年)十月十日。为什么从第二十四号中抽出这两篇文章标明第二十七号予以发行? 其理由只能说"不明",据章炳麟说"号数错误是偶然的",但这是单纯的偶然性错误吗?《民报》曾临时发行两本,即第十二号与第十三号之间所出的《天讨》号,以及第十五号夏季增刊《张非文莽苍园文稿徐》一本。把这两本合在一起,虽然可以把所谓第二十七号算作第二十七本,但这或许也是不成其为理由的牵强附会。

② 唐振常.《民报》"封禁"事件诸问题[C]//纪念辛亥革命七十周年学术讨论会论文集:下,北京:中华书局,1983:1989.

③ 汤志钧. 章太炎年谱长编:上册[M].北京:中华书局,1979:287-288.

④ 参见《民报》第二十四号,第 35 页。

同盟会。汤氏在《民报》发表《人世之悲观》《崇侠篇》《哀政闻社员》《康梁之今昔》《刘道一传》(未完)等,是孙中山的重要笔杆子。①汤氏在《革命之心理》中称:"如是,革命则可矣。"②他提倡种族革命,认为政治革命次之,"吾党所痛愤夙世之桎梏,非惟今日之堕落种族为急,政治次之"③。整个文章实际上是提倡侠客的精神,要旨在于暗杀,"吾所以取鉴于印度,为其侠也,其虚无党人一尔。夫吾之激荡侠风,何哉?欲以陈师鞫旅,化而为潜屠暗刺,并以组合苴盟,转而为径情孤往。旨同则曰党,行事则无群,盖亦创始之局也"。这种侠客精神与章太炎的儒侠之道有相承之处。汤氏后以"曼华"为名发表《同盟会时代民报始末记》④,这是揭示《民报》查封内幕的关键文献。他将"《民报》提倡侠风与其封禁"联系在一起。其对自己的行迹及心态描述如下:"汤氏鉴于革命工作进行困难,复倾慕一九零五年以来俄国革命党人之事业,撰论文章,如《崇侠篇》(第二十三期),《革命之心理》(第二十四期),咸激励侠风,以暗杀为急务。"⑤日本警察查封《民报》时包括这篇文章,当事者章太炎后有《章太炎先生答问》:"问:'禁止出版,有无理由?'答:'突如其来,有何理由。'问:'既无理由,警厅何以干涉?'答:'彼谓我扰乱秩序,妨害治安。'问:'何所指?'答:'指报中登有《革命之心理》一篇,山西汤某所作。'"⑥此为互证。

---

① 1906 年,汤增璧的故乡江西萍乡等地在同盟会的策动下发动武装起义,由刘道一主持。但策划不周,12 月 12 日,清军攻占浏阳,起义失败,刘道一殉难,孙中山嘱汤增璧代笔挽之。次年 2 月 3 日,同盟会在东京召开追悼会,汤增璧代笔之作《挽刘道一》,闻者感叹不已。《民报》首位主编张继则录《挽刘道一》于横幅。是年,汤增璧参加广西、云南河口起义,后被清政府察知,开除其官费留学生资格。同盟会遂命其做章太炎编辑《民报》的助手,为副主编。1914 年,汤增璧为毛泽东就读的"湖南省立第一师范"的老师,常将《民报》送与毛泽东阅读。

② 参见《民报》第二十四号,第 35 页。

③ 参见《民报》第二十四号,第 35 页。

④ 曼华. 同盟会时代《民报》始末记[M]//中国史学会. 辛亥革命:二. 上海:上海人民出版社,1987:438.

⑤ 曼华. 同盟会时代《民报》始末记[M]//中国史学会. 辛亥革命:二. 上海:上海人民出版社,1987:444.

⑥ 汤志钧. 章太炎年谱长编:上册[M].北京:中华书局,1979:287.

　　日本内务大臣查禁命令中提及《民报》增刊也有所指。《民报》所以出增刊,有多个层面的政治用意。增刊中附章太炎编辑的《天讨》;增刊中的图画栏目即有过去之汉奸变相图;查增刊文字,大多为讨满檄文或以四川、江苏、河南、安徽、直隶、山东、广东、云南等名义的"革命书"或"讨满洲檄"之类。还有"论保皇派""论立宪党"及吴樾遗书等。① 这引起了清政府的警惕,并促使日本查禁该报,同样在情理之中。

(二)复杂多变的中、日、美关系与《民报》被查封的外交语境

　　《民报》被日本警方查封涉多重外交背景。其时,清政府搞立宪,用来稍微纾解民意,清政府派遣大臣出国进行君主宪政方面的考察。据此,海外的革命党加强了舆论攻势,他们认为:"必须一力宣传革命,寻求根本的革新弊政的手段。"②《民报》鼓吹暗杀,将革命的仇恨公布于世,并加强对外宣传。《民报》第二十一号刊有图片"爆烈后之吴樾烈士"并附有英文标题"*Victim,Woo yue. After being bombarded*"。实际上,《民报》第三号即刊有图片"烈士吴樾"并附有英文标题"*Wu Yert. The Great Assassin threw a bomb at the Five High bommissioners on the railway station of Peking*",重刊吴樾刺杀出使五大臣图片的革命意图不言而喻。③ 这些内容引起日本政法的高度关注,有传言革命党将对宪政考察大臣李家驹及唐绍仪进行暗杀。其时,对清政府朝廷大员而言,革命党吴樾的刺杀行为、徐锡麟刺杀恩铭以及秋瑾案等暗杀风潮可谓触目惊心,这是清政府动员日本查封《民报》的重要原因。《章太炎先生答问》记录:"问:'何故禁止?'答:'此难言也。'时前清方遣唐少川赴美(时盛倡联美主义),日人忌

---

① 吴樾是清末进行政治暗杀的代表人物,《民报》多次载其革命行迹,且图文并茂。
② 迟云飞编译. 清国革命党员的谈话(1908－11－27)[M]//马志亮. 二十世纪湖南文史资料文库·喋血共和(忆宋教仁). 长沙:岳麓书社,1997:267.
③ 《民报》是期尚刊有图片"杨烈士卓林"在南京为端方所杀者,并附有英文标题"*Victim,YANG JouhLin. Being killed by Dwang FoungViceroy of the Lia-kaing Province*"。

之,藉禁《民报》以为见好中国起见,亦未可知.'"①宋教仁等人认为,"《民报》及其他杂志的停刊,是宪政考察大臣李家驹及唐绍仪向日本请托的结果。但是,革命党人大为愤激,企图加害上述两人的说法,可以说,实在是出于想象。假使革命党对他们加以危害,对革命事业有什么益处呢? 倘若如此轻举妄动,会造成将来的一大困难。这一点,即使三岁男童也清楚"②。革命党出于政治利益考虑,也不太可能对李家驹及唐绍仪采取行动。

唐绍仪考察日本属外交策略,有其政治用意。日本政界虽然素来支持孙中山等进行革命的仁人志士,但日本政府对革命党的刺杀主张有些担心,特别是清政府外交大员唐绍仪等人赴日考察,日本警方能否保证其安全,涉及中日之间的外交关系。故日本对《民报》所宣传的侠客精神非常忌讳,恐其不利于中日邦交。汤增璧亦称,"惟《民报》揭载《革命之心理》一文,遂为末运。缘当时清政府遣唐某为中美联盟专使,道经日本。《民报》章枚叔,为作《清美同盟之利病》短评,微露抨击意。唐某觉之,嗾清使与日政府交涉,求封禁《民报》"。《革命之心理》涉及政治谋杀,而《民报》第二十四号刊载"太炎"的《清美同盟之利病》,对当时清政府丧权辱国的秘密外交做了揭示。秘密外交涉及对外关系上的合纵与连横,而其针对晚清对外关系真相的分析与揭示,会对清政府统治的合法性构成威胁。《民报》停刊在一定程度上与其外交评论密切相关,特别是章太炎在《民报》刊发的《清美同盟之利病》,抨击了唐绍仪、伍廷芳之流"联美"的企图:"清美同盟,是不啻中美同盟也。清政府内不怿于日本,而主之者为袁世凯,袁世凯所任者为唐绍仪,欲藉极东之美以掣日本。美人亦觊日本久,

① 汤志钧. 章太炎年谱长编:上册[M].北京:中华书局,1979:287.
② 迟云飞编译. 一个有革命思想的清国对他的亲密朋友的谈话(1908-11-23)[M]//马志亮.二十世纪湖南文史资料文库·喋血共和(忆宋教仁).长沙:岳麓书社,1997:266.

期相掎角,以挠其权。"①这同样也是《民报》遭查禁的重要原因。

就清政府的外交人才方面而言,曾经留学美英的外交骨干逐步受到重用,特别是清政府在立宪运动中需要起草大量涉及外交的文件。美国人马士的《中华帝国对外关系史》中称"最著名的是唐绍仪、梁敦彦和梁诚,以及在英国获有律师资格的伍廷芳,他们以袁世凯强有力的支持为后援,这次宪政运动中的主流之所以不是留日学生怀抱的那种过激或革命精神,而是少数在民主美国和英国受过教育的人的精神所寄的那种稳健保守主义,这是要归功于汉族那种老成持重的意识的"②。对此,章太炎在《民报》中另有论述:"往时伍廷芳在律例馆,欲尽改清律如美律,日本法家被佣为顾问者笑之。其造商律,今合资有限公司,借本无限,破产有限,以奖励诳骗之徒,中外皆大哗。以专习法律者定律,纯与人情违戾,以中国人视中国情状,其知识又尚在日本人下……今之游学者,出身汉土,共昏暗或不如闳、廷芳甚。要之,学识素短,无虑宪比校者。学于一国,则惟一国为是,未尝持脉察病,揣色写声,而以一方处治者,所在皆然。"③在章太炎看来,这些游学欧美的人对中国国情了解甚少。

从《清美同盟之利病》的上下文来看,唐绍仪也属此类人物。④ 1907年,唐绍仪任奉天巡抚,准备修筑贯穿东北的铁路,以对付日本。他试图引进英、美资本,但鉴于日本抗议,英款无望。后唐绍仪又打算引进美资,意在联美制日。翌年,唐绍仪以专使身份出使美国,以谢美国退还近1 400万美元的庚子赔款。1908年11月23日,《纽约时报》以"清国外交

---

① 参见《民报》第二十四号,第71至72页。
② 马士. 中华帝国对外关系史:第三卷[M]. 张汇文,等译. 上海:上海书店出版社,2000:471.
③ 曼华. 同盟会时代《民报》始末记[M]//中国史学会. 辛亥革命:二. 上海:上海人民出版社,1981:444.
④ 唐绍仪,1862年1月2日生,字少川。1874年其被清政府选派到美国留学。1901年,袁世凯升任直隶总督兼北洋大臣,唐绍仪颇受重用。1907年丁未政潮,袁世凯的势力得以巩固,并加快了他用自己人的步伐。唐绍仪在政坛上的崛起与此密切相关。

使团访问美国"为题报道了唐绍仪等抵达旧金山时正值两宫驾崩。在美期间，唐绍仪一度代伍廷芳署理清驻美公使一职，他劝说美国到中国东北投资。但日美协议已签订，唐绍仪无功而返。11月28日，《纽约时报》发表《美国远外交评述》称："据报道，清国政府正冷眼旁观美国和日本之间短期债券兑换率的回弹，这种兑换率显示出了这两个国家不正常的亲密关系。"①《纽约时报》称："任何情况下，我们都可以相信，新任美国总统对任何建议都会做出全面和明智的考虑。当然，这些建议都是建立在与大清国以及日本国之间保持温和关系和良好谅解的基础之上，是出于对美国国家利益的维护和保证。"②面对中日、中美、美日复杂的外交关系，美国展开军事外交。为了展示自己的军事实力，1907年，美国派遣舰队进行环球访问，最终目的地是东亚地区的日本、中国。1908年3月22日，清政府驻美国大臣伍廷芳致电外务部："美国遣水师舰队游历环球，澳洲政府特请前往，日本亦请赴横滨等处，我政府似应照请。"外务部接伍廷芳电报，即同意邀请美国舰队访华。次日，外务部致电南洋大臣端方："美国舰队环球游历，既有澳洲、日本等国邀请，我国亦当照请前来游历。除电复伍廷芳照会美国外交部代为邀请外，希转提督萨镇冰酌量考虑何地相宜，预备接待美国舰队访华。"3月31日，外务部又致电驻日本大臣李家驹："美国遣舰队出访日本横滨等处，我国已邀请美国舰队访华，希注意探询日本是如何接待的，并随时报告，以备参酌。"③可见清政府对此做了积极应对。1908年，代表清政府出使美、墨、秘、古等国的外交使节伍廷芳有《恭报抵美接印日期专折》，称："窃臣于正月初三日由沪放洋，业将启程日期电达外务部代奏在案。初五、初七等日经日本长崎、神户，初九日至

① 郑曦原. 帝国的回忆：《纽约时报》晚清观察记[M]. 李方惠，郑曦原，胡书源，译. 北京：生活·读书·新知三联书店，2001：352.
② 郑曦原. 帝国的回忆：《纽约时报》晚清观察记[M]. 李方惠，郑曦原，胡书源，译. 北京：生活·读书·新知三联书店，2001：353.
③ 屈春海. 1908年美国舰队访华[J]. 中国档案，2008(11).

横滨,初十日绕道东京晤驻日本使臣李家驹,询悉旅日士商均称安谧。"①
而宋教仁等人将《民报》停刊原因归结为李家驹②等人进行操作的结果。
其时,这些外交人物周旋于中美、中日、美日关系之中。1908 年 8 月 23
日,伍廷芳致外务部函称:"迩来美国报章纷传中美联盟一事,以为时局之
奇谈。查其议论初起,由于纽约有一大报馆访事在法国遇一香港报馆主
笔,论及中美联盟实为今日全球之一大问题。纽约主笔遂登诸报端,其他
报馆有以此事来馆探询者。廷芳以此言并非由使馆传出,且从未向人道
及回之。各报遂以廷芳之言登报,言其事之无因。惟各报于此事议论未
息,有以为事属难行者,有以为中美两国关系极重者。"③《民报》同样也属
于清美同盟的议论者之一,伍廷芳称:"窃思各国联盟之举,本属于秘密之
外交,此举若成,未尝不足以壮声威而资臂助。"④伍廷芳赞同中美建立同
盟关系,而中美关系涉及中日关系的亲疏。"数月以来,日本因美国阻其
人民入境,美国因日本在东三省扩张权势,夺其商务利益,以致互生恶感。
近日美人议论,咸谓中国上下人心公平相处,足称友善,颇有爱敬之情。
全国报纸视人心为向背,因而用意注重中国,时或虚张其词,扬中国而抑
他国,藉耸听闻。甚或托贤士大夫之言,以孚物望。报馆访事有来馆探访
者,廷芳均答以中美辑睦自是情感最深,至中国与日本各国均属友邦。盖
报馆中人未便过拒,然问答不可不慎,庶免有碍邦交也。"⑤伍廷芳等主张
秘密外交,报刊不宜多涉。《民报》等之议论犯了这些驻外使节的忌讳。

1908 年前后的三国关系互为犄角,外交均势在其中扮演着重要角
色。章太炎在《清美同盟之利病》中比较了中美、中日联盟之利弊,称:"日

---

① 丁贤俊,喻作凤. 伍廷芳集:上册[M]. 北京:中华书局,1993:286.
② 李家驹,原学部右丞。光绪三十三年六月三日,任驻日公使,光绪三十四年二月二十日,谕任
   考察宪政大臣,七月五日去职。
③ 丁贤俊,喻作凤. 伍廷芳集:上册[M]. 北京:中华书局,1993:294.
④ 丁贤俊,喻作凤. 伍廷芳集:上册[M]. 北京:中华书局,1993:294.
⑤ 丁贤俊,喻作凤. 伍廷芳集:上册[M]. 北京:中华书局,1993:295.

本之骄矜自肆,非吾良友也。其在亚洲,东则蔽遮美氛,西使欧洲群丑欲有所搏噬于东方者,不得不稍制敛,若楹之支屋也,虽恶之而知其不可去,欧、美所以深惎日本在是,亚洲所以犹赖日本在是。今者中、美同盟,美之兵力,尚弗能与日本雁行,清政府则益不相值,诚不足以挠日本。然日本与极北战争而后,民贫财匮久矣,所藉以灌输者惟商贩,其品物亦裁输及汉土,适会广东有抵制东货事,美人间之,欲利用其角目相视之情,使美之商品益流衍,而日本之贸易以衰,所以制日本者,独在此耳。"①在《民报》主编章太炎看来,"日本绌,则民益不聊其生,而军实无所取,白人乃得回旋驰骋于亚洲。故中美同盟,非美一国之便,而为白种所同便。其使美人独为权首者,以素未蚕食中国尺寸地;及联军攻破北京之役,且返其岁币以示亲昵,故感情为易动。其术正而谲,其情岂弟而倾险,其形势若刓钝而有锋芒。盖中国与日本交,既鲜利矣。交美则汉人亦害,满人亦害,而亚洲悉有害。然则汉人固排满也,都计之满人,与白人孰远近?亚洲人固忌日本之骄矜也,都计之日本人与白人孰亲疏?令诸亡国各得保其种姓,自植政府,分区有截,则汉之视满洲犹邻好,亚洲诸国之视日本犹肺府,因远非白人比"②。作为《民报》主编,章太炎的这些议论引发出访美国大使唐绍仪及日本政府的反感是显而易见的。因刊发《革命之心理》,与该报停刊密切相关的副主编汤增璧称"日本政府惧中美同盟,弗利于己,亦准清使请,以见好清政府。故借口《民报》所载《革命之心理》,有激荡暗杀破坏治安之嫌,即行封闭,不准发行"③。作为导致民报停刊的舆论代表作《革命之心理》的作者的这些话,很有道理。其中"见好清政府"与《章太炎先生答问》中"禁《民报》以为见好中国起见"④字眼基本一致,主编、副主

① "太炎". 清美同盟之利病[J]. 民报(第二十四号):68.
② "太炎". 清美同盟之利病[J]. 民报(第二十四号):68 - 69.
③ 曼华. 同盟会时代〈民报〉始末记[M]//中国史学会. 辛亥革命:二. 上海:上海人民出版社,1981:444.
④ 汤志钧. 章太炎先生答问[M]//章太炎年谱长编:上册. 北京:中华书局,1979:287.

编的身份决定了这件事绝非偶然。

面对中美、中日关系的变化，日本对唐绍仪的话不无听信。唐绍仪素来对报刊言论无甚好感。日本记者对袁世凯党徒唐绍仪有所评点："唐本骄奢淫逸，无所不为。其所可纪之政绩，概而言之，惟侵蚀关钞，广购私产，遍置其同乡故旧于政界而已。其他则禁止《值报》一事，可称平生某大功业。"①可见，唐绍仪先日本提出查禁《民报》之事，也属情理之中。其时，宋教仁、黄兴对日本查禁《民报》的举措非常反感，先是主张"延聘律师，向日本法庭控诉日政府之违法，彼国民党宫崎氏且将《革命之心理》译成日文，以为法庭辩论资料"。

总体而言，《民报》遭查禁期间，日本一方面谋求改善日美关系，另一方面对日清关系也予重视，加强对留日学生革命思想的压制，"不论居住在国内还是国外的清国革命党人都是信赖日本的。例如，对于广东等的抵制日货问题，他们或以个人或以团体的名义致书彼地，私下或公开地为事态的平息而施加影响。但是日本政府的方针如何呢？清国革命党人就不用说了，视留学生为蛇，停止《民报》《衡报》《四川》等发行"。其时，清政府一方面表示要搞君主立宪，一方面加紧对舆论的控制。10 月 25 日（十月初一日），清政府以张继、吴稚晖等在巴黎出版的《新世纪》"语多悖逆，昌言革命"，严禁其在国内发行。② 10 月 26 日（十月初二日），章太炎第三次致书日本内务大臣称："内务大臣鉴：二十三日寄去一书，次日即有铁道技师高桥孝之助来作说客。本编辑人兼发行人观其辞气举止，知于政界有瓜葛者。祸福存亡之念，不以撄心久矣，岂此奢阔之言，而足扰乱神听？独有为贵大臣告者：台阁之上，政由己出，龙行虎步，高下在心。欲将《民报》永远停止，则直令永远停止耳。"可见，其时日本并未完全查封《民报》，

---

① 佐藤铁治郎，孔祥吉，村田雄二郎．一个日本记者笔下的袁世凯[M]．天津：天津古籍出版社，2005：195.

② 方汉奇．中国新闻事业编年史：上[M]．福州：福建人民出版社，2000：490.

只是查禁第二十四号而已,章太炎称:"今既不敢居严厉之名,而利权所在,又不能不虚与委蛇,由是舍永远停止之名,而取永远停止之实。迫胁《民报》,使变其革命宗旨。为此者亦内疚神明。惟欲深秘其事,并贵国诸报章不令记载,以激外人之姗笑。复遣游说之徒,风示意旨。为官吏者,当觳觫如是耶? 本编辑人兼发行人虽一介草茅,素不受权术笼络。若贵大臣有意督过之,封禁驱逐,惟命是听。幸勿令纵横之士腾其游说也"①。章太炎的狂狷风骨可见一斑。章太炎以"中国革命党同白"名义,将"三让内务大臣书"及《报告〈民报〉二十四号停止情形》以传单"印刷分发党员",广为宣传。

　　《民报》被查禁后,虽有中国留日学生多次抗议,然而均告无效。该年10月21日,章太炎也致信日本内务大臣,称:"《民报简章》六条主义,前经贵内务省认可。今未将此项保证退还,突令不许登载与此《简章》同一主义之事项。本编辑人兼发行人不能承认。特将此纸缴还贵内务省。如以扰害秩序为嫌,任贵内务省下令驱逐,退出日本国境可也。"②章太炎不仅立场坚定,而且多次致信日本内务大臣,揭露《民报》所以被禁是其背后因清政府与日本相互勾结。章太炎表示:"以《民报》之革命宗旨为满洲政府所赠利益交换,本编辑人兼发行人宁为玉碎,不为瓦全。"③10月23日,章太炎以《民报》编辑人兼发行人的身份指责内务大臣查封《民报》④:"呜呼! 圜舆广大,何所无托身之地,黄鹄一举,识天地之圆方。本报刊行,岂必局在东海。必若操之过蹙,即人人能作唐绍仪耳! 吾党人在美国者,已明言中、美国民连合,变本加厉,或亦本报所有事。自兹以后,更不烦以'同文同种'酬酢之言,辱我炎黄遗胄矣。"⑤可见,章太炎再次揭露唐绍仪

① 汤志钧. 章太炎年谱长编:上册[M]. 北京:中华书局,1979:287.
② 《民报》二十四号停止情形报告 [J]. 近代史资料,1962(1).
③ 汤志钧. 章太炎年谱长编:上册[M]. 北京:中华书局,1979:286.
④ 方汉奇. 中国新闻事业编年史:上[M]. 福州:福建人民出版社,2000:490.
⑤ 汤志钧. 章太炎年谱长编:上册[M]. 北京:中华书局,1979:286.

所谓清美联盟的外交策略,并将《民报》遭查禁与唐绍仪联系起来。同日,清政府军机处以檀香山《自由新报》"昌言革命,犯上作乱"为由,电令沿江沿海各省督抚"严加搜禁,毋任传播"①。可见《民报》被查封与清政府的对外与对内言论政策密切相关。

三、后《民报》时代与革命舆论的分野

1908 年 11 月 14 日至 15 日,光绪皇帝、慈禧太后在 20 小时内先后死去,胶着于《民报》的各派势力也由此发生变化。此后,袁世凯的势力受到沉重打击,唐绍仪也受牵连。《纽约时报》称:"作为袁世凯的门徒,他倾向于与西方建立更紧密的联盟,这种联盟如果不是在政治路线上,至少也应表现在经济联系上。袁世凯的倒台挫伤了唐绍仪的热情。"②该新闻专稿提到"上次唐访问美国时,正值慈禧太后的服丧期,这使得他未能在一些公开场合露面,所以他的到访鲜为人知。如果当时美国公众能有幸见他,肯定会对他机智和坚毅的外表留下深刻印象。"③可见美国人对曾有留美背景的唐绍仪颇有好感。在唐绍仪访美就中美同盟问题进行外交运作时,1908 年 11 月 30 日,美日两国达成《罗脱—高平协定》。日本大使高平小五郎于华盛顿照会美国务卿罗脱,称:"两国政府决定运用一切能用的和平手段,支持中国独立与完整及各国在华工商业均等的原则,以保持所有国家在华的共同利益。"④同日,罗脱照会日本大使高平,予以确认。

---

① 方汉奇.中国新闻事业编年史:上[M].福州:福建人民出版社,2000:490.
② 见 1910 年 10 月 16 日《纽约时报》的新闻专稿《留美学生归国受重用》专稿对唐绍仪的情况做了重点介绍(郑曦原编,李方惠、郑曦原、胡书源译:《帝国的回忆:〈纽约时报〉晚清观察记》,第 169 页)。
③ 郑曦原.帝国的回忆:《纽约时报》晚清观察记[M].李方惠,郑曦原,胡书源,译.北京:生活·读书·新知三联书店,2001:69-170.
④ 1908 年 11 月 30 日美日《罗脱—高平协定》[M]//复旦大学历史系中国近代史教研组.中国近代对外关系史资料选辑(1840—1949).上海:上海人民出版社,1977:268.

可见，唐绍仪谋求的所谓中美同盟基本泡汤。曾向日本谋求《民报》停刊的唐绍仪外交斡旋受挫，对革命党来说这无疑是福音，但对遭查禁的《民报》而言，其影响甚微。

继光绪帝、慈禧死后，日本密切关注革命党及在日留学生的情况，1908 年 11 月 23 日，宋教仁说："章炳麟不通社会大势，采取过激行动，但如他的檄文（张贴在早稻田大学清国学生部入口处），声称是在《民报》社印刷，行文拙劣，而且有意思不通之处，可以证明不是章写的。"①但针对章太炎三次向日本内务大臣抗议及其散发《请看东胡、倭奴封〈民报〉之恶劣手段》，"革命党认为，章炳麟采取那样的行动，会失去日本朝野的同情，因此我们认为最好是让章离开日本"②。可见宋教仁等革命党人对章太炎的过激行为颇有意见。凡此种种，皆是《民报》续刊后，革命党人疏远原主编章太炎的重要原因。

随着《民报》外围时局的变动，革命党对《民报》封停原因的检讨有各种说法，而章太炎、孙中山对《民报》复刊所持的歧见也日益微妙。孙中山复刊另有举措，主编另有委任。作为反对派的章太炎于心不甘，这是显而易见的。1909 年冬天，章太炎发表《伪〈民报〉检举状》，文称："《民报》于去年阳历十月出至二十四期，即被日本政府封禁，时鄙人实为社长，躬自对簿。延至今日，突有伪《民报》出现。主之者为汪兆铭即汪精卫，假托恢复之名，阴行欺诈之实。恐海外华侨不辨真伪，受其欺蒙，用敢作书以告。"③这些受众主要是"南洋、美洲侨寓诸君"。章太炎对孙中山进行攻击，称："《民报》之作，本为光复中华，宣通民隐，非为孙文树商标也。"④

① 迟云飞编译. 清国革命党员的其他谈话（1908 年 11 月 23 日）[M]//日本外务省政局跟踪宋教仁秘档. 二十世纪湖南文史资料文库·喋血共和(忆宋教仁). 长沙：岳麓书社,1997:265.
② 迟云飞编译. 清国革命党员的其他谈话（1908 年 11 月 23 日）[M]//日本外务省政局跟踪宋教仁秘档. 二十世纪湖南文史资料文库·喋血共和(忆宋教仁). 长沙：岳麓书社,1997:265.
③ 朱维铮,姜义华编注. 章太炎选集[M]. 上海：上海人民出版社,1981:492.
④ 朱维铮,姜义华编注. 章太炎选集[M]. 上海：上海人民出版社,1981:492.

"孙文本一少年无赖,徒以惠州发难事在最初,故志士乐与援引。"①章太炎称孙中山"恃《民报》鼓吹之文,藉同志拥戴之号,乘时自利,聚敛万端。遂于丁末之春,密受外贿,仓皇南渡,东方诸事,悉付诸一二私人"②。所谓"密受外贿",指1907年日本政府应清政府要求,驱逐孙中山,但赠洋五千元,日本股票商铃木久五郎另赠洋一万二千元。孙中山以二千元用作别前聚餐,二千元作《民报》经费,余款带至南洋充当活动费,此事受到章太炎、宋教仁、张继、谭人凤等人责难。③ 在章太炎看来,孙中山利用革命的名义,在海外筹资,"孙文怀挟巨资,而用之公务者什不及一。《民报》所求补助,无过三四千金,亦竟不为筹画,其干没可知己"④。该文还显示孙中山、章太炎等在筹款办报上的分歧:"去秋有黎姓者,自新加坡来,云《民报》可在南洋筹款,即印刷股票数百份,属友人陶焕卿即陶成章带至孙处。而孙文坐视困穷,抑留不发。其冬《民报》被封,猝谋迁徙,移书告急,一切置若罔闻。乃复外腾谤议,谓东京同志坐视《民报》之亡而不救。呜呼,何其厚颜之甚乎!"⑤在章太炎看来,所谓汪精卫等复刊的《民报》是伪《民报》,"汪精卫、胡汉民者,□□孙文□□,助之欺诈取财。今精卫复伪作《民报》,于巴黎新世纪社印刷,思欲腾布南洋、美洲,借名捐募。急则饰说迁延,缓则借名射利。人之无耻,孰斯为甚! 今告诸君,今之《民报》,非即昔之《民报》。昔之《民报》为革命党所集成,今之《民报》为孙文、汪精卫所私有"⑥。章太炎以原《民报》社长身份称:"鄙人本《民报》主任,今闻汪精卫辈借名欺诈,恐远方遂听,监察不明,以为鄙人亦与其事,为是罄尽愚诚,播告同志。大为华侨惜有余之财,细为一身避点污之累,特此检举,咸

① 朱维铮,姜义华编注.章太炎选集[M].上海:上海人民出版社,1981:492.
② 朱维铮,姜义华编注.章太炎选集[M].上海:上海人民出版社,1981:493.
③ 朱维铮,姜义华编注.章太炎选集[M].上海:上海人民出版社,1981:493.
④ 朱维铮,姜义华编注.章太炎选集[M].上海:上海人民出版社,1981:494.
⑤ 朱维铮,姜义华编注.章太炎选集[M].上海:上海人民出版社,1981:495-496.
⑥ 朱维铮,姜义华编注.章太炎选集[M].上海:上海人民出版社,1981:499-500.

使闻知。"

　　章太炎、孙中山关于《民报》之分歧既有政见不同,更有原光复会与同盟会之间政治取向的不同。1909 年 10 月,孙中山致吴稚晖的信称:"所攻者,以我得名、以我攫利为言,而不知我之经营革命在甲午以前,此时固无留学生为我吹嘘也。而乙未广州之事失败,则中国举国之人,无不以我为大逆不道,为乱臣贼子,为匪徒海盗。当时如有陶成章,想亦不欲得此等之名辞也。今日风气渐开,留学之士以革命为大光荣之事业,而陶辈始妒人之得名。然我之初意,只在赴大义、行宗旨;而与共事之同志,亦无不如此。不期今日乃有以名而始谈革命者。此固属风气之开,而亦道德之退化也。"孙中山在信中对陶成章到东南亚筹款的行为颇不满。11 月 12 日,孙中山致函吴稚晖称:"闻美西金山等处华人思想颇开,惟被陶布散传单之后,新得革命思想之人对于弟感情大不善,非多少时日未易解释此种疑惑。最妙莫如由《新世纪》用同人字样作一函致美西四报馆即《大同》《美洲少年》《中西》及云哥华之《华英》,及檀香山三报馆《自由》《民生》《大声》,作为同业互通消息之谊,将陶信内忌功、争名、争利及煽人行杀于弟之口声之无理处指出,并下以公平之详判;当校《新世纪》已言者略详;及劝报中同业不可误听一面之词,如外间有人疑惑当按公理解释、维持人道等语。此函当由巴黎寄发及盖《新世纪》之印据,如此则必为力甚大。倘各报馆能维持公论,则诽语不能摇惑也。有《新世纪》报论,更有专函,则此事可以销释,弟不用自解矣。请先生费神为之!"①可见,这些革命报刊既是反清的舆论工具,也是早期革命阵营内部不同派系打击不同政见者的重要棋子。

　　面对陶成章、章太炎等人对自己的攻击,10 月 30 日,孙中山曾致函

① 广东省社会科学院历史研究室,中国社会科学院近代史研究所中华民国研究室,中山大学历史系孙中山研究室.孙中山全集:第一卷[M].北京:中华书局,1982:425.

黄兴,动员其发表意见。11月7日,黄兴复信称:"昨接读由伦敦发来之
函,得悉有人冒名致函美洲各埠,妄造黑白,诬谤我公,以冀毁坏我公之名
誉,而阻前途之运动。其居心险毒,殊为可恨。再四调查东京团体,无有
人昧心为此者。"①黄兴认为章太炎、陶成章在这场反对风潮中扮演了重
要角色。这里涉及革命党内部派系的斗争,在黄兴看来,"在东京与陶表
同情者,不过与江浙少数人与章太炎而已"②。而陶成章等人"不但此也,
且反对将续出之《民报》,谓此《民报》专为公一人虚张声势,非先革除公之
总理,不能办《民报》。见弟不理,即运动章太炎在《日华新报》登一《伪〈民
报〉之检举状》(切拨,附上一览),其卑劣无耻之手段,令人见之羞愤欲死。
现在东京之即非同盟会员者亦痛骂之。此新闻一出,章太炎之名誉扫地
矣"③。黄兴就《民报》登载章太炎致吴稚晖信发表看法:"前在《民报》所
登之与吴稚晖君书,东京同志已啧有烦言,知其人格之卑劣,今又为此,诚
可惜也。弟与精卫等商量,亦不必与之计较,将来只在《民报》上登一彼为
神经病之人,疯人呓语,自可不信,且有识者亦已责彼无余地也。总观陶、
章前后之所为,势将无可调和……至东京事,陶等虽悍,弟当以身力拒之,
毋以为念。"④黄兴在是信中还称:"《民报》廿五号已出,廿六号不日亦可
出来。"⑤孙中山与黄兴言下的《民报》显然要撇开章太炎、陶成章等光复
会骨干。孙中山处置章太炎、陶成章等革命阵营内部的歧见者时,充分地
利用了章太炎、吴稚晖等人在"苏报案"中的旧有恩怨,并对新世纪派抨击
章太炎、陶成章的言论表示赏识。

　　光绪帝、慈禧死亡之后的政坛复杂多变,革命党内讧日益激烈。在孙
中山、黄兴与章太炎、陶成章为代表的原光复会成员内部产生分歧的情况

①　湖南省社会科学院. 黄兴集[M]. 北京:中华书局,1981:9.
②　湖南省社会科学院. 黄兴集[M]. 北京:中华书局,1981:9.
③　湖南省社会科学院. 黄兴集[M]. 北京:中华书局,1981:9 - 10.
④　湖南省社会科学院. 黄兴集[M]. 北京:中华书局,1981:10.
⑤　湖南省社会科学院. 黄兴集[M]. 北京:中华书局,1981:10.

下《民报》续刊的合法性即对于续刊正当性的解释,面临考验。停刊近一年后,续刊以后的总编辑汪精卫主持的第二十五号《民报》首刊《续刊辞》,称:"夫一国革命之进行也,循其进行之序,常可划分为前后两时期,前者曰文学鼓吹时期,后者曰武力实行时期,以前者为原因,而生后者之结果。然而鼓吹时期常有恃乎武事。实行时期,亦尚取资于文学。盖以文学为鼓吹者,心理之感召也。武力为实行者,由感召而生之意力也。二者相须以成革命之事。"①可见报刊的政治宣传在暴力革命时期起重要作用。"吾党之士,力固未逮,所志则同力。故有《民报》之著述以体会国民之心理,表示革命之精神意思,此固视为生平责任之一,而未敢有懈者也。"②以鼓吹"三民主义"为办报旨趣,"《民报》之性质如此,宜为虏所深忌。必欲出死力抉而去之。自以为力所不及,则谋假手于他人。以使臣杨枢、李家驹之交涉而无效,以近亲载泽、溥伦之交涉而亦无效。卒以唐绍仪之狐媚而后逞焉"。可见,汪精卫等将《民报》的停刊归结为唐绍仪在日清关系、日美关系中运作的结果,"盗憎主人,宜其有是。至于居留国之政府,以秦人视越人之肥瘠,本漠然无所动于中。其所以出此,亦无足深问。夫惟人为能自爱其类,故人道主义不能以责之庶物也。推之自爱其种自爱其国者,亦无不然。惟自爱之念强,故能蕲至于自立,此纯视其自力,而非他力所能助。此吾人于创始《民报》之际,固已默计者也。顾将来之中梗,虽已知之,乃知之而不馁其创始之志者,亦曰始事之际,能以自立为之,则将来之中梗,亦惟以自力胜之而已,是故中断之后,更谋持续"。续刊后的《民报》,"其主义精神终始一致,无少变焉。以是庶可对于读者,而少宽其责欤,抑不惟《民报》而已。树革命之目的,百死以求达之,其成功非一朝一夕之事也,有千灾百折为之代价,而后得其所偿,故夫矢志于此者,受一

---

① 参见《民报》第二十五号第 1 页。
② 参见《民报》第二十五号第 3 页。

次之挫折,多一次之磨厉。遇一次之颠踬,奋一次之猛进,继起之业,与前相若,且有胜焉。此所以能由进步而底于成功也。愿与《民报》续刊之际,以此自励,更以质诸天下之读者"①。但续刊时的《民报》举步维艰,曾以"本报谨白"的方式称:"本报为满洲所深忌,于内地禁止发行,惟本报同人尽力研究密输方法,务期普及,必使于各处俯拾即是,乃无遗憾。倘有未得寓目者,请随意通信至总发行所,自能秘密妥慎按期奉寄不误。其他禁止发行之地,亦照此办法。"可见,禁刊后的《民报》在近一年后复刊仍举步维艰,其时总发行所标示为"法国巴黎侣濮街4号",实际上仍在日本出版发行。汪精卫为主要撰稿人,胡汉民也写作了部分稿件,诸如《就土耳其革命告我国军人》。

续刊后,《民报》的重要任务就是将革命阵营内部的分歧公之于众。《民报》第二十六号以"本报社谨白"的形式发表"启者",称:"本报自去岁十一月,为日本政府停止发行。当时本社同人,即集议续刊方法。社长章君炳麟当众辞职,并谓此后不再与闻《民报》之事。于是关于《民报》之续刊,困难之点有三:一曰发行所定于何地;二曰续刊之经费如何筹集;三曰编辑之任付之何人。为此三难。续刊之举,至于迟之又久,逮今夏巴黎《新世纪》报社诸君,图《民报》之复兴,愿兼任印刷发行之事,又得香港某君资助续刊经费。惟编辑之任,仍难其人。同人遂共举汪君精卫担任。"此为《民报》续刊之缘起之重申。此时章太炎与《新世纪》的吴稚晖已成论敌。

该声明关于汪精卫对《民报》的贡献也做了说明:"《民报》自第一期以来,至第十三期,每期皆有汪君文字,久为读者所同知。自第十四期以后,汪君因事不能兼任撰述。今被举为总编辑人,当必有以副读者诸君之望也。"

---

① 参见《民报》第二十五号第3至4页。

针对章太炎对续刊之《民报》的发难，该声明称："乃近日《日华新报》，揭载章君炳麟寄美洲、南洋等处之函，斥第二十五期以后之《民报》为伪《民报》，污蔑之辞，不一而足。夫第二十五期以后之《民报》，果如章君函中所言与否？读者诸君，自有鉴衡，无待本报之辩白。至于章君所以发布此函之原因，不能不为读者诸君言之：（一）由章君好信谗言，往往不计是非，不问情伪，卤莽与人绝交。前年已与孙君逸仙绝交，后知误会，乃复和好。今复为谗言所中，又为满纸污蔑之言，以精卫、汉民两君与孙君同事，遂辞连及之。（二）由章君夙反对《新世纪》报。前所著《台湾人与〈新世纪〉记者》，及屡与吴君敬恒书，可见其意。今兹闻《新世纪》诸君兼任《民报》发行印刷之事，故断然反对。由此二者，遂有此举。同人甚慨以章君之学行，而有此卤莽灭裂之举动。章君之函，已经发布，不能不有以辩正之，诚所不得已也。"①

总体而言，汪精卫等主持下的《民报》是在与前主编章太炎的辩难中支撑的。复刊后，《民报》第二十五、二十六号多以汪精卫、胡汉民的文章为主。《民报》也一度试图重新回到激进与和缓的折中的基调之中。随着政治形势的成熟，革命重心由理论宣传转向武装起义，大量海外留学生归国，读者锐减，《民报》仅出两期即停刊。而革命的进程由报刊舆论宣传迅猛地演化成武装起义。

四、《民报》被查禁及其复刊的政治反思

对舆论界而言，《民报》就像面向革命者及其反对者的窗户，探讨《民报》被查禁的问题，我们可以从媒介事件也可从政治事件层面进行分析；考察查禁事件可从外向里看或从里向外看，其得到的历史景观或真相往

————————————

① 《民报》第二十六号。

往与局内人及旁观者距离《民报》这一窗口的远近、姿态、心态和内在的文化修养等密不可分。即使是探讨《民报》被查禁的原委,局内人与局外人打量《民报》时政评论的话语表述及其媒介镜像呈现的目光显然不同,而两者视域的分离或融合则往往可以让我们从多个层面解读《民报》被查禁背后的历史语境,及《民报》被查禁作为媒介事件、政治事件引发的社会反响。

《民报》被查禁本属媒介事件,但从其产生的巨大反响,以及所引发的政治事件可知,该事件背后有日本外交策略变迁这一社会语境。早期《民报》能在日本生存,其处境十分微妙,走的是中庸路径,即在激进与和缓之间调适、折中。正因如此,《民报》为革命舆论酝酿做了基础性的工作,也为孙中山发现与培养胡汉民等有思想的政治精英提供了重要的平台,办得非常成功。而其时日本的对华态度亦模棱两可,一方面对清政府示好,对中国的革命者有时也持欢迎的态度,作为革命喉舌的《民报》亦身处其间。章太炎接办后,《民报》加紧鼓吹"排满"与革命英雄主义色彩的暗杀,时值清政府同日本的外交关系发生变化之际,终至被禁。

围绕《民报》被禁这一媒介事件演变成政治事件,清政府、日本警方、革命者等多方社会力量展开运作。清政府注重自己政治统治的合法性,强调要对其查禁。其时日本对待中国政治形势变迁,有其运作策略。一方面,一些日本人积极参与华人革命团体,有的甚至成为革命者,其中亦不乏日本政府派去的内奸。另一方面,日本对华关系有其利益立场,随着对华关系根据国际局势或松或紧,其对《民报》的监视也随之或松或紧。从这个层面来看,查禁《民报》是日本根据外交格局变化而采取的政治策略。就革命者而言,办得颇为出色的《民报》内讧日炽,即同盟会、光复会之间利益不同,革命领袖孙中山、章太炎政见也有分歧。革命者组成的不同利益集团往往各为其主,而利益集团的代表者多被塑造成政治领袖,利用报刊舆论平台进行革命宣传。革命阵营因涉及武装起义资金、办报资金及革命活动经费的筹办等,多重意义上的交易及其所表现的政治功利起着重要作用,其中不乏人际网络在其中进行利益折中,而革命者内部阵营的话语分歧意味着孙中山、章太炎等政治领袖拥有的政治资本对权利网络的牵制。续刊的《民报》除继续政治宣传外,也承载了革命分裂的诸多苦楚。《民报》被查禁,以及之后的应对及其复刊的过程,折射的是辛亥革命前后列强对华逐利及其外交策略博弈,与此对应的是中国反清阵营分野和其在政治舆论上力量重组的媒介镜像。

简言之,从媒介事件到政治事件的演变过程中,《民报》被查禁体现清政府官方意志及其外交努力;反对查禁及其复刊暗示着革命者的反对力量《民报》作为舆论阵地其被查禁及复刊,实际上变成权力斗争的政治场域。《民报》被查禁这一个案涉及革命及反对革命话语的交锋,其矛盾冲突的结果被解读为政治统治的正当性或颠覆力量的政治呈现;从中亦可见清政府外交辞令的表述及其时中美、中日、美日外交关系的平衡与折中。可见,《民报》与革命的政治语境关系的解读,可呈现近代革命的际遇,对辛亥革命历史遗产的把握尤有象征意义,这是传媒史也是政治史的重要学术命题。

〔本文首发于《学术月刊》2012 年第 3 期,《近代文化研究·第三辑》(郑师渠主编,商务印书馆 2014 年版)有较大程度修订〕

"通中外"语境下政治偶像建构 与清末民初报刊表述的政治

中国具有五千余年的农耕文明史,与古希腊的爱琴海文明相比,毫不逊色。就文明形成的样态及成熟程度而言,中国早期文明自成一体,颇有东方特色,被西方历史学家称为人类文明的轴心绝非偶然。但是,过于早熟的华夏文明始终未能顺利走出漫长的封建王朝兴衰更替的历史周期律。近代中国饱受西方列强的侵略与欺辱。面对农耕文明、工业文明之间的落差,张謇等倡导实业救国论,孙中山更把实业救国具体落实到铁路问题上,他搞出一整套全国铁路建设计划等。实业救国除了要筹备资金外,关键在人才,严复、马相伯等人的教育救国论也颇有影响。大体而言,由农耕文明转向工业文明成为近代中国的必然抉择,清末民初中国社会要解决的问题众多,既有经济的,也有文化的,而救亡图存压力下的政治制度改良或革命是首要任务。

在改良与革命的政治道路选择中,检视清末民初报刊对政治舆论环境的建构或的建构,及报刊对资产阶级民主共和制度的建构、对封建专制的解构形成的反差在媒介史、政治史研究上特别有价值,令人瞩目。笔者拟从清末民初媒介与政治变革的关系切入,探索社会变革者掌控报刊进行政治动员、反动员等错综复杂的历史。

清末民初报刊的政治功能嬗变与其救亡图存的历史使命纠缠在一起。中国近代报刊兴衰与改良和革命舆论的消长密不可分。清末政治舆论由改良转向革命与八国联军侵华密切相关。八国联军侵华导致部分政治人物及传媒精英被迫离开京师,外出流亡。与之俱来的是传播中心在地理空间上的改变。随着《辛丑条约》换来晚清政权的苟安,逃亡流离的大批知识分子陆续回到北京,地理意义上的传播格局亦随之改变。简言之,分析清末民初媒介与政治变革的关系,离不开救亡图存的社会语境。

政治制度的选择与报刊对政治偶像的建构

清末民初媒介系统政治功能的发掘,与西方政治偶像进行中国化的建构相关联。大致说来,清末民初政治变革既有内在的理路,也有外在的因素。一方面中国社会走向封建集权专制的末端,另一方面,西方政治思想中君主立宪或共和立宪及其制度的样板作用使得各个利益集团实际上处于冲突状态。各种政党间的冲突与对峙与其所依附的列强在华殖民利益密不可分。就政治制度建构而言,学习英国的改良,还是学习法国的革命;就政治偶像的建构而言,中国政治需要塑造法国的拿破仑,还是美国的华盛顿。诸如此类的政治观念分歧,使得价值取向迥然不同的政治家纷纷利用媒介等政治资本。改良派舆论骄子梁启超主持的《清议报》对铁腕英雄人物的塑造,诸如对俾斯麦与格兰斯顿的介绍①,给读者留下深刻印象,梁启超还在《清议报》上发表文章论述英雄与时势的关系,"或云英雄造时势,或云时势造英雄,此二语皆名言也。为前之说者曰:英雄者,人间世之造物主也。人间世之大事业,皆英雄雄心中所蕴蓄而发现者,所谓世界之历史,即英雄之传记,殆无不可也,故有路得而后有新教,有哥仑布然后有新洲,有华盛顿然后有美国独立"②,《清议报》呼唤中国出英雄:"今日禹贡之厄运,亦已极矣。地球之杀气,亦已深矣。孟子不云乎,以其数则过矣,以其时者之则可矣,斯乃举天下翘首企足喁喁焉,望英雄之时

---

① 《清议报》全编第六,第二集乙·名家著述·《饮冰室自由书》第三。
② 《饮冰室自由书》第三。

也。"①在梁启超看来,"美利坚当受英压制,民不聊生之时,而始有华盛顿"②。郭沫若后来称:"《清议报》很容易看懂,虽然言论很浅薄,但它却表现得很有一种新的气象。那时候,梁任公已经成了保皇党了。我们心里很鄙屑他,但却喜欢他的著书。他著的《意大利建国三杰》,他译的《经国美谈》,以轻灵的笔调描写那亡命的志士、建国的英雄,真是令人心醉,我在崇拜拿破仑、俾士麦之余,便是崇拜加富尔、加里波蒂、玛志尼了。"③

梁启超在《清议报》上关于英雄与时势之论,实为学界与政坛共同关注的话题。同年 2 月 16 日马君武在《译书汇编》(第 2 年第 11 号)发表《社会主义与进化论比较(附社会党巨子所著书记)》,称:"英雄造时势乎?时势造英雄乎?时势与英雄互相造也。组织最善之社会,必能产出最奇伟最雄大之个人。此个人既出世,又必能为此社会增无限力量。破坏社会之英雄,必其社会本不善,否则其人有自私利之心,若道德既发达,人人知重社会之公益,则必无是患也。"④1903 年 10 月 15 日,马君武在《政治学报》发表文章,称:"哥西加之风云人物拿破仑第一者,龙骧虎啸,睥睨西欧,宰割其山河,一世殆无有能当之者。"⑤该文对拿破仑的英武多有评骘。

其时英雄人物偶像的建构既有法国拿破仑,也有美国华盛顿。创刊于 1902 年的《启蒙画报》以连环画的形式刊载《杂俎:记华盛顿》,称华盛顿为"美利坚开国的明主"⑥。《启蒙报刊》用儿童故事方式对华盛顿童年诚实的形象进行塑造。

就语体而言,在英雄人物形象的塑造上既有文言,也有面向民众的白话文。1904 年 10 月 23 日,《安徽俗话报》(第 14 期)"论说"栏目发表作者

---

① 《饮冰室自由书》第三。
② 《饮冰室自由书》第三。
③ 郭沫若. 少年时代 [M]. 上海:新文艺出版社,1953:112.
④ 曾德珪. 马君武文选 [M]. 桂林:广西师范大学出版社,2000:92.
⑤ 曾德珪. 马君武文选 [M]. 桂林:广西师范大学出版社,2000:239.
⑥ 引自《中国新闻史学会论文集·新闻春秋》第 2004 年版第 94 页。

"一痴"的《说爱国》,分析日俄战争结局,称中国要学习日本的尚武精神,"从前的拿破仑乃欧洲第一个会打仗的皇帝,都被他打败"。拿破仑最终却在俄国的战场上失利,而 1904 年的日俄之战以俄国失败告终。"英雄好汉,必当像日本一般,平时晓得爱国的道理"。

由于西方列强步步进逼及对华侵略程度加深,救亡图存成为近代中国的历史使命,这一历史使命赋予清末民初媒介系统进行民族救亡宣传的政治功能,这种功能主要体现在传媒引导或制造舆论,从而为政治变革提供可能性、合法性,媒介除了充当社会安危的晴雨表、社会万象变更的一面镜子外,由媒介、媒介组织及约束规范组成的媒介系统,又有建构舆论环境的功能。清末民初社会通讯系统所营造的社会改良或革命的政治氛围,也充分地说明了这一点。

报刊建构的政治偶像与现实政治变革

为了配合改良的政治氛围,《外交报》《新民丛报》等着力塑造拿破仑等铁腕人物,在社会舆论上最终压倒了一些革命性传媒《新世界》等对华盛顿所代表的民主偶像的塑造。即便 1815 年 4 月滑铁卢兵败,拿破仑仍被《外交报》等塑造成"失败的英雄仍是英雄"的形象:"帝固一世之雄也,而今若此,慷慨唏嘘。"已经被作者充分中国化的拿破仑对表白效忠自己的部下称:"卿辈今日宜思所心救宗国,毋以朕为念。语次,目炯炯视,若不胜悲。"有着英雄末路的情怀。从《外交报》的话语描述中可见媒介对失败的英雄之尊重:"法伯爵拉加士,生平崇敬拿破仑,常语人曰,予视拿破仑如神人,今虽窜居孤岛,非复所悲,近接英雄,宁予之幸耳。"报刊称道拿破仑是纵横疆场的英雄:"拿破仑得为英雄豪杰,实从读书中来耳。"①《外交报》对拿破仑的基

---

① 引自《外交报》第 35 期的《拿破仑晚年遗事》。

本文化素质进行了媒介建构。《清议报》《新民丛报》等报馆编辑也颇重视拿破仑英雄形象在中国的传播,曾任两报编辑的赵必振曾翻译出版日本人土井林吉的《拿破仑》一书,于1903年由益新译社出版发行。

梁启超等主持的《时务报》,颇关注华盛顿,《时务报》也曾一度转载黎汝谦等从日文翻译而来的《华盛顿全传》等著作。1902年梁启超在《新民丛报》第17期上发表《敬告我同业诸君》:"拿破仑尝言:'有一反对报馆,则其势力之可畏,视四千枝毛瑟枪殆加甚焉。'诚哉,报馆者摧陷专制之戈矛,防卫国民之甲胄也。"①为迎合末世之际国内读者对英雄人物的渴求,一些报刊建构拿破仑铁腕形象,也有报刊推出美国民主偶像华盛顿。为华盛顿立传在政治改良时期的我国已有一定的政治氛围。早在1897年,《实学报》创刊号发表《书〈华盛顿传〉后》,将美国总统制与民主制度相对应,将华盛顿与民主偶像相联系。1897年唐才常在《湘学报》上发表《民主表》,将英雄形象华盛顿与拿破仑进行比较后,他称拿破仑"独私其天下而不公,致身死草莽,为天下笑",唐才常还自觉地将华盛顿与民主偶像相联系。而在改良转向革命的政治历程中,华盛顿逐步成为革命性报刊着力塑造的政治偶像。

近代著名报人也往往是著名的政治家或政客,诸如梁启超与《时务报》《清议报》《新民丛报》等,严复与《国闻报》等,章太炎与《民报》等的关系可见一斑。他们利用报刊进行政治偶像建构,有着现实的政治目的,往往寄寓自己对现实政治人物的期许。严复等对现实政治生活中的铁腕人物袁世凯的人品有些看法,1903年1月31日严复致信熊季廉,称袁世凯为"内地西人",严复讥讽袁世凯仿效租界之法治华人,在"民生之疾苦,物力之凋残"中攫取军饷②。严复之言切中时弊,但严复仍将袁世凯视作救

---

① 张之华. 中国新闻事业史文选 [M]. 北京:中国人民大学出版社,1999:47.
② 王庆成. 严复未刊诗文函稿及散佚著译 [M]. 台北:台湾财团法人辜公亮文教基金会,1998:125.

世人才。《民国初建,政府未立,严子乃为此诗》:"灯影回疏榍,风声过檐隙。美人期不来,乌啼蜃窗白。"①所谓"美人",学界有不同的看法,笔者以为民国肇始,这是严复对如何选出名副其实的铁腕人物的期待。除严复外,时人对袁世凯的评价颇高:"袁公雄才大略,固为各督抚所仅见,惟用人则均未恰当,此可决日后难有起色。"②

现实政治中铁腕人物袁世凯在其政治生涯中声誉很高,与其颇注意用金钱来收拾社会舆论,从而控制政治偶像塑造中有利于自己的舆论导向密切相关,据袁世凯幕府中管账的唐在礼称,袁世凯花钱收买的对象中就有所谓的"采访""通讯""宣传"等费用,"当时的《亚细亚日报》《国华报》都是袁办的"。袁世凯首先利用报馆中的访员,对报馆施加拉拢与控制。"访员一般都是袁的亲信人介绍来的……有的消息替袁说好话,明知外面有些人责备政府或袁,就针对这些问题,做成'答客难'式的说明,进行辩驳,转对责难者派他们不是,等等;另一方面是暗地里给访员们些钱,还给他们些方便,如暗地里介绍机关的头脑,为他们打点交通上的便利,等等。有时还叫他们打进各方面去刺探活动情况回报。这笔用项也是通过军需拨付。"③用军费来收买记者、报馆,可见晚清政局的腐败,也足见袁世凯手腕之高明。

其时所谓西方新闻专业主义媒介在中国政治偶像的建构与传播中也扮演了重要角色。论及近代西方新闻专业主义媒介当首推美国。就新闻专业主义层面来衡量,《纽约时报》早年被誉为"代表了便士报时期的最高成就"。它与《华盛顿邮报》《洛杉矶时报》等被誉为美国新闻史上最有影响的三大报纸,一度标榜"All the News That's Fit to Print"(即刊载所有适宜刊载的新闻作品)。以《纽约时报》为代表的西方大报,早在 1896 年

---

① 王栻. 严复集(二)[M]. 北京:中华书局,1986:380.
② 汪康年. 汪康年师友书信札记[M]. 上海:上海古籍出版社,1986:3108.
③ 中国社会科学院. 北洋军阀史料选集:上[M]. 北京:中国社会科学出版社,1981:112.

就以嗅觉灵敏的"新闻鼻"对革命先行者孙中山予以关注,是年 10 月 23 日发表 22 日来自伦敦电讯,标题拟为"孙逸仙博士被清国驻英使馆绑架"。1897 年 3 月 23 以"为新中国而呐喊的孙逸仙博士"为标题,做后续报道:"关于孙先生的罪名,自然是从他在英国的演讲中得出的,他对他的国家那个奇怪的体制说了很多尖刻的话,他无法找到确切的名称,只能称之为满清当局。"可见,在《纽约时报》看来,孙中山被捕主要源于革命舆论对晚清政权的批判,清政府予以反击。《纽约时报》称:"孙先生展示了他作为一个东方人的才能,他通过唤起英国公众的同情而使他的政见传播开来……这样一些发自内心的真诚呐喊,至少让这个流放国外的清国人的部分听众们不会过分地去追究他。"①其时,《纽约时报》对近代中国政坛"新人"康有为、梁启超、袁世凯等皆有评骘。

《纽约时报》于 1899 年 4 月 10 日以"4 月 9 日温哥华电"的形式,发表《清国流亡政治家康有为宣示报国理念》,简明扼要地说明康有为的政见,而对康有为本人未做具体评论。相比较而言,《纽约时报》对袁世凯予以颇高评价。1908 年 6 月 14 日该报发表托马斯·F. 米拉德 4 月 20 日来自北京的电讯《清国铁腕袁世凯采访录》,称:"在西方人的眼中,长期以来代表大清帝国形象的,只是从 4 万万芸芸众生中站出来而非常突出和确定的几个人而已。正是这些人扮演着重要的角色,或许能够开辟出一条道路,以迎来一个新中国的诞生。"②在《纽约时报》看来,引领未来中国的领袖应是铁腕人物,"袁世凯是这些人物中非常突出的一位,他也确实在这些趋向进步的高层官员中被推认为第一"③。"他是第一个认真学习国

---

① 郑曦原. 帝国的回忆:《纽约时报》晚清观察记 [M]. 李方惠,郑曦原,胡书源,译. 上海:三联书店,2001:357.

② 郑曦原. 帝国的回忆:《纽约时报》晚清观察记 [M]. 李方惠,郑曦原,胡书源,译. 上海:三联书店,2001:135.

③ 郑曦原. 帝国的回忆:《纽约时报》晚清观察记 [M]. 李方惠,郑曦原,胡书源,译. 上海:三联书店,2001:136.

外军队组织方法和战略战术的人,并且也是第一个极力鼓吹军队必须实现现代化的人。"①《纽约时报》从社会舆论层面描述袁世凯的形象并进行话语塑造,"人们发现,在清国凡是有职位的人当中,对袁世凯的评价是多种多样的。我就听说过他被称为政治家、改革家、煽动家等,还有一些稍微不同的其他称号,而每种称号后都会跟着一大堆详细的描述。说人们对他的评价都有几分道理,这也不是不可能,不过,人人都认为他是位'重要人物',而且人们正在逐步接受这样一种看法,即袁世凯是清国当代最重要的人物!"②该报准确地描绘了袁世凯的政治前途:"在改革的大潮里,他将登上权力的顶峰"③。在塑造袁世凯形象时,《纽约时报》称:"对清国的领袖人物来说,操劳过度是在所难免的……(但)现在的袁却是健康和精壮的化身。"④

1908年11月14日至15日,光绪皇帝与慈禧太后先后死亡。《纽约时报》发表《后慈禧时代的清国政局》,附有"题记"称:"清国当局面对'变革运动'的强大压力处变不惊,外国势力在清国政局中扮演的角色耐人寻味。"⑤该时评从"清国的政体结构""清国改革运动的选择方向"等层面进行论述,评析后慈禧时代的大清国政局。"变革运动到目前为止尚未有任何大家都公认的领袖人物或政党组织,许多在政治上是属于空想那一类的。这些人当中有一部分人如孙中山等人,希望能建立一个共和政体。而更加明智的人士,如康有为等人则非常清楚,像中国目前这样的社会架

① 郑曦原.帝国的回忆:《纽约时报》晚清观察记[M].李方惠,郑曦原,胡书源,译.上海:三联书店,2001:136.
② 郑曦原.帝国的回忆:《纽约时报》晚清观察记[M].李方惠,郑曦原,胡书源,译.上海:三联书店,2001:137.
③ 郑曦原.帝国的回忆:《纽约时报》晚清观察记[M].李方惠,郑曦原,胡书源,译.上海:三联书店,2001:137.
④ 郑曦原.帝国的回忆:《纽约时报》晚清观察记[M].李方惠,郑曦原,胡书源,译.上海:三联书店,2001:140-141.
⑤ 郑曦原.帝国的回忆:《纽约时报》晚清观察记[M].李方惠,郑曦原,胡书源,译.上海:三联书店,2001:368-369.

构,要建立健康、民主的共和政体是不可能的。维新派们倾向于通过推举一位新皇帝来建立新的统治王朝,这个新皇帝最好是从这些革命运动的领导人中遴选出来的最有才能的那位。一句话,哥老会的最终目的就是找出一位清国的拿破仑,让他重建帝国,并带领这个帝国走向世界民族之林的最前列。"①相比较而言,哥老会的领导人更像是一群煽动家,而不像一群改革家。②《纽约时报》认为"北京新政权是推动改革的稳定力量"。慈禧太后之后新政权在北京的安危是依靠新军维持的:"大清国新军的这种部署,是由袁世凯亲自监督实施的,而新军对袁世凯无限忠诚。"③在后慈禧太后时代,"袁世凯及其政治团伙的势力因为慈禧之死将很可能会获得更大的增长"。《纽约时报》以贬低革命党的手法,对袁世凯的形象进行与时俱进的塑造,称:"袁是位杰出的'务实型'改革家,在这方面他明显区别于那些煽动家和半吊子的'革命党',他对清国政体施加影响意味着这个政体能够在有序和稳定的状态下发展、进步。"④袁世凯的铁腕形象之所以被《纽约时报》建构得如此"高大",一个重要原因就是这位大清帝国的实力派人物对美国传媒宣称"美国被认为是最友好的超级大国"⑤。可见,袁世凯的许诺实是针对国外以新闻专业主义标识的传媒采取"收买美国人心"的措施。

《泰晤士报》被视作英国最重要的报刊,由约翰·沃夫特(John Walter)于 1785 年 1 月 1 日创刊,由沃尔特家族经营,后因经营不善,

① 郑曦原. 帝国的回忆:《纽约时报》晚清观察记 [M]. 李方惠,郑曦原,胡书源,译. 上海:三联书店,2001:374.
② 郑曦原. 帝国的回忆:《纽约时报》晚清观察记 [M]. 李方惠,郑曦原,胡书源,译. 上海:三联书店,2001:374.
③ 郑曦原. 帝国的回忆:《纽约时报》晚清观察记 [M]. 李方惠,郑曦原,胡书源,译. 上海:三联书店,2001:376.
④ 郑曦原. 帝国的回忆:《纽约时报》晚清观察记 [M]. 李方惠,郑曦原,胡书源,译. 上海:三联书店,2001:377.
⑤ 郑曦原. 帝国的回忆:《纽约时报》晚清观察记 [M]. 李方惠,郑曦原,胡书源,译. 上海:三联书店,2001:144.

1907 年被誉为英国报业一条街("舰队街")中"拿破仑"的北岩接办,成为英国颇有新闻专业主义理念的具有代表性的报刊。1911 年 11 月 28 日,《泰晤士报》发表严复于同年 11 月 7 日作于北京东城金鱼胡同的书信。收信者为莫理循(G. E. Morrison,1862－1920),他自 1897 年始任《泰晤士报》的中国驻京记者,并于 1912 年任袁世凯政权的顾问。关于武昌起义的远因和近因,严复在信中将其归纳为四条,其中第二条为:"心怀不满的新闻记者们给中国老百姓头脑中带来的偏见和误解的反响。"①严复称:"年幼的皇帝登基以前,海外有两个反对中国政府的秘密团体。"即国民学、保皇会,"这两个团体有完全不同的纲领":前者"曾在横滨出版过叫作《民报》(意即人民的言论)的报纸作为他们的喉舌";后者"大多数人是 1898 年间的逃亡者。他们有一个很有能力的领导者梁启超,他有一支带感情的笔,并且熟悉政治、经济和哲学。不久前,他们的喉舌是一份报纸或杂志叫《新民丛报》,后来是一份三月刊杂志叫《国风报》。这两份刊物都畅销,对中国的舆论具有巨大影响。"②严复在信中对袁世凯有所评价,称:"袁世凯最初被任命为湖北总督,而后在一些请愿书的推荐下当了总理大臣。袁世凯赋闲太久,又面对着完全变化着的政治形势,现在不再胜任他的工作了。而北方和南方的中国人对他怀有不同的感情。他的确还为北方人所爱戴,但另一方面,为许多有影响的南方人如张謇、汤寿潜等人所厌恶甚至仇视。后来发生的在上海及其附近地区杭州和苏州的起义,很可能是因为他们对遴选袁世凯为总理大臣不满而引起的。"③可见严复致《泰晤士报》记者信函中试图保持对袁世凯评价的中立化。谈及革

①　骆惠敏.《泰晤士报》驻北京记者袁世凯政治顾问乔·厄·莫理循书信集:上卷,1895－1912[M]. 刘桂梁,等,译. 北京:知识出版社,1986:782.
②　骆惠敏.《泰晤士报》驻北京记者袁世凯政治顾问乔·厄·莫理循书信集:上卷,1895－1912[M]. 刘桂梁,等,译. 北京:知识出版社,1986:784.
③　骆惠敏.《泰晤士报》驻北京记者袁世凯政治顾问乔·厄·莫理循书信集:上卷,1895－1912[M]. 刘桂梁,等,译. 北京:知识出版社,1986:782.

命后果,严复称:"允许目前这个王朝在法律上存在呢,还是干脆将其废除代之以中华共和国呢,还是他们相互战斗直到最后,而以一个中国的波拿巴为最终结果呢? 现在没有人敢于预言。"①所谓"波拿巴"当指铁腕式的独裁人物。对于中国政局是否要有一个铁腕人物来掌控局面,严复也无法预测。但在严复看来,"按目前状况,中国是不适宜于有一个像美利坚共和国那样完全不同的、新形式的政府的"②。

严复对孙中山等倡导共和国的举措亦有所评判,称:"共和国曾被几个轻率的革命者如孙逸仙和其他人竭力倡导过,但为任何稍有常识的人所不取。"③在严复看来,孙中山等倡导建立共和国还为时过早。总体而言,《泰晤士报》发表的严复的这封信表明他主张进行社会改良,对所谓政治革命者颇为反感。

与此同时,受众将现实政治环境与媒介拟态环境相对照,从而将拿破仑与袁世凯联系起来,将中国的华盛顿寄希望于孙中山。1912 年创刊的《新世界》将孙中山比作"世界第二之华盛顿,中华第一之华盛顿"④。报刊等操纵社会舆论的后果是精英人物的政治心理对政治符号"拿破仑"的渴求远过于"华盛顿"。1912 年初,中华民国临时大总统孙中山被迫让位于袁世凯,这其中有诸多因素。诸如武昌起义之后,南北尚未议和,仍处对峙状态,黄兴就曾信任袁世凯,期许袁世凯"以拿破仑、华盛顿之资格,出而建拿破仑、华盛顿这事功……非但湘、鄂人民戴明公为拿破仑、华盛

---

① 骆惠敏.《泰晤士报》驻北京记者袁世凯政治顾问乔·厄·莫理循书信集:上卷,1895—1912 [M]. 刘桂梁,等,译. 北京:知识出版社,1986:785.
② 骆惠敏.《泰晤士报》驻北京记者袁世凯政治顾问乔·厄·莫理循书信集:上卷,1895—1912 [M]. 刘桂梁,等,译. 北京:知识出版社,1986:785.
③ 骆惠敏.《泰晤士报》驻北京记者袁世凯政治顾问乔·厄·莫理循书信集:上卷,1895—1912 [M]. 刘桂梁,等,译. 北京:知识出版社,1986:785.
④ 参见煮尘所著《规孙中山》,载于《新世界》1912 年第 6 期。转引自邹振环的《英雄崇拜与历史认识》。

顿,即南北各省当亦无有不拱手听命者"①。而革命元勋章太炎得知武昌起义及上海光复的消息后,即从日本东京启程往神户,乘船回国,途中章太炎发表谈话,其中涉及中国政治偶像的塑造,称:"如华盛顿鞠躬尽瘁于和平事业,则我邦家这福也……若不幸竟为拿破仑,则我邦家乱无宁日矣。"在章太炎看来,"所幸今日列强牵于他故,于中国一时无机可乘。若一朝中国果见拿破仑者,必资列强以投间乘隙之机"②。章太炎在南北双方达成协议后态度发生转变。当孙中山让出临时大总统及袁世凯继任后,南北双方就定都南京还是北京发生分歧。被《民立报》称誉为"新中国之卢梭"③的章太炎不但支持定都北京,与北方意见一致,而且还称:"夫国人所以推袁项城者,岂以为空前绝后之英乎?亦曰国家多难,强敌乘之,非一时之骏雄,弗能安耳。"④其话语中袁世凯强者形象跃然可见。

无论是改良抑或革命,皆未能彻底解决晚清救亡图存的问题,政权最终还是落入袁世凯手中,随之而来的是袁世凯对社会舆论的控制,对新闻事业的摧残。⑤当然,中国的所谓万世一系的帝王继承权,使得异族问鼎政权无论在政统还是道统上皆遭到合法性质疑。社会舆论在对待旧的政治理念上扮演了重要角色。袁世凯去世后政治舆论很快发生转向,溥仪在《我的前半生》中回忆丁巳复辟称:"袁世凯与拿破仑三世不同,他并不如拿氏有祖荫可恃。"⑥这就涉及民意的问题。比照1915年9月23日,严复在与熊纯如的信中称:"顾民意之于吾国,乃至难出现之一物,使不如

---

① 参见《黄兴致袁世凯书》,载于《近代史资料》1954年第1期。
② 姜义华. 章炳麟评传[M]. 南京:南京大学出版社,2002:118.
③ 佚名. 欢迎鼓吹革命之文豪[N]. 民立报,1911-11-16.
④ 章太炎. 致南京参议会论建都书[N]. 时报,1912-2-13.
⑤ 熊少豪称:"民国元年,北京创立之报馆,不下三四十家;天津一隅,数亦不鲜。所可惜者,各报非有政党之关系,即属政府之机关。既不能监督政府,复不能指导社会。"(杨光辉,等. 中国近代报刊史料丛书·中国近代报刊发展概况[M]. 北京:新华出版社,1986:433.)
⑥ 中国社会科学院. 北洋军阀史料选集:上[M]. 北京:中国社会科学出版社,1981:312.

是,则共和最高国体,亦无所谓不宜者矣。"①严复认为,中国无所谓"民意",若有真正意义上的民意,倒是可以建立共和,而没有所谓民意,改良道路在严复看来是必然的抉择。辛亥革命后,严复对袁世凯一直看好。②袁世凯上台后,政治舆论对共和或君主立宪制等国体问题进行评判。③1916年4月4日,严复致熊纯如信称:"历观各报,知海上党人,联合云、贵,函电旁午,皆以要求项城退位为宗。顾退位矣,而用何等手续,弹压方面,使神州中国得以瓦全,则又毫无办法。帮复常谓:'中国党人,无论帝制、共和两派,蜂起愤争,而迹其行事,诛其居心,要皆以国为戏,以售其权利愤好之私,而为旁睨肬篋之傀儡。以云爱国,遐乎远矣'……不幸项城不悟,以为天下戴己,遂占亢龙,遽取大物,一著既差,威信扫地。"④在严复看来,袁世凯复辟某种程度上也是"民意"在帝制或共和政治制度上的抉择。

袁世凯及张勋复辟帝制既为军界不容,也受报刊承载的社会舆论谴责。1916年12月1日陈独秀在《新青年》第2卷第4号发表《袁世凯复活》,在评价蔡元培对袁世凯权谋之论述后,称:"肉体之袁世凯已死,而精神之袁世凯固犹活泼泼地生存于吾国也。"⑤陈独秀借助《新青年》发表评论:"昔始皇帝创无限专制君主制,其子二世亡之。拿破仑一世破坏法兰西共和,帝制自为,身败名辱。其犹子拿破仑三世,仍明目张胆,蹈其覆辙。今堕地呱呱之中华民国,在朝之魔王袁世一世方死未死,而在野之瞽儒袁世凯二世方生,一何中外古今之史例巧合若斯也?"⑥在陈独秀主持的《新青年》看来,"若夫别尊卑,重阶级,主张人治,反对民权之思想之学

① 王栻. 严复集(三)[M]. 北京:中华书局,1986:627.
② 王栻. 严复集(三)[M]. 北京:中华书局,1986:620.
③ 王栻. 严复集(三)[M]. 北京:中华书局,1986:621.
④ 王栻. 严复集(三)[M]. 北京:中华书局,1986:630 - 631.
⑤ 任建树,张统模,吴信忠. 陈独秀著作选:第一卷[M]. 上海:上海人民出版社,1993:238.
⑥ 任建树,张统模,吴信忠. 陈独秀著作选:第一卷[M]. 上海:上海人民出版社,1993:239.

说,实为制造专制帝王之根本恶因,吾国思想界不将此根本恶因铲除净尽,则有因必有果,无数废共和复帝制之袁世凯,当然接踵应运而生,毫不足怪"①。陈独秀从传统文化思想进行阐述,严复则从社会舆论导向进行分析。1917 年 4 月 5 日,严复在与熊纯如的信中称:"吾辈于其国体,一时尚难断定。大抵独裁新倾之际,一时舆论潮势,自是趋向极端,而以共和为职志;数时之后,见不可行,然后折中,定为立宪之君主。此是鄙意,由其历史国情推测如此,不敢谓便成事实也。"②袁世凯病死后,还发生了张勋复辟及段黎之争,以及孙中山在南方建立军政府等事件,严复对此皆无好感。甚至到 1917 年下半年,严复在与熊纯如的信中称:"孙文、唐绍仪辈,自仆观之,直是毫无价值之人。比者窜迹广州,既不容于地主,而号诉各国,又为笑资,其无成殆可以决。"③大体看来,袁世凯、孙中山去就及独裁、共和的抉择,原因错综复杂。这其中包含舆论精英梁启超、严复、章太炎等结合近代中国救亡图存的历史使命,利用媒介不断进行政治偶像建构产生的结果。引进西方政治偶像并进行本土化的重新塑造,是为了现实政治变革的需要。君主立宪或民主革命对不同偶像的政治心理渴求,使得有着不同西方利益背景的政治家利用媒介等政治工具,将"拿破仑"与袁世凯政治权威、"华盛顿"与孙中山民主理念有意识地联系起来,试图用政治偶像、政治符号所蕴含的建国理念引领命途多舛的国人走向新的道路,显然可见其现实的政治功利。

对清末民初媒介政治偶像建构或解构历史轨迹的反思

近代社会面临着转型,国人时空观念发生了巨大变化。正如严复所

---

① 任建树,张统模,吴信忠. 陈独秀著作选:第一卷[M]. 上海:上海人民出版社,1993:239 - 240.
② 王栻. 严复集(三)[M]. 北京:中华书局,1986:665.
③ 王栻. 严复集(三)[M]. 北京:中华书局,1986:672.

称:"世变正当法轮大转之秋,凡古人百年数百年之经过,至今可以十年尽之,盖时间无异空间,古之程途,待数年而后达者,今日可以数日至也。"①时空观的急剧变化影响着国人的救国方略。其时,国人寻求救国方略,包含政治、经济、文化等多个方面,这涉及孰重孰轻的先后次序问题。而西方侵略决定了保种、保国及保教等政治问题迫在眉睫。救亡图存压力下中国社会规范重建首在政治道路、政治方案的抉择。"议会民主"或"开明专制"的探讨,成为报刊舆论的焦点。无论是孙中山、袁世凯的合作还是分裂,只要救亡图存压力仍存在,国内政治秩序的规范化没有解决,媒介对政治偶像的抉择就不可避免。反省清末民初报刊对政治偶像建构或解构的历史轨迹,以下三点值得关注:

其一,就历史选择与政治偶像建构而言,中国近代政治转型离不开对西方政治制度的借鉴与关照,诸如清末民初中国社会需要美国华盛顿式的议会民主,还是法国拿破仑式军国专制。报刊等大众传媒对西方政治偶像进行选择并着手本土化的解读,这涉及西方政治偶像中国化的问题。以西方为样板的中国近代政治转型面临着政治制度的选择,诸如政治变革究竟需要清末新政下的开明专制,还是需要孙中山领导下的议会民主制,抑或袁世凯独裁下的军国专制,等等。历史在选择政治制度的同时,也通过政治偶像的建构或解构,选择或淘汰一些政治精英。媒介对铁腕人物的"英雄"式塑造及其传播效果,对民初袁世凯复辟帝制负有不可推卸的责任。等到孙中山等领导"二次革命"终于将媒介建构的中国化"拿破仑"拉下台,多灾多难的中华民族已然付出了血与火的代价。

其二,就政治偶像建构与近代学人关系而言,借助政治偶像建构对残破的现实政治重构,是近代学者努力的方向。清末民初严复、梁启超、章太炎等意见领袖或为议会民主呐喊,或为开明专制鼓吹。这与这些意见

---

① 王栻. 严复集(三)[M]. 北京:中华书局,1986:667.

领袖所联系或依附不同的政治利益集团密切相关。他们常根据本土政治经验并参照西方政治制度,为各自依附的政治权势提供合法性的学理论证,而对竞争对手塑造的政治偶像他们则以"批判者"身份出现。其政治功利的成分不言而喻。清末民初报刊媒介对政治偶像的选择,与政治人物、政党对改良或革命舆论环境的建构有着内在的联系。

其三,从近代报刊与政治偶像建构之间的关系来看,近代报刊选择政治偶像进行本土化解读的过程中,倾向选择西方议会民主或开明专制的代表性人物,诸如华盛顿、拿破仑等。可见大众传媒取舍标准与视角,与改良或革命的政治氛围密切相关。西方媒介参与中国政治偶像建构的迹象表明,所谓新闻专业主义的外报外刊在对孙中山、袁世凯的政治形象塑造中扮演了重要角色,这与列强在中国的利益企图也有关联。近代报刊对政治偶像的建构及对现实政治中议会民主或新式独裁舆论的塑造,折射近代大众传媒从西方引进政治偶像针对近代国情嬗变成分居多,报刊等媒介试图将西方政治偶像与中国近代政治转型的实践嫁接起来,具有强烈的经世致用色彩。

总之,清末民初报刊等大众传媒不断结合国内改良或革命的政治氛围,一再重复对西方政治偶像进行中国化的建构或解构这一历史过程,反映意见领袖在英雄与时势的这一时代性课题上举棋不定的彷徨心态及找不到近代社会出路的苦闷的民族主义情绪。这种彷徨心态、苦闷情绪是具有五千余年农耕文明史的近代中国在多元政治制度选择中民族方向感摇摆不定的折射。一句话,近代中国社会只要政治制度抉择的合理性及合法性没有解决,大众传媒对理想的政治偶像建构就仍在继续。

(本文首发于《新闻与传播研究》2008年第1期。期刊发表时题目为:《政治偶像的建构与清末民初报刊表述的政治》)

欧战语境下《晨报》与
近代中国重建的探索

　　欧战①是世界范围内的一次大战,也意味着原有传播秩序的一场变革。当时,中国政论性报刊对外多注重殖民者、被殖民者关系的解读,这一问题涉及列强控制下传媒对正义战争及战后国家重建之标准的重新解释。列强之间战争所涉道义促使世界范围内的文化精英进行政治反思。这在当时的报刊舆论中有诸多呈现与展示。在救亡图存的近代中国语境中,严复、梁启超、陈独秀、李大钊、胡适等舆论精英多参与报刊筹办,他们论学兼议政。面对两次复辟帝制及段黎之争,孙中山在南方建立军政府,等等,1917 年 4 月 5 日严复称:"吾辈于其国体,一时尚难断定。大抵独裁新倾之际,一时舆论潮热,自是趋向极端,而以共和为职志;数时之后,见不可行,然后折中,定为立宪之君主。此是鄙意,由其历史国情推测如此,不敢谓便成事实也。"②1917 年下半年,严复又称:"北方诸报,除该系一二机关外,百口同声,群相唾骂,吾侪小人,深盼其事之打销耳!"③由此大体可见报刊舆论之政治趋向。近代学人议政的重要路径是传媒,特别是报刊,而这些报刊背后往往涉及党派利益的鸿沟。简言之,面对利益集团与国家关系重构过程中的诸多社会动荡,报刊、报人有自己的逐利空间及政治抉择。在何去何从的十字路口,欧战语境下的《晨报》尤其关注关于近代中国重建的探索。

---

① 本书中的"欧战"指第一次世界大战。
② 严复. 与熊纯如书[M]//王栻. 严复集:第三册. 北京:中华书局,1986:665.
③ 严复. 与熊纯如书[M]//王栻. 严复集:第三册. 北京:中华书局,1986:677.

一、《晨报》与欧战后中国乃至世界的十字路口

欧战及其对中国政局的影响成为"五四"前后中国报刊关注的焦点。欧战期间段祺瑞政府多为安福系所操控,对待报纸或收买,或镇压。其时京师报纸多担当政治派系喉舌并处于舆论核心,尤以研究系的《晨钟报》、安福系的《公言报》为首,此与袁世凯之后的政治残局密切相关,时人称:"北京报纸最进步最上轨道之时代,不在民国元年民权勃兴之时,而在民国五年与六年民治受创之后也。"①相比较而言,袁世凯窃取辛亥革命果实,对第二次办报高潮予以镇压,但一定程度上仍给记者采访自由。此时所谓近代名记者辈出,与袁世凯对新闻采访权的开放有内在关联。诸如邵飘萍等关于新闻采访学方面论著的出现,绝非历史的偶然。除新闻采访以外,报刊文体也发生了变革。②此事件前后,因鼓吹议会选举等政治需要,政党报刊若雨后春笋般出现,"政府党报报纸之代表者,为《公言》《晨钟》等报"③。《晨钟》因批评性政论而遭封禁,易名《晨报》而继续执北方舆论之牛耳。

《晨报》处京师,无疑是折射欧战语境中国家、社会重建的一面镜子。早在 1918 年 12 月 1 日《晨报》复刊时,即出版增刊《最近中外大事记》,并附有"记者识":"两月以来,中外大势变迁甚亟,外之则欧战告终,议和将始;国际关系将开一新纪元;内之则平和运动方兴,停战命令已下,时局解决能否实现,实为国家存亡生死两大关头。爰举中外形势关系各事件编

---

① 戊午编译社. 北京新闻界之因果录[G]//杨光辉,等. 中国近代报刊发展概况. 北京:新华出版社,1986:172.
② 对中国新闻事业而言,电报传入以后,新闻尤重事实,在文体上强调信息。大致说来,五四时期报章文体由文言转向白话,在新闻文体上出现了黄远生等的新闻通讯。
③ 戊午编译社. 北京新闻界之因果录[G]//杨光辉,等. 中国近代报刊发展概况. 北京:新华出版社,1986:172.

为斯记,以资留心时事者之考镜焉。谓为最近即指过去两个月而言也。"此实《晨钟》停刊期间中外大事的报道及评论以增刊名义发表而已,内容以"欧战议和之经过"为主题,第一张配有"预定世界平和会议议场之法国万岁宫全景"之照片。第二张配有"万岁宫内会议室"照片;"今后世界外交之中心人物(美国大总统威尔逊)"照片;"捷克共和国大总统马沙理博士"照片。第三版配有"凯旋故都之比国皇帝及皇后"照片;"美国媾和全权代表"(国务总理蓝辛、厚斯上佐、柏新将军)照片;"英国媾和全权代表"(宰相雷德乔治、财政大臣勃拿罗、外交大臣巴尔霍、殖民大臣亨达逊)照片。增刊第四张虽刊"法国媾和全权代表"(三人)、"意国媾和全权代表"(二人)、德国新内阁员(四人)等照片,但主题为"国内和平问题""副总统问题""内阁问题"等。

除增刊以图片呈现列强政要外,1918 年 12 月 3 日《晨报》第三版"紧要新闻"专栏刊发《美国克兰君之大演说(愿我朝野注意)》云:"美国总统特派来华考察中国情形之克兰君……特在上海总商会为留别之大演说,其忠告我国诸点均关重要,今特译录全文,以供我国人参考,幸勿以平常之应酬演说视之也……距今日一年前之俄国于数月中经过数次革命。夫革命为社会事业之一类,以国家为试验场而实验其利弊。有利则可以推广,有弊则可以改革,故应十分郑重。奈俄国政治范围太广而实验能力又弱,故数月间国中鼎沸至不可收拾之地位……美俄两国非特在战事上有霄壤之别,即领袖之思想上亦有天悬之分。俄人思想趋向于物质与自私自利……美国则不然,既不自私又不自利……美国大总统威尔逊为一国中之领袖,其立身处世一秉至公,代表美国人民摄理国政,于国家之政策悉合国人之方针,纯以基督教之精神灌注于政事,人民咸甚钦佩而甚愿效力也,故基督教之精神与政治已成并驾齐驱矣。"①从上述言论呈现可见

① 1918 年 12 月 3 日《晨报》第三版。

《晨报》立场倾向于美国，意在提醒中国朝野有所注意。由此《晨报》强调："当今之世试有国家于此包藏祸心，其必失败也无疑，中国宜注意及之。美国政府人民决无政治的野心、欺诈之手段以图中国。中国可以无虑，且美国苟为力所能及，甚愿竭尽友邦之谊，以助中国。但不在政治上而在社会上……中国乘此机会宜与各国代表开诚布公，将历年来中国所受之损失，无论在议场内外得用种种方法，使各国代表群知中国之内情与痛苦。庶能发生新感情与新观念，则中国前途之幸焉。故于此次选派代表宜十分郑重，代表之赴会切勿怯懦，宜理直气壮，用毅诚以处事，以得各国代表赞助。欲人之助必先自助。愿中国人士勉之。"①这实际上是从美国的层面告诫中国即将参加巴黎和会的代表所应持有的态度与价值倾向，即中国代表应站在支持美国逼制苏俄的立场上。这篇稿件及其社论反映了面对欧战尾声中的中国乃至世界政治秩序重建问题，《晨报》试图通过西方的强势话语对中国在未来的世界格局中的政治立场有所定位。

二、《晨报》对欧战后国际格局变动趋向的关注及其用意

《晨报》的诸多议题、议程折射了梁启超所代表的研究系的声音，这是他们的重要平台。但欧游期间，梁启超的精力集中于考察欧战后西方社会的重建，对《晨报》的控制有所削弱。1918年底，研究系的核心梁启超携蒋方震、丁文江、张君劢、徐新六等前往欧洲游历。面对欧战后的满目疮痍，梁启超宣布欧洲文明破产，谓世界文明发展有待于东方复兴，意在用中国固有的文明挽救世界颓势。实际上，出发前梁启超即称："我们出游的目的，第一件是想自己求一点学问，而且看看这空前绝后的历史剧怎么收场，拓一拓眼界。第二件也因为正在做正义人道的外交场，以为这次

和会真是要把全世界不合理的国际关系根本改造，立个永久和平的基础，想拿私人资格将我们的冤苦向世界舆论申诉申诉，也算尽得一二分国民责任。"①

作为研究系喉舌，《晨报》关注的焦点与梁启超等的想法大体一致。但由于新文化运动的影响，《晨报》亦成为鼓吹新思潮的重要舆论平台，特别是以李大钊为首的留日知识分子在《晨报》改版前后占领了这一舆论高地。当然梁启超本人亦有职业化的办报理念，所以《晨报》传布的意见也多存在分歧。

《晨报》为研究系核心人物梁启超刊发文章提供了重要的平台。梁启超致女儿的家书常提及他在《晨报》《时事新报》等研究系喉舌上所发表文章。1918 年 12 月 24 日，《晨报》第二版的重要位置"代论"专栏，刊发醒目的《梁任公在协约国民协会之演说词》，并道："今日承协约国民协会邀请到会一谈，不胜荣幸。昔达尔文研究生物学，发明物竞天择，优胜劣败，为进化之一原则，然非谓进化必由竞争也。后之学者于竞争之理发挥过甚，其流弊遂有德国尼采等一派崇奉强权之学说，德国甘冒大不韪以引起世界之大战争而卒至一败涂地者，即受此等学说之害也。夫人类及他动物之进化由于互相扶持者，实较竞争为甚。俄国苦鲁退参君之互助论，列举此理甚详。人类苟非互助而专相竞争，恐今世已无孑遗，世界之文化永无发展之日也。"梁启超的演说探讨了生存斗争学说与欧战的关系。面对竞争论与互助论之间的抉择，他倾向于后者。梁启超欧游期间，有诸多观感及心得发表，如 1919 年 4 月 13 日《晨报》第二版"紧要新闻"刊发《梁任公与英报记者之谈话》，云："今年二月十六日梁任公先生赴法道出伦敦。英国伦敦《日日电报》新闻记者特访任公先生于旅次。谈数小时，是日即揭载在二月十七日该报。"该稿件为译稿，可见《晨报》对梁启超海外言论

① 梁启超. 欧游心影录·新大陆游记[M]. 北京:东方出版社,2006:61.

之关注。

与梁启超相比,曾为研究系核心人物汤化龙的秘书的李大钊受马克思学说的影响,倾向于从阶级分化的层面探讨欧战及其遗产。欧战的重要遗产就是社会党乃至社会主义运动的崛起。1918 年 12 月 14 日《晨报》第七版"译丛"刊发署名"去暗"(即李大钊)①的《最近欧洲社会党之运动》,译文初发表于 1918 年 7 月《言治》季刊第 3 期(后在《晨报》连载,至次年 1 月 28 日,共有 38 节)。该译文称:"社会党所抱政治、经济之意见如何,若详论之,更仆难尽。值此欧洲大乱之际,社会党已在各国政治舞台上占有势力。欲知其动静之状,则平日所怀主义,必须陈述大略也。现今社会最大缺陷即在贫富阶级悬隔泰甚。"这些反映了《晨报》第七版已从阶级层面探讨社会党,也显示了李大钊对社会主义运动乃至国际政治舞台的关注。

第一次世界大战给德国及俄国造成的冲击尤其严重,两国劳工与资本家乃至政府的矛盾日益激化,这些也引起了中国报刊、报人的注意。《晨报》集中篇幅高频率地报道欧战后社会重建及社会党在其中所扮演的角色。例如,1918 年 12 月 17 日《晨报》第三版署名"建侯"的《德国社会党人事略》(一),提及德国社会党分为马克思、拉萨尔为代表的两派,并对两派的来龙去脉进行说明,后以(二)(三)(四)等形式连载于 19、20、21 日《晨报》第六版。俄国与中国毗邻,其革命烈火对中国影响尤大。1918 年 12 月 24 日《晨报》第六版"时评"专栏刊发"以芬"的《俄国已受人干涉矣》,称:"居今日国际关系至为密切之时代。凡国中内乱不息者,久必受人之干涉。其干涉方法,无论如何,其结果必致外力愈益增进,国权愈益旁落。呜呼,吾不知俄人对此感想如何,吾更不知与俄情势相似者,其感

① 笔名分析见王宪明、杨琥所著《五四时期李大钊传播马克思主义的第二阵地——〈晨报副刊〉传播马克思主义的贡献与意义》,载于《安徽大学学报》2011 年第 4 期。

想又将如何也。"显然,面对 1917 年俄国十月革命后政治时局的变迁,中国要从中有所借鉴。俄国十月革命的政治变革颠覆了传统的资本主义模式,其无产阶级政权模式引发世界范围内资产阶级的极度恐惧。欧战结束后列强即谋划联合出兵镇压苏俄革命。1918 年 12 月 25 日《晨报》第二版"紧要新闻"专栏刊发《最近俄局之解剖》,云:"迩者列强将起干涉,俄乱黑海。英法海军及西比利亚,日本驻屯兵,均有积极进攻消息。究竟俄局真相如何,国人所亟闻矣。顾目下俄局内容极为复杂。所谓过激派与反过激派,皆不外概括的名称,毫无统一。兹据最近调查,将各派势力之分野记之如下……过激派亦分两系:一曰社会民主党,以工党利害为本位者也;二曰社会革命党,以农民利害为本位者也。社会民主会中又有右党与左党之别。属于右党者,政见较为稳健。而属于左党者,则甚为激烈。目下掌握俄国政权之列宁一派,即属社会民主党中之左党,所谓过激派中之过激派者也……此派以共产主义为标榜,故革命初起,极博人民之欢迎。然行之日久,弊实渐见。现已众叛亲离,虽无复于共事者。要之,过激派目下在俄国实力极为薄弱,犹能维持至今者,实因无他种较强之势力。"可见《晨报》对列宁等代表的布尔什维克的政治分析有自己的见解。对于毗邻的俄国革命,《晨报》予以多角度的关注。1918 年 12 月 27 日,《晨报》第七版的"时代思潮"刊发译者"约瑟"的《俄国革命之老妇普勒西可夫士加耶女士自述(一)》,并配有该女士照片。译稿连载至 31 号。这是从文学维度以自述方式刻画俄国革命人物的个性特征及其革命思想形成、发展的社会背景。

《晨报》对欧战后德国、俄国社会的重建亦颇关注。与俄国相比,德国由于在世界大战后期接连失利,而皇室依旧将前方战士视作炮灰,1918年 10 月 25 日命令海军继续同英军作战,导致 11 月 3 日基尔港海军起义。起义取得胜利后,起义者一度要建立苏维埃政权。俄、德革命对国人产生了巨大影响。围绕列强的生存斗争哲学,《晨报》的解读颇有中国文化的语境。1918 年 12 月 30 日,《晨报》第二版刊发署名"柳隅"的《欧战后哲学上之疑问(进化论与循环论孰为真理)》,以循环论为参照系反思达尔文的进化论,称:"试问开战前之德意志,非文明耶? 非既治耶? 而今竟何如? 不特此也。依进化之说,天下大势,应由小国而并合为大国。今德奥与俄罗斯国内何以成分裂割据之势? 进化之证据,果安在耶?"与进化论相对的是循环论。"地球绕日,昼夜寒暑,周而复始,一循环之现象耳,何有于进化?"战后德、俄分裂的政局,以及欧战中之人种优劣,是印证进化论还是循环论? 反思进化论、检视循环论,需要去学理上进行探讨。"欲解决此问题,所应研究之点,头绪纷繁,非此短篇之文,能毕其说。吾将赓续研究别成专书。特以此所关者大,故先发其凡,冀于海内外者共研究之。"从学理上解读第一次世界大战,是当时报刊舆论特别是《晨报》所关注的焦点。

复刊后的《晨报》无疑是感知时代变迁的知更鸟。欧战给国人带来了思想上的困惑:近代中国学习的对象——西方列强发生了狗咬狗的利益纷争,很难区分什么是正义或非正义。身处其中的近代知识分子另有看法,例如"以芬"自 1918 年 12 月 17 日在《晨报》第二版"论评"专栏连载《欧战杂感》(二),19 日在《欧战杂感》(三)中写:"此次战争,为专制主义与民本主义之大决斗。世(疑衍字)人类能言之,今者两者之胜负见矣。所谓民本主义者,其内容将如何变迁,对外将如何发展,皆为留心政治者所深当注意。盖民本主义之初期,其发展常限于形式问题,即颠覆王政、建设共和,如美之独立战争、法之大革命,皆此主义之实现。其后更进一步,国体不问为君主、为共和,但使能实行普通选举与一般人民参政之权,即为无背此主义。是已由形式而移入于实质……今以战争之结果,此主义(即民本主义)将更生一新意义,即所谓国际的民本主义是也。"①这涉

① 1918 年 12 月 19 日《晨报》。

及殖民者、被殖民者政治身份的界定,并具有相应的呈现方式:"盖前此之民木(本)主义,系以个人之圆满发达,求之于社会的协调之中,今且扩张范围,而求之于国际的。凡一国家或民族为一阶级之野心所支配,而以此阶级的专制之余毒,施之于他民族者,则他民族不可不合图自卫,而讲求所以扑灭之方,此次战争即含有此意味。"①当然,世界大战亦造成列强内部阶级斗争等矛盾的加剧,政治分化严重:"大战之结果,欧洲起两大革命焉。俄德是也。因革命之结果,而此两国中生出种种之派别,各挟主义,以相竞争。大别不外过激主义、温和主义、复辟主义三者而已。"②而苏俄革命往往被视作"过激主义"的重要代表。所谓"过激主义",我们可从实践层面分析,也可从思想层面探讨:"推翻旧来之思想习惯,打破目前之一切现状,使国民共和于觉醒之途,非过激派不为功。彼之所以能得一时之势力者,亦即以此。然其主张过倾于理想,于多数心理、社会习惯、国家利害多不适合。"③与"过激主义"相比较,"盖所谓温和派者,其主义必为进步的,其手段又必为秩序的。既非如复辟派之不适于新潮,又非若过激派之远过于事实,为最易于吸取同情以收拾时局"④。即温和派仍寄希望于温和的改良。《晨报》刊载这些内容,意在为中国政治变局及其背后政治派系分化与重组提供一些参照。

三、1919 年:世界新趋向与《晨报》传媒镜像中之中国何去何从

面对逝去的 1918 年,无论是世界还是中国皆属多事之秋。1919 年新年伊始,《晨报》"社说"专栏刊发《祝新》:"时居岁首,是曰新年。阳和始

---

① 1918 年 12 月 19 日《晨报》。
② 1918 年 12 月 29 日《晨报》连载之八。
③ 1918 年 12 月 29 日《晨报》连载之八。
④ 1918 年 12 月 29 日《晨报》连载之八。

肇,阴霾潜消,大地河山,焕然一新其面目。即人事纷纭,既经年关而告一结束,将必由岁首而辟其新机。此所以可祝也。顾吾人所历新年多矣,为文以祝之者亦屡矣。方其祝时,常觉旧岁所经无一得意之事。继今以往,或庶几乎。乃荏苒匝年,而不得意之事愈多。后之视今,转不如今日视昔。往事历历,常如此者,非一次也。苟执过去以例方来,吾人早已心灰意冷。循例致辞,不独阅者生厌,即著者亦觉无谓。"即在辞旧迎新之际,旧的负荷过重,国人对将来也有形同过去之感觉。"虽然,希望之心,人情所不能自已也。明知其无可望,而犹望之,况犹有几希之尚存乎?《易》称否极泰来,又言剥极必复,盈虚消长之理,不独天道为然,人世亦应有之。"就中国而言:"民国诞生以来,祸变频仍,迄无宁日,至昨岁而臻其极矣。内忧外患,一时迸发,天灾人祸,纷迭交乘,乃能不夭不殇,得保寿命于今日,则此民国八年初幕,未必非交泰反复之期。"欧战后的世界百废待兴:"更就事实而论,世界之大战既终,国内争閧(哄)亦息,平和之声,弥漫大地。由此而新思想、新潮流、新团体、新事业,风起云涌,气象万千。在世界开一新纪元,在吾国辟一新生命。果能顺应时变,力图自新,则起死回生之机,又未必不在今日。虽然新之云者,非徒标美其名而已,固将奋进以崭其事实。吾国人之大病,常在以新名目行旧罪恶,以新手段达旧目的,故表面恒有刷新之观,而内容则无丝毫之异。自今以往,愿一洗从来旧染,实行表里革新。是则吾人之新希望也。"面对欧战告终,中国成为战胜国的一员,可能收回部分权益,《晨报》对此一度寄予厚望,如1919年1月10日第二版首条刊发"本报征求投稿启事",云:"欧战告终,和议将始,我国列席发言,应有准备。兹特辟投稿专栏,征集国人对于外交问题之意见。用作政府后援。"这其中也显示出面对1919年风雨欲来的中国,《晨报》颇有与时俱进的勇气。

对世界与中国而言,刚刚揭幕的1919年,皆属历史分水岭。世界面临大变局,多捉摸不定,美国、德国、俄国等遭遇各种裂变。诸如此类,对中国或有影响。《晨报》亦多有报道并附评。

(一)美国、德国、俄国等政治变动与《晨报》时评

首先,美国总统罗斯福的病逝及其政治生涯回顾。1919 年 1 月 9 日,《晨报》第二版"社说"刊发《悼美前总统罗斯福君》,此罗斯福即西奥多·罗斯福(Theodore Roosevelt, Jr., 后人称老罗斯福)。他于 1919 年 1 月 6 日病逝,而三日之后《晨报》即发表社论,可见《晨报》在资讯上的快速反应。"社说"云:"顾罗氏伟大功业,非成于在朝之时,而却成于在野之后。此吾人悼罗氏者不可不知也。"即前总统罗斯福的成绩是在他退职之后:"当千九百十二年罗氏之下野也。巴尔干战事方殷,英德海军竞争正烈,罗氏默烛机先,知大乱之将至,后日起而收拾者,非美莫属。顾当时美人方狃于宴平,对此重任,会无感觉。兼以国防空虚,人心驰缓,儵然不可终日。罗氏高声疾呼,警惕国民,以正义非有武力为后盾,则必致为横逆所侵凌。所谓平和,皆成幻想。其结论以实行征兵,为挽救时局之唯一办法。"即第一次世界大战之前,他已未雨绸缪,"追欧战勃发,又复奋勇从戎,躬为表率,卒使美军奏最后之胜利。公理伸张,强权屈服,其功实不在威尔逊下"。次日《晨报》第二版"社说"刊发《罗斯福君之政治生涯》(上),"详述其言行如次,以绍介于我国人"①。这些报道及评论,意在让国人知晓第一次世界大战世界政局变迁及美国政治精英所产生的世界影响。

其次,有关中国近邻日本与俄国的报道。近代,与中国比邻的日本与俄国无疑是地位举足轻重的世界强国。就外交关系而言,邻国的强势无疑对中国本土产生无形的压力。1919 年 1 月 9 日,《晨报》第二版刊发署名"润泉"(八年元旦东京特派员)的《最近日本概观》,称:"今日为余执笔通讯之始,余于评论日本各种问题之前,请先介绍概括的日本最近状况。

---

① 1919 年 1 月 10 日《晨报》。

俾读者诸君对于日本问题得概括的观念，则以后观察各个问题自有论评之基础。此所以标吾第一次通讯曰《最近日本概观》也。"这是日本通讯系列的开始，亦可见常为《晨报》撰发时评的"润泉"新年即在日本考察与采访。作者从政坛现状、贸易大势、思想问题、米价问题等方面对日本现状作一概述。

而对俄国的关注焦点除列宁领导的十月革命外，《晨报》还报道了中国在俄一些劳工被强征入伍的情况。如 1919 年 1 月 10 日，《晨报》第三版"紧要新闻"栏目刊发译自英文导报的《俄国华工之惨状》，其导语云："被红卫军迫充战役，愿我政府注意此事，愿协约国加以怜恤。"译稿述及诸多华工被红卫军（过激派）强迫参与战役，云："上述之事实诚足令人惊骇，然非张大之词。此种情形实我政府当即注意而协约当表同情，施以协助者也。"

俄国十月革命引发列强联合干预，1919 年 1 月 26 日《晨报》第二版"紧要新闻"专栏刊发《俄局足为我国殷鉴》，导语为"陆使亦有电告"，要闻称："我人不能解决俄局致劳列强庖□，详情已见另栏……再我国南北商议情形现达如何程度，各国现既商定处置俄国问题，是表面虽为谋世界之和平而实已有干涉内政之嫌。我国南北问题争执不下，甚非中国之利。应请速以己力即日恢复南北之统一平和（和平）以防意外云云。"可见，《晨报》报道、评论俄国形势，仍立足于中国相关利益的背景或立场。

再次，所谓过激派的问题及其时评。1919 年 1 月 19 日《晨报》第二版"论评"刊发署名"杞君"的《过激派与列国政治家》，论述德、俄过激派及各国应对之后，称："上述各节，不过例举过激派之现状，与列国政治家态度之一斑。究竟该派是否可以根本扑灭，以及该主义是否与世界政治现势绝不兼容，此则大有研究之价值，容专篇论之。"是期是版尚有报道《过激派跳梁之欧洲》，称："最近前丹麦驻俄公使某君由俄国行抵伦敦与路透访员谈话一节，与过激派问题颇有关系，据云……"次日，《晨报》第二版刊发《过激派之国际阴谋》,其导语云:"资金五千万卢布、瑞士亦下逐客令、威总统之独具只眼。"《晨报》再次谈及德、俄两国过激派的问题,仅从字面上就可见《晨报》时评的政治立场。

最后,《晨报》对巴黎和会的报道及评论。1919 年 1 月 18 日,战胜国气宇轩昂地在凡尔赛宫召开重新分配世界资源及重绘世界地图的巴黎和会。大体上可认为此属协约国对同盟国的战利品的瓜分,但有例外。三天之后,即 21 日《晨报》第二版"译论"刊发《讲和会议与国际劳工同盟(战后之社会问题)》,称:"兹所欲述者非单纯之劳工同盟也,而经济社会两问题亦包括之。夫以战争告终,而议和固不当议及社会经济问题矣。然反观前史,有例可证,即议之亦不为怪。维也纳会议不曾议及与战争渺不相关之问题乎?而今之时局又更重于往昔也。新世界改造之基础由此而定。经济问题也,社会问题也,皆与将来世界有关系者也。因战争而失业者之救济策,罢兵役而归休者之处置法,非战后社会之紧急问题乎?其他社会改组、产业革命,又勿论矣。凡此数者,非仅各国间之内政问题而已,且带有国际性质焉。自国际劳工大会发生以来,几成为完全国际间事矣,故不可不议。"此文将巴黎和会与 1814 年 9 月 18 日至 1815 年 6 月 9 日维也纳会议进行比较。巴黎和会涉及议题甚多,梁启超考察欧洲时的札记对此所列甚详。梁氏记录的第一条是国际公共问题,包括国际联盟问题、国际劳工问题、国际水陆问题、少数民族保护问题等。[1] 可见国际劳工问题属于国际公共问题中的重要议题。而所谓维也纳会议,是欧洲列强继拿破仑战败后又一次世界性的外交会议,意在重绘世界地图。

(二)俄国革命对中国的影响及《晨报》的媒介呈现

欧战给世界带来危机,并造成诸多民族心理创伤。欧战冲破了民族

---

[1] 梁启超. 欧游心影录·新大陆游记[M]. 北京:东方出版社,2006:118.

疆域的界限,战后世界四分五裂,并具有碎片化的倾向,社会秩序面临着重新整合,整合的学理中包括社会主义学说。欧战对远东地区亦有波及,主要体现在文化思想方面。俄国十月革命对中国的影响尤巨。

宣传俄国十月革命的早期舆论阵地尤以《晨报》及《新青年》等为代表。如1919年3月10日《晨报》第三版刊发《过激派与我国》,称:"二月十六日巴黎电称俄国华工已组织一联合会,代表全俄华工机关会员,达六万人,其目的在鼓吹革命并于同时发表一文,劝中国人民抗拒北方政府并于全国设立兵工会。云云。"《晨报》在消息来源的验证上极缜密:"此实一极重要之消息。兹将上海某西报论评录之如下:盖中国今日发生此项行动之时机已熟,此则不得不感谢北京军人派之压制者也。今夫兵工会行动欲于中国得一立足之地,则其所需之要素如何? 第一,俄国过激派亟图传布其信条于世界各处,而中国实为其活动之绝好地点。第二,过激派于中国之内部情形不啻已得一有力之同盟国。盖以中国今日之现象而论,国人于军阀派外似有任得一替代之者而不遑分辨之势。且我人须知过激派之鼓吹运动最易普及于被压迫之人民,而利用其无知轻信及怨望者也……此固中国之忧,抑亦世界之忧也。"从政治控制的角度来看,北洋政府视源自俄国的过激主义为洪水猛兽。

《晨报》的内容呈现可谓欧战后世界范围内社会重建现状的媒介镜像,特别是涉及社会重建背景下的社会主义思潮及其传播。1919年3月7日《晨报》第三版刊发《我国亦防过激派侵入》,云:"闻吾国在俄工党近受过激派之煽惑,拟回国鼓吹均产主义,现交春令,气候融和。边境旅行较为便利,库伦都护等为思想预防起见,已派员至边地密侦该工党行动,并令商外蒙政府,饬知卡伦地方长官。遇有此项工商通过,随时报知,以便防范。云云。"对北洋政府而言,这些过激主义渗透意味着政治革命的可能。而北洋政府督办边防事务处档案中1919年1月23日驻满联络员王兴文等奉日军藤井师团长的昨日面告,称:"现在过激派主义传染甚速甚烈,闻有阻留欧俄之华工万人,已悉附激党,由列宁政府出款五千万卢布,畀此华人,使潜回国内鼓吹社会主义。日前沙河子煤矿已发现此等华工三名,当即逮捕。日军对此极为注意,尚望中国亦严加阻范,于蒙古、新疆各边界尤宜注意,勿任传播,害及东亚,实为至盼。"①1919 年 1 月 27 日,齐齐哈尔的鲍贵卿督军也以类似密电转告。2 月 4 日,国务院则密电致齐齐哈尔鲍督军:"统密。感电悉。华工受俄运动各节,已通电奉、吉、新疆、库伦、阿尔泰等处严密侦防,仍希妥为防范。院。支。印。"②库伦即今乌兰巴托,其时外蒙尚未独立。比照密电,可见《晨报》这些消息准确无误。刊发这些,反映了《晨报》职业化的敏感,这亦是《晨报》时评及资讯的优势所在。

1919 年,报刊资讯中所谓的过激主义引发政治变动,在《晨报》上也多有呈现。1919 年 3 月 27 日,《晨报》第七版"自由论坛"刊发"若愚投稿"的《朝鲜革命与外蒙骚乱》。该文称:"自从欧战议和以来,民族自决主义的潮流,已经流到东亚。朝鲜因而革命,外蒙亦起骚乱。但是两者之间,却有一种极严的界线,就是朝鲜是自动的革命,外蒙是被动的骚乱。"朝鲜历史上与中国一度有宗藩关系(属于朝贡贸易圈的一部分),甲午战争后朝鲜被日本控制;欧战后,外蒙亦有独立趋向。

十月革命后中俄关系面临重建,《晨报》对此也极为关注。1919 年 4 月 5 日,《晨报》第六版"专件"刊发"邵振青投稿"(即邵飘萍)的《对于现时中俄关系之主张》,称:"自俄国革命以来政变迭呈,各党倾轧。全国既陷于无政府之状态,对外遂无可以代表国家之机关。故严格言之,俄已不成为国。乃我政府对于此种国际上重大关系竟一味糊涂宽大,毫无主张。

① 中国社会科学院近代史研究所,中国第二历史档案馆史料编辑部.五四爱国运动档案资料[G].北京:中国社会科学出版社,1980:613.
② 中国社会科学院近代史研究所,中国第二历史档案馆史料编辑部.五四爱国运动档案资料[G].北京:中国社会科学出版社,1980:614.

俄国旧有驻华公使领事亦依然保存其原来之资格，时闻与我国政府折冲樽俎之间；不闻我国之加以拒绝。此诚无能力政府之弱态。国民不可不痛加鞭策，以促其注意者也。"面对中俄关系的重构，他主张中国当政者采取强硬态度，故导语拟为：其一，取消中俄间之一切条约；其二，以私人资格待遇公使领事；其三，大乌里华商损害之补救法；其四，速派兵收回唐努乌梁海。这些反映了邵飘萍这样的名记者对俄国十月革命后中国边疆变局的关注。《晨报》也正是借助邵飘萍之类名记者的外交评论，从而引发国人高度关注。

十月革命前后，俄国政情尤受国人重视。1919 年 4 月 19 日，《晨报》第二版首条刊发《读者大注意》，云："美国俄事调查局长塞克 A. J. Sack 著《俄国革命史》（*The Birth of Russian Democracy*）一书于一九一八年冬间出版，距今未及半年。重板（版）已至两次。书分三编。第一编叙述一八一四年至一九一七年三月期间思想、政治各方面之革命运动；第二编叙述思想政治各方面首领之学术及其生平。第三编叙述一九一七年三月革命后至最近列宁政府之一切状况。诚为研究俄事最新最详最精之巨制。兹由志希君译成中文。自本日起仍在《名著新译》栏内。"是日《晨报》第二版还刊发《英美法与列宁政府》，谈及英、美、法对列宁政府态度有大转变，有承认其合法之趋向，文末称："我国朝野对于俄事毫无研究。盲人瞎马，危不可言。特述各国对俄方针之趋势如右，以促我国人之注意。"

随着俄国革命的思想在中国迅速传播，北洋政府的内务部等尤其紧张，多次发文要严肃应对俄国派往中国的人物及其携带的宣传品，而社会主义思想也多被冠以过激派之名，并被视作危险思想。1919 年 6 月 29 日，《晨报》第三版刊发"渊泉"的《什么叫做危险思想》，称："我们不能够依一时代、一国家、一民族、一阶级的眼光见解，去断定思想自身之危险与不危险，何以故呢？因为思想自身本来是一个透明体。他们带了有色的眼镜去看他，所以才有种种误会曲解。"因此，研究思想要从学理层面评判：

"要决定一个思想是否危险。不能够学那一班的人,闭着眼睛,去胡说的。我们要从学理上定一个普遍的永久的标准,去判断一个思想,到底危险不危险。有了学理上的根据,然后所下的断定,才有价值。那么以什么东西做标准呢? 我的标准就是凡与时代潮流相背驰的思想,便认他作危险思想。比方时代的要求,是平民政治,有一班人还要守着军阀政治、官僚政治孤垒;时代的要求,是民主国体,有一班人偏要主张复辟;时代的要求,是要保护劳动者的利益,有一班人还要去左袒资本家。这些就是顶危险的思想。"这些批判锋芒为新思想在中国传播开辟了道路,扫清了思想障碍。而唯物主义、唯心主义无疑是新思想评判标准的重要学理依据。对读者而言《晨报》刊发此类文章,说理上或见功效。

四、世界重建中《晨报》的学理反思及其对"主义"的评判

就报刊与社会重建的关系而言,近代国人办报的议题以西方列强战后政治秩序重构的实践及经验为参照。针对现实政治变革急需的学理依托,《晨报》对西方社会变迁的诠释往往与时俱进。一般说来,报刊刊发的时评有引导或控制舆论的作用。报刊对现实的解读通过信息网络进行广泛传播,往往形成凝重厚实的主流意见。由此而言,舆论的建构与转向往往见证了报人对外来思潮的思考、现实社会重心的重建等诸多探索。简言之,欧战给世界与中国造成的冲击,不仅是经济衰败,亦有政治秩序的重构及新文化思潮的涌入,这在《晨报》上有充分展示。

(一)《晨报》对欧战的学理反思

第一次世界大战实属列强之间的势力均衡被打破而爆发的战争,涉及新旧殖民者之间的新仇旧恨,兼有复杂的民族关系。1919 年 1 月 14 日,《晨报》第二版"论评"刊发署名"以芬"的《战后思想界之趋势》(其中第

15 日、第 17 日以《"数"的思想》为标题)进行反思。该文分析称:"欧洲战争之结果,所谓(数)之思想,殆将风靡一时。数者何? 即凡百措施以多数利益为本位是也。盖此次战争非君主与君主之战争、贵族与贵族之战争、军队与军队之战争,而国民与国民之战争也。"这为学理分析奠定了基调。"德、奥何以败? 败于国民无奋斗之心。协商诸国何以胜? 胜于国民有致死之念。"作者称:"今胜负之枢纽,既操诸多数国民,则后此多数之势力,自必日益膨胀。虽此事实现尚未达显著之时,而为此事实之母之一般思想,则已勃发而不可抑制,即上述数之思想是也。此数之思想,见诸政治方面,则助成民本主义之发达。见诸经济方面,则促进社会主义之实行,如火燎原,如川归海,固已骎骎然诱起各国政治家之注意矣。"欧战军事联盟分为协约国、同盟国两大阵营:"此次协商国之战胜德奥不过防卫其已实行之民本主义,使无为专制主义所侵凌;决非奏凯以后,此主义乃获伸张也。"作者将欧战两大阵营之间的胜负,归结为"主义"伸张的结果。自东亚视角观之"莫不诧为奇异,或奉之为莫大之福音,或目之为未来之祸水","独至数之思想传播于经济的方面,其结果或使社会组织根本改革,亦未可知。此则欧美政治家所最苦心研究而亟谋所以应付之方者也"。这涉及政治经济学分析的范畴。从经济利益来看"夫一社会中资本家之数恒少,而非资本家之数恒多。大战以前,欧美各国之经济组织,大都以保护资本家为主。今后则或与之相反。即前此之经济政策,倾于生产主义,以生产之利得归之资本家者。今后将置重于分配主义,以其利得归之与生产无关系之多数民众"。这实际上反映出战后各国面临重建,劳资关系亦发生了巨变,尤其涉及参战国军队复员后带来的劳工问题;"以英国劳动阶级之思想,素称稳健。论者犹恐其以此问题,酿成革命危险,而况于其他耶? 观此则社会问题固今日欧美所最重视,而不敢或忽也,明矣。"劳工问题处理得不好就会爆发革命,从学理层面反省欧战及其社会重建显然需要哲理深度。1919 年 3 月 7 日,《晨报》第七版"自由论坛"("本栏欢迎投稿")刊载署名"赤"的《数之哲理》（录自《每周评论》），将数与社会学理相联系，称："世间演进，总有相反而相成的两方面。互相消长，交为函数 Function and Variable，相荡相就，相搏相媾。相凭传，相乘除。一方面进，同时他方面便要退。一方面繁难，同时他方面便要简单。有动的方面，就有静的方面与他相应。有进取的方面，同时也就有保守的方面与他相和。有盈便有朒。有涨便有缩。因此，治世的方法，自不外乎使两方面相调相济。顺着他的自然的势子，以得其衡平。"这意味着可将数量或计量用于社会分析："……拿实事来比喻。一个大国想统不可不改成联邦；想合，不可不分；想着世界大同，不可不并行圆满发展个人。个人纯粹独立，占据的事业破灭以后，在创造的事业上个人绝对自由的个人主义。这都是遵着那条偏行一切的单一道理，又像近来世事一天繁似一天，应付的方法也就越来越讲简，越讲省事。工业里讲经济，学问里也讲思想的经济，都想着事省功宏，都想着费至少的力量，得至大的收赢，得一个至好的效率功能。这也不外繁简相济的道理。"所谓治世也涉及化繁就简，这是数理分析的合理依据。《晨报》载文将数的学理用于社会领域，重在分析现实政局。

战后欧美社会重建的问题与中国、日本所在的东亚问题显然有别，1919 年 1 月 17 日《晨报》第二版连载署名"以芬"的《战后思想界之趋势》，称："反而观东亚诸国，则稍异是。盖在欧美于两问题中，早已解决其一。其倾全力以研究者，只有一问题耳。若夫东亚之政治，其去民本主义也尚甚远。因而政治的方面，受数的思想之影响亦较剧。同时社会经济虽未十分发达，然外来新潮既经输入，则后此之继长增高，本意中事。观最近日本之普通选举与劳动组合两问题，甚嚣尘上，亦足窥其政治经济两方面之潮流，与夫国中当局之注意也。"面对战后重建，民主型、专制型国家遭遇的现实困境显然不同："夫人情多顾念现实，故每于新主义之发生，常怀疑惑不安之念。其甚者则百方防止，以期与之抗。彼日人中之怀抱此思想者，即复不少。岂知思潮之在世界，犹水之行地中，无往而不之，决非国境所能堵止。岂特不能堵止，以日本今日之趋势，是否仅仅行一普通选举与劳动组合，便足以和缓此种之潮流，尚在不可知之数。且再进一步言，则此新潮者，果导之得宜，勿使有决防越轨之事实，足以促成庶政之革新，增进人民之幸福，固无所用恐怖为也。"正如《晨报》的评论，战后世界发展的新潮流、新思想亦对中国产生了巨大影响。

（二）《晨报》与研究系对欧战遗产的学理探索

总体上看，《晨报》并非完全意义上的公共知识传播平台，而是属于研究系的重要喉舌。由进步党至后来的研究系，其领导人梁启超、张东荪都是思想家，特别是梁启超等人到欧洲游历之后，主张从哲学层面反思欧战所造成的世界残破，这一时期的《晨报》从哲学上关注唯物、唯心两种主义的论战。唯物主义的重要代表人物是马克思，而唯心哲学的代表人物是康德，两派皆来自哲学的故乡德国。康德哲学涉及心相，《晨报》对这些高深的学理亦进行了普及化的传布："一曰形而下心相，一曰形而上心柑……色声香味触者，形而下，心之所取，心相也。物质世界，运动迁流，占据于空间、时间。立于色相世界之后者，形而上之所取相也。"康德哲学具有世界性影响："德国近世实证学派诸家，皆出于康德，承康德之旨也。"这些观点在 1919 年 5 月 16 日《晨报》第七版"哲学丛谈"刊发署名为宗之櫆的《康德唯心哲学大意》（转载学术谈话会笔记）中也有反映："哲学界中唯心唯物两派之争，久矣。近世科学昌明，唯物之说大盛。然亦正以科学穷理之精，唯心之义转以愈明。此甚可异者也。"1919 年 5 月 22 日，第七版"哲学丛谈"续刊宗之櫆的《康德空间唯心说》（亦属转载学术谈话会笔记）。《晨报》在两方哲学上的传播虽称不上系统，但也择其精要，并结合中国民众的社会生活做适当阐释。1919 年 12 月 31 日，《晨报》第二版"社说"刊发《今年之回顾》，谈及"真我"（True Self），称："现在一般哲学家,都说我们生活的真价值,在能把我们的'真我'(True Self)实现起来。因为我们的生活,若不能把我们的'真我'实现起来。一切思想行为,都受他人支配,自己的意思丝毫不能参与其间。这种生活,实在讲起来,简直与机器一样,非特不能有何种价值,并且'生活'二字也就配不起了……我国虽则号为共和迄今已有八年。但国民对于国家的大事,常受成于少数人,少有积极去参加的。而自今年山东问题发生以后,举国都有一种参与外交的活动。国民的'真我'遂有几分实现于政治之中了。"引入学理是为了诠释现实:"我国多数人的'真我'从前在家庭、社会、国家与国际中,锢禁又锢禁,摧残又摧残,遂使举国人民的生活,都变为消极的生活、机械的生活。而自今年来我们的'真我'跃跃欲跳出来了。故今年实可为我国国民的'真我'实现之纪元,有价值的生活之起点。我们希望明年以后,我们的真我更能大步跳跃出来。"由此,大体可见当时学理输入中国的新趋向及《晨报》的日常政治哲学宣传转向。

自梁启超刊发完其具有日常观察及政治哲学叙事性质的欧游札记后,《晨报》的"游欧笔记"专栏开始刊发蒋方震的《巡游西欧战场记》。蒋氏在1919年6月19日《晨报》第七版刊发《叙言》,称:"西战场者,此次欧战之决胜地点也。竭世界所有之强国之能力于此,以争取后之胜负。其为时之久,则千九百十四年八月迄千九百十八年一月。其为地之广,则自亚尔柏山脉以迄法之北海。其兵数之众,则法国六百万、英国四百五十万、美国百七十万。敌亦称是。而百年来欧洲所恃以凌人之物质之进步,乃悉悉焉用之以为杀人之具。以吾观察所及,真有可解者,有不可解者,然其壮烈惨酷之状,忧乐歌泣之情,则触目者动于心。盖有不能自已者。"蒋氏从战争时空及惨酷程度对欧战进行分析。"此行仅十日耳。以战场若是之广,事迹若是之繁,欲以一览之下,于专门智识上,有所独得,此不可得之数也。虽然,语不云乎,'百闻不如一见',此一见之价值,乃能移吾之身于战场生活之中,仿佛电流之两,以一指之捺而通焉,而周遭之感触,即无情之山川风物,乃悉悉与心灵相喻无言。此非按图读史之所能得者也。"《晨报》自 6 月 20 日第七版始连载蒋文。其中梅滋斯托拉堡总论说:"梅兹(滋)者,洛兰州之都会。斯托拉堡则亚尔塞之都会也。自加耳大帝之既亡,日耳曼与佛兰克,各相分立,自为发达而来,因上游一片土,遂永为双方恩怨之媒。其在德人之言曰:是二州者,本神圣日耳曼帝国之版图。至十七、十八世纪始折入于法。至十九世纪之下半叶,复归于德也。法人之言曰:是二州者,实惟千八百七十年,为普鲁士所强要而割让者也。此法人终身之耻也。迄于今四十九年。"①6 月 27 日刊发最后一则,文引梁启超札记中一轶事,云该市中一老人 48 年未离该市一步,亦不讲半句德语。作者因此类推"觉亚塞、洛林"二州,"此四十九年中为德人所有者,不过地图之颜色耳"。作者从殖民者、被殖民者的时空认同中发掘国家认同,由此可见《晨报》所倡扬的是爱国主义。

总之,1919 年前后的中国面临着欧战所涉列强在华利益的重新分配及其后续的社会重建中涌动的诸多新思潮。欧战的破坏是毁灭性的,欧战后世界变得四分五裂,这种分裂意味着社会组织或秩序重构之序幕。重构需要学理支撑,学理的核心或以竞争,或以合作,或涉唯心,或涉唯物。诸如康德哲学、马克思主义等竞相提出自己的见解,解释世界只是学理探索的部分动力,重要的是改造世界,从而有助于世界秩序的重建与区域社会人文精神的重构。这些在《晨报》等中国报刊中有充分的报道和评论。

欧战后,中国的媒介镜像相当全面地呈现了战后的碎片化等趋势。这与欧战平息后,报界派出大批知识分子去欧洲考察呈现密切相关。在学理的解读上,游历欧美及由日本翻译而来的欧美经验成为京师《晨报》等关注的焦点。欧战后国际秩序面临调整,诸如巴黎和会及日本的东亚

---

① 1919 年 6 月 23 日《晨报》。

政策,欧战的影响及其与中国国内的政治变革及思潮趋向等相关度,都是中国知识分子普遍关注的议题。《晨报》之所以连篇累牍地报道及评论这些议题,意在欧战后中国社会何去何从的路向上有所导引。简言之,伴随着战后世界的碎片化,各种学理阐述纷纷涌现,这些在中国的《晨报》多有呈现。为了有力地解释社会重建的纹理,《晨报》无论从版面还是议题上都进行了精心的拼排。而《晨报》的报道及评论无疑成为当时中国政治变革的重要舆论构成。

（本文首发于《杭州师范大学学报》2015 年第 2 期。

期刊发表时题目为:《十字路口的传媒镜像——

欧战语境下〈晨报〉与近代中国重建的探索》）

后 记

　　本书是"近代报刊史系列"探索中的一种,主体内容涉及 1815 年至 1949 年的新闻传播历史。少量涉及当下。我将"近代报刊史系列"探索的初始界定为 1815 年《察世俗每月统记传》创刊,而从《察世俗每月统记传》文体多使用文言文到现代传媒中使用白话,受众感受到的不仅是话语表述方式或载体的变迁,更有历史沧桑的更迭。另一方面,报刊历史脉络上宏大叙事的勾勒又需要把握具有代表性的历史细节,这涉及研究者的观察力、记忆力乃至分析能力。十多年来,自己潜心研究及写作这套报刊史的历史断限是 1949 年,所涉研究对象诸如报人或新闻从业者的后代与师友往往在世,所以更有现实感。记得有一次在故宫研究院参加学术会议,我见了很多文化名人的后代,历史与现实交织,历史感就呈现在眼前。因为不管历史书写者对前人有何评判,作为后人他们亦有说法。自此下笔,就有了一部青史自有评说的感觉。而面对真正的史料发掘意义上的求真,后来者(包括当事者的后人)若无科学研究可能也说不了什么。本人在历史书写中秉持"论从史出"的思想理念。读了胡乔木关于中共党史乃至中国现代史学的论述,觉得相关史论方面的论述很有道理。作为毛泽东的秘书,胡乔木对历史发展及格局中的关节点十分清楚。相关史学论述有理论思维,文章也通俗易懂。他写过《中国共产党的三十年》,从其自述可见 30 年的历史都不容易写。相比之下,后来的一些历史学人长期接受学院式的教育,思想火花大多是书斋式的革命。而 1815—1949 年报刊通史书写,无论是文笔还是理论高度,自己都处于积累的行进中。总体而言,后来者的历史书写若整体而系统,涉及史料分析及其学理研判,往往有个漫长的过程,与历史事件亲历者的口述史之类书写显然有相当远的距离。

一

救亡图存使命担当下中国近代媒介学、报刊学、新闻学能否构成三位一体? 若三者相互促进及制约,则历史书写如何体现? 这一疑问一直萦绕在我的心头。今日新闻或成为明日历史。从时间上区分过去—现在—未来,史学是对过去的认识,是否属于科学,时有争议。相比之下,新闻往往是对现在的直接认识(资讯),新闻学的基础涉及传媒的拟态环境,是否属于科学? 可以讨论。由此而言,历史与新闻有共性。涉及新闻乃至时评与真相的关系时,报刊可以报道事实并呈现真相,也可以造谣生事。由此而论,报刊的报道乃至时评要根据其前后的言论立场与办报宗旨是否一致来研判。大体而言,历史呈现真实与报刊展示真实,有时需要考证,史料有错,解读得越精彩,离题越远。报刊的史料考证涉及文本细读及其历史语境分析,近代报刊有很多历史之谜,解决了,对认识历史轨迹及其脉络有帮助。

论及史学与真相,涉及文献考释及史学求真等。史学可信度及其探索,涉及材料诸如报刊、档案、文书、书信、日记、笔记、碑刻等。作为载体的材料,其通则意义上的可信度也是有差别的。历史文献属于过去,各条史料之间的逻辑关系常需要推理乃至想象,关联载体与内容。历史与现实往往勾连,涉及看历史的当下目光,亦涉及以历史经验把握现在。相比较而言,历史书写涉及材料,也涉及表述等。而历史的表述与史学理论建构往往多有勾连,需要时间、空间上的参照系。由此而及学理判断:历史不能假设,但史学研究可以有比较意义上假设等参照系。参照系的选择往往有利于揭示历史的真相。

报刊史研究及其书写,当然包括阅读大量的文献。相比之下,史料源自近代意义上的大众传媒,容易获取,就很难谈及新史料发掘的问题。报刊的本身研究有难度。作为大众传媒,愈是著名的报刊愈容易找到。历史书写若能立体地勾勒大致轮廓并反映历史大势,显然有个努力的过程。整理报刊花掉我大量的心力。为明了研究动态及历史文献,日常重要的功课涉及阅读当下各种会议文集,近代各革命根据地的文献汇编。包括诸多当事人的日记(近代尤以大学教授居多)。近代很多知识分子喜欢舞文弄墨,遗墨往往成了历史书写的凭借材料。无论是对近代历史学还是新闻学而言,史料视角下的报刊文本分析,皆属重要的路径。相比较而言,史学界常将报刊史料呈现事实乃至展示的真相,与书信、档案、碑刻等史料相印证。报刊史料往往有时效性,涉及现实的印证。

近代报刊史学探索系列,涉及多个层面,包含书写线索,也涉及写作方式。就主线而言,近代报纸毕竟是媒介,是信息的载体,就相当于河床。而信息则属于媒介内容。信息与媒介的关系不仅存在逻辑关联,而且有着历史乃至现实的关联。近代中国面临西方列强及其殖民的语境,从经济到信息的殖民化,涉及殖民者、被殖民者等利益乃至身份的界定,这关联传媒生态同化或教化的关系。而民族主义话语呈现或展示与评论、时评、新闻、通讯等关系密切,从历史学层面考察近代报刊及其民族主义,关联着帝国主义语境中殖民者与被殖民者身份认同及其抗争。救亡图存语境下意见领袖的改革思维深度与民族自我反省意识的深度有无一致性?诸如此类提问,涉及民族的自我身份认同及其传媒生态的考释。

近代救亡图存语境下报刊时评涉及变革意义上社会秩序的调整,也涉及承前启后意义上社会框架的稳定。研究这些命题,对历史现实也有帮助。从媒介学来看,前文提及媒介无非类似河床,变动意义上的信息多属媒介内容,可谓川流不息的河水。媒介是相对客观的,而媒介内容涉及的人或事的展示则有主观的性质。近代传媒框架上展示的意义,涉及被报道或评论的事理,关联想象与真实。从报刊层面去追寻人或事的真相,涉及民族或国家。就疆域而言,近代报刊分为中国报刊与西方在华报刊。相比较而言,在办报者与中国关系不大的基础上,近代西方报刊对事实的报道往往逼近事情的本身。由此而言,西方报刊多有新闻职业精神。另一方面,西方在华报刊有本国的利益立场。涉及本国利益,它们往往放弃公正,立足本国。诸如此类问题,关联报刊的历史语境及文本揭示。

二

报刊史书写,不能局限于报刊文本等史学本身。应该说,若长期地做报刊史学中的专题研究,而看不到整体性的框架,这犹如盲人摸象,能否定义报刊的媒介属性及其在时代中的位置呈现都是一个问题。他山之石,可以攻玉。近代报刊探索系列,意在借着报刊史学这条主线及其历史细节重建,以反映近代中国的历史场景及其变迁。就写作方式而言,以传媒及其历史轨迹作为主要线索,重写近代中国社会的思想乃至思潮史、文化思想史的可能性是存在的。近代以报刊为核心的传媒系统易将思想、文化以在场的时空形式呈现,且往往议程有所设置。由此而论,近代报刊的政治议题设置与社会文化议题设置的关系,就值得学人深入发掘。

本书以下问题值得关注:首先,近代传媒生态涉及所谓传媒事业的社会化,主要是在近代国家与社会关系的重构中探究传媒功能的变迁。具体而言,救亡图存语境下传媒由皇权专制的喉舌逐步演变成国民意义上的"耳目喉舌"。联系政治权力由"天赋神权"到"主权在民"的变迁,涉及权力由国家转向社会等层面。简言之,这涉及封建专制走向民主共和的过程中传媒"通上下"到"通中外"的功能变化。特别是随着历史的发展,媒介在界定国家与社会各自权限与责任时,更多地立足社会,有目光向下的意识。

　　救亡图存语境下中国近代报刊所谓"通上下""通中外",涉及统治者与被统治者的关系沟通,而西学东渐意义上的沟通涉及国内与国外信息的交流。凡此,"通上下""通中外"关联"达新知"乃至"开民智",由此而来的政治改良或革命往往涉及报刊与舆论支撑的关系,舆论与地理空间的关系,等等。中国地理空间,南北显著不同,媒介学意义上的舆论空间亦往往呈现地域特色。维新运动时期,以京津报刊为中心的北方舆论尤以《国闻报》的"通中外"为旨趣,以上海及南京报刊为中心的南方舆论尤以《时务报》的"识时务"为倡导,南北联合,建构新的政治舆论的合法性。近代报刊在整合地域观念上也发挥了重要的作用。诸如近代《天演论》涉及合群的思想,以此为学理参照,涉及报人利用报刊等对地域空间想象与整合。诸如有清一代,"安徽"得名涉及军事重镇安庆与文化重镇徽州。安徽在地理空间上区分南北,皖南人与皖北人的生活习俗有着巨大的差异。各自的报刊一度相互攻讦,后形成皖南与皖北两个行政中心。而整体意义上《安徽俗话报》乃至《安徽白话报》对消除南北差异并进行地域空间人文精神上的整合,发挥了关键性的作用。由此而论,传媒意义上合群与地域空间的整合、合群与地域形象整合等,关系密切。与报人乃至记者的合群思想有所关联的,涉及报人或记者的政治派系意识乃至政党意识与新闻传播关系,记者的国族观念与新闻传播关系,等等。特别是新文化运动及其舆论动员中,名记者群体在建构国民精神上扮演了重要的角色。

　　简言之,报刊史学探索由实证转向学理,涉及报刊与地理空间的拓展或想象的关系。具体到媒介形态而言,特别是报刊,经历了抗日战争前大报居主流到抗战前后的小报过多的发展过程。小报多以通俗价廉而著称,往往与草根阶层接近,尤其是上海的小报多呈现市民特征。总体看来,随着近代传媒生态的变迁,媒介形态呈现了交融特征,诸如报刊、广播等媒介融合,特别是广播涉及声音的传播,尤其是超越文盲或识字率的限制,从而有力推进了传媒社会化的进程。

其次,近代名记者的进化观乃至合群思想,涉及科学及人文精神,关联救亡图存历史语境中的政治观念的演绎。近代新文化语境下名记者的经济利益、政治抉择、文化取向,值得历史溯源。特别是甲午战争后《天演论》倡导的"物竞天择,适者生存"的丛林法则,让国人充分意识到合群思想的重要性。再如报刊、舆论与五四新文化运动关系密切。此涉及多个层面,包含书写线索,也涉及写作方式。在书写方式上,我既注重《新青年》等报刊时空的纵向历史追溯,同时注意场域意义上新文化运动的展开,并从舆论勾连报刊及其文化场域的角度,加以横向勾连意义上的分析。近代中华民族自我身份认同与国人向传统与西方学习密切相关。近代国家在弱肉强食之游戏规则下只有"寻求富强"这一条路可走,剩下的就是为达到这一条路的政体。所有的思想、制度及其理念当放在这一尺度下衡量。总之,救亡图存语境下近代社群思想在国民抗争中起重要的作用,而名记者的合群思想既可作为新闻框架也属衡量国家富强的标准。

应当说,合群思想还涉及学理框架。近代社会舆论动员的过程中,名记者的合群思想与新闻传播关系密切。作为新闻框架的合群思想其重要旨趣在于救亡图存和寻求富强。面对西方坚船利炮的冲击,近代中国社会变迁涉及封建专制下金字塔形的权力结构,涉及"天赋神权论"。随之社会契约论传入中国并得到严复与章士钊等舆论精英针锋相对的解读,由此商兑。此涉及君主专制转向民主共和历程中国家与社会关系的重建。国家与社会的关系重建有个调适的过程,这其中新闻传播媒介试图弥合两者的关系,而名记者的合群思想在其中扮演了重要角色。

再次,写作过程中自己有意总结报刊史学已有成果,注意新闻事业的外在环境与人际传播所涉及的内在网络。内在的网络包括人际脉络与社会资本。而同学、同事、同志等关联报人的关系在地理空间上的展开,亦涉及乡缘关系,诸如同乡、同省等。诸如1903年前后,中国留学生掀起了海外办报高潮,特别是留日学生对华传播的刊物多系同乡会的机关报。所谓同乡会多系宗法社会的遗产,严复一度将其所处社会界定为"七分宗法,三分军国"。同乡会以地缘关系为中心,具有排他性。祖国危难,同乡会冲破地域空间的限制。尤其是以同乡会为主体筹办的《湖北学生界》《浙江潮》《江苏》《直说》等刊物既有明显的行省意识,更有全国眼光乃至世界视野。

近代地域空间还涉及地理意义上的军政分裂,皖系、直系、奉系等都有各自的军政势力范围。消除地域分裂,除枪杆子外还涉及笔杆子。报刊乃至报人倡导的合群与军阀政治消弭,关系密切。作为近代新媒体的报刊整合地域观念,涉及传媒的时空想象等。就学理参照而言,美籍学人安德森以想象共同体的视角论述民族主义的起源与散布,就是很好的思路。报人乃至名记者的合群思想特别是传媒人的合群思想与民族共同体想象之间的关联度不言而喻。

近代报刊与舆论关系密切,战争压力下报刊在地理空间上的迁移对舆论颇有影响。如抗战时期诸多报刊迁到桂林,奠定桂林文化城的地位。报刊在空间上互动,涉及舆论游弋等。从公共领域与私人领域去着手,我的报刊史书写意在分清台前与幕后之差别,意从历史深处出发。诸如论题涉及"全面抗战前奏之西安事变:作为公共领域《大公报》与私人领域政要日记的媒介呈现""抗战建国:作为公共领域《大公报》与私人领域政要日记的媒介展示"。抗战建国是当时国民政府重要的提法。唯此才能谈及传媒作为载体其专业的出路与整个社会出路之关联。1937—1945年的报刊尤其是记载惨烈战争的新闻纸,事关南京大屠杀尤其令人触目惊心。面对历史上血的教训,除了考察人性之类的价值观外,更需从民族国家的层面探讨社会的重建、国家的重建。我一直朝这些方面努力。

三

2007年10月离开复旦传播学流动站,我一直怀念那段刻苦用功的时光。为了把握研究的起跑线,我曾系统地阅读复旦新闻系的宁树藩、王中、丁淦林等先贤文集,经常请教宁老师。我去复旦的时候,王中先生早已过世,故只能在复旦新闻学院一楼宣传栏照片中瞻仰。王中先生在新闻史研究中贯通史论,且有现实目光,我佩服他的文集彰显的才气才情,一直以他为效法的对象。丁淦林老师给我上过课,即在2004年北京广播学院(后易名中国传媒大学)师资培训班上。当时自己30出头,刚从北京师范大学历史学系毕业,到安徽大学新闻系任教并教授新闻史,而现在丁老师也不在了。在复旦传播学流动站做研究的时候,我没有能很好把握机会,向他请教,尤为遗憾;这些年来,研究抗战新闻学,研读他的文集,愈加后悔。

写作中偶涉及舆论精英严复与卢梭社会契约论思想之关联。查找资料时,我看到严复劝导学生辈的熊纯如,说自己年纪大了身体不好,而刻苦用功出成果要在年富力强之际,心里很是触动。现实生活中在我从英国访学回国时,王庆成老师曾在电子邮件交代:此时此刻最重要的就是写出有代表性的成果,其次做事要认真、踏实。王老师在美国,我虽常给他写电子邮件,汇报自己的研究与生活状况,可惜少有机会见面。而去年他在美国病逝,我的人生中则少了一位良师。他的提醒是我学术及生活中的重要参照。

这些年,由于生活运转及学术课题拓展,自己做的题目日益广泛,涉及领域越来越多。一方面缘于新闻传播学领域任教,自己在大学开一些媒介文化、媒介政治甚至是新媒体等课程,领域拓展属情理之中。而备课要花去大量的时间阅读英美学术界研究资料等。另一方面,从海外搜录来的有关近代珍稀资料要整理与考释,内容涉及方方面面,需要多方面的知识与理论。这也需积累。两相比较,这些年自己投入较多精力与时间,当属"报刊史系列"探索。

这些年来我在广泛阅读材料上投入精力较多。写作过程中参考书籍繁多,为了使用方便,不再整理与归类。出差归来,看着它们躺在书房的地板上,一片狼藉。随着研究推进及相关专题购书增多,自己在书房活动的实体空间越来越小,要找的书耗费时间亦越多。所读文献涉及一些内部文件或文集,还有一些传记及书信,等等。这是学术意义上的马拉松,需要耐力与毅力,不知道何时才能到尽头。有时我也看看一些报人传记,有些写得很不错,大抵上体现知人论世。书读得多,心中越发觉得写书之难,总有很多资料没有看。资料可能是永远也看不完的,但是主要的不能不看。面对这么多年的努力,有时候我也不知道尽头在哪里。仅胡适的书信就达到了1 300多封,每一封阅读都要耗费时间,但也没有什么办法。胡适书信往来涉及的人物也是千头万绪,由于多重原因,有些当时的名人文集在港台或海外刊行。而要研究历史,探讨真相,只有回到历史现场,诸如胡适属于时代的弄潮儿,也是主流人物。读其书信,有利于把握历史的主要轮廓。知人论世。这些书信对了解近代中国的政治舞台实在是太重要了。何况胡适一直是主角。诸如此类,阅读为兴趣使然,但更多是凭毅力坚持。

近代报刊史探索涉及的其他材料很多,除书信外,很多涉及日记等。书中很多内容涉及资料积累。自己也将指导的研究生组成研读史料的团队,希望史料的研读有所成绩。研读近代报刊涉及一些舆论精英的日记提及读报的感受。因其是日记或回忆录,有一定的私密性,真情实感更强烈一些。这些有助于丰富阅读史中传播效果的分析。虽是史学研究,但有时通过史料触摸历史,感觉震撼。近代中国多灾多难,经历挫折与风雨,世人当能变得更加睿智。

　　要交代的是,本书收录的文章曾发表于《新闻与传播研究》《学术月刊》《厦门大学学报》《安徽大学学报》《史学月刊》《江淮论坛》《中国社会科学报》等等,多篇论文被《中国社会科学文摘》、人大复印资料《新闻与传播》《中国近代史》等转载。特此说明并致谢。

　　最后想说的是,这本书要献给一生劳苦且不识字的母亲张太英,她大概不能理解儿子每天都在想什么且卖力地写字。母子在城里生活的日子磕磕碰碰,但每天都可以在一起。为了过日子,我有着刻板的写作速度,陪妈妈的时间少了,也知道她的孤独与寂寞,但别无选择。写东西及做分内的事,拿工资的时候良心上很平安。2017 年秋,妈妈,走了,永远。她离开儿子,回到故乡,回到她劳作的茶叶山。可她是否知道城里的儿子看到空荡荡的房间,突然泪如雨下,多么多么地想她!

王天根

2019 年 6 月 1 日